武汉大学刑事法研究中心共同犯罪研究系列丛书（2）

共犯界限论

刘斯凡　著

中国人民公安大学出版社
·北　京·

图书在版编目（CIP）数据

共犯界限论/刘斯凡著．—北京：中国人民公安大学出版社，2011.1

（武汉大学刑事法研究中心共同犯罪研究系列丛书/莫洪宪，吴振兴主编）

ISBN 978-7-5653-0228-2

Ⅰ.①共… Ⅱ.①刘… Ⅲ.①共同犯罪—研究—中国 Ⅳ.①D924.114

中国版本图书馆CIP数据核字（2010）第217821号

共犯界限论

刘斯凡 著

出版发行：中国人民公安大学出版社
地　　址：北京市西城区木樨地南里
邮政编码：100038
经　　销：新华书店
印　　刷：北京泰锐印刷有限责任公司

版　　次：2011年1月第1版
印　　次：2011年1月第1次
印　　张：8.625
开　　本：880毫米×1230毫米　1/32
字　　数：230千字

书　　号：ISBN 978-7-5653-0228-2
定　　价：26.00元

网　　址：www.cppsup.com.cn　www.porclub.com.cn
电子邮箱：zbs@cppsup.com　zbs@cppsu.edu.cn

营销中心电话：010-83903254
读者服务部电话（门市）：010-83903257
警官读者俱乐部电话（网购、邮购）：010-83903253
法律图书分社电话：010-83905745

编　委　会

总　序

近一年来，莫洪宪、吴振兴两位教授策划并主编了《共同犯罪研究系列丛书》（以下简称《丛书》）。这是武大刑法学人新的学术平台，将集中展现我们在共同犯罪理论研究方面的学术成果。

1988年我曾为陈兴良教授的《共同犯罪论》一书作序，“序”中曾对此前国内外关于共同犯罪的研究成果作了概览性介绍。至今已有二十余年。在此期间，国内外对于共犯理论的研究均获得长足发展，学术成果数不胜数，难以列举殆尽。仅武汉大学就有《有组织犯罪研究》（莫洪宪著）、《共同正犯研究》（陈家林著）、《帮助犯研究》（刘凌梅著，武大2002届刑法专业博士生）、《中日共同犯罪比较研究》（马克昌、莫洪宪主编）、《共同犯罪与身份关系研究》（李成著，武大2006届刑法专业博士生）等。管中窥豹，由此可以略见一斑。

众所周知，共同犯罪是一种纷繁复杂的犯罪现象。其深入研究过程中遇到的“难啃的酸果”几乎俯拾即是。日本著名的刑法学者中义胜曾将共同犯罪的研究称为“绝望的一章”，这是较为经典的概括。它无论是在体系的构建模式还是基本的理论内容抑或与犯罪论相关问题的交叉上，都有深入探究的余地。

首先，在体系的构建模式上，我们姑且勿论德日的单一的正犯体系（或称统一的正犯体系）和“正犯与共犯分离”体系之争。仅就“正犯与共犯分离”体系而言，它是按照正犯与共犯（狭义的共犯，指从犯和教唆犯）两条主线构建共同犯罪理论大厦的，而无论是正犯论还是共犯论，其理论内容的丰富性和复杂性都是不乏共识的，如正犯论中的共同正犯、间接正犯、承继的共同正犯、不作为共同正犯、共谋共同正犯等；共犯论中的教唆犯、帮助犯、共犯的共犯（亦称连锁的共犯）等。当然，正犯论与共犯论说是分离的，实际上这两条主线并不是完全平行的，在许多问题上都会发生交叉，如共犯的过限，从而使共同犯罪理论愈显错综复杂。

其次，在基本的理论内容上，几乎无一不是众说纷纭，学派林立。关于共犯的本质，涉及共犯的成立（即二人以上在哪些方面共同才成立共犯）、正犯与共犯的关系两个方面的问题，其中前者有犯罪共同说、行为共同说和共同意思主体说的长期纷争；后者则有共犯从属性说、共犯独立性说和共犯两重性说的多年聚讼。关于共犯的类型，理论上可以划分为任意共犯与必要共犯、一般共犯与特殊共犯、简单共犯与复杂共犯、双面共犯与片面共犯、有形共犯与无形共犯、故意共犯与过失共犯、事前通谋的共犯与事中通谋的共犯、横的共犯与纵的共犯等，其中有些共犯类型因是从不同角度划分的，称谓虽然有别，基本内容则相差无几，如双面共犯与故意共犯。但大多共犯类型是有必要作为专题加以展开研究的，其中有的共犯类型还可以分解开来进行单独研究，如必要共犯中的集团犯、聚众犯、对向犯。关于共犯者的分类，则有分工分类法、作用分类法和混合分类法的不同，由此也必然引申出许多研究课题，如按分工分类法引申出的组织犯、实行犯、教唆犯和帮助犯的研究；由按作用分类法引申出的主犯、从犯的研究。这类的专题有些已有研究成果，但仍有深入研究的必要；有些则迄今尚无专著问世。关于共犯的处罚根据，这是近年来共同犯罪理论研究中的一个热点问题，在德日刑法学界可谓见仁见智，莫衷一是，甚至在学说分类上也存在很大歧义。其中有一种分类法近来逐渐占据优势，即分为责任共犯论、违法共犯论和因果共犯论。

还有，就是共同犯罪理论与犯罪论中相关问题的交叉，包括共犯形态与停止形态、共犯形态与罪数形态、共同犯罪与认识错误、共同犯罪与身份，如此等等。这些问题在理论内容上跨越了犯罪论相关范畴，具有更大的研究难度，也是颇富理论意义和实践意义的研究课题。

总之，共同犯罪理论的丰富、深邃和错综复杂难以尽述，有待刑法学人的进一步研讨。

《丛书》由武汉大学刑事法研究中心的教授组成编委会，负责稿件的初审。我们预计每年出版几部，每部20万字以上，已有选题24个，在实施计划过程中会根据研究现状有增有减，但总体上不少于20部。各专著之间在个别内容上也许会有交叉，在个别观点上也许会有冲突。对于前者，编委会将严格把关，力戒重叠；对于后者，编委会掌握的原则是，只要论之有据，持之有故，允许百花齐放。至于《丛书》的社会评价如何，留待读者评说。

最后需要指出的是，多年来中国人民公安大学出版社对于武汉大学刑法学科一直鼎力相助，继《武汉大学刑法博士文丛》之后，又为我们出版这套《丛书》。深情厚谊，不胜感激。借此机会，我代表《丛书》编委会谨向中国人民公安大学出版社表示衷心的谢意。

《丛书》业已付梓，两位主编盛情邀请为之作序。我对《丛书》甚为赞赏，因而欣然命笔，略述原委，以告读者，是为序。

马克昌

2010年11月于珞珈山

目 录

引　言

早就有学者感叹，“共犯理论是绝望之章”，足见其复杂程度。我国刑法的规定与大陆法系国家存在较大的不同，这更为共犯的研究增加了难度。因为，一方面要对大陆法系的理论深入地研究；另一方面要做好本土化的工作。

共犯①界限可从两个角度进行理解：一是共犯外的界限，即非共犯和共犯的界限；二是共犯内的界限，即不同共犯之间的界限。前者涉及的主要是共犯成立的问题，在此不作探讨，本文所讨论的是共犯内部的界限。根据大陆法系国家的分类，共犯的种类有正犯、教唆犯和帮助犯。根据我国现行刑法的规定，法定的共犯种类有主犯、从犯、胁从犯和教唆犯。不论是教唆犯和我国刑法未加以规定的正犯和帮助犯的界限，还是主犯、从犯、胁从犯的界限，以及不同分类标准下共犯的相互关系，都是非常重要的理论问题。

大陆法系关于共犯界限的研究主要集中在两点：一是到底是采取单一的正犯体系还是二元参与体系，二是正犯和狭义的共犯如何区分。如果采取单一的正犯体系，那就没有教唆犯和帮助犯的存在余地，共犯的区分问题也就不复存在，但量刑的问题仍然需要解决，所以，即使是采取单一的正犯体系，仍然存在区分的问题，只不过，这种区分不是在构成要件符合阶段就开始。我国刑法规定了主犯、从犯和胁从犯，这样的共犯体系曾被日本和我国台湾地区的刑法学者称为包括的正犯体系，我国也有学者认为这种共犯体系就是单一的正犯体系。如果这样的结论成立，共犯界限的探讨就完全

---

① 此处的共犯是指广义的共犯。

是多此一举。我国刑法通说认为，作用分类法所具有的是量刑的功能，这在某种程度上与单一的正犯体系极为相似。如果这种理解成立，整个共犯体系就要重构。所以，对我国所采取的共犯体系的探讨不容回避。

共犯之所以要与正犯进行区分，是因为共犯与正犯存在差异，这种差异的源头，就是共犯的处罚根据问题。大陆法系国家的共犯处罚根据与共犯从属性理论存在千丝万缕的关系。我国不少刑法学者关于共犯处罚根据的理解往往建立在构成要件符合性、违法性以及有责性的三阶段犯罪论体系的基础上，而这并不符合我国的实际。本土化的共犯处罚根据的学说又仅仅从社会危害性的视角来理解，难免让人有意犹未尽之感。为何不同的犯罪论体系，对共犯的处罚根据会采取完全不同的理解方式？这着实让人难以理解。对共犯处罚根据的再认识，本土化的共犯处罚根据理论的确立，是在讨论共犯界限之前要解决的另一重大理论问题。

正犯与共犯的区别，在德国，司法判决在较长的时期都是采取主观说，理论界有较大影响的是犯罪支配理论。在日本，司法实践中一直肯定共谋共同正犯的成立，所以往往是采取重要作用说。理论上一般认为只有分担了部分实行行为即构成要件该当者，才属于共同正犯，所以不少学者采取实质的实行行为理论。现在对共犯界限的探讨，范围越来越广，内容越来越深入。根本原因在于，正犯、教唆犯和帮助犯的分类实际上已经不足以应付现实的需要，如共谋共同正犯的问题、间接正犯和教唆犯的问题。在特殊的情况下，为了避免处罚失衡的问题，而不得不对正犯的范围进行拓展，以适应实践的需要。这就让原有的共犯界限理论不断得到调整。所以，大陆法系的共犯界限理论在目前也面临着巨大的挑战。

到目前为止，对于正犯与共犯的区分，我国通说仍然是形式客观说。肯定的理由往往是因为我国采取的作用分类法分担了正犯的量刑功能，所以采用形式客观说就已经足够。但问题恐怕没有这么简单。共同犯罪与单独犯罪不同，形式客观说在德、日的刑法理论中之所以被淘汰，根本原因并非是为了让正犯同时完成定罪和量刑的作用，而是对共同犯罪与单独犯罪加以区分的必然结果。如果形式客观说不具科学性，如果对正犯与共犯的界限采取德、日理论上占主流的折中说，德、日刑法理论中的正犯与我国刑法理论中主犯的关系就需要引起重视。这个问题，与共犯人的分类有密切关系。一般认为，分工分类法有定罪功能，作用分类法具有量刑功能，两者是完全不同的分类方法。这样的结论让我国共犯理论和大陆法系的共犯理论之间产生了一道鸿沟，似乎两种分类方法是并行不悖、各自独立的。诚然，分工分类法和作用分类法采用了不同的分类标准。但是，不论是分工分类法还是作用分类法针对的都是犯罪行为，针对行为进行划分无非是考察行为的主观方面和客观方面，两种分类法不可能毫无联系。但这两种分类方法的关系，一直未能引起学者的重视。

对不同分类方法之间关系的片面理解导致了对主犯、从犯和胁从犯区别的研究一直裹足不前。按照我国现在的理论状况，主犯、从犯和胁从犯的区分采取的是综合性判断方法。要么是综合主客观因素整体考察，即从是否是犯意的发起者、犯罪的纠集者、犯罪的指挥者、犯罪的主要责任者、犯罪的重要实行者等方面来判断主要作用和次要作用，要么凭借分工分类法来区分主犯、从犯和胁从犯。这些标准有一定的合理性，但未能把握住主犯、从犯和胁从犯区分的实质。前一种观点更多的是一种经验式的归纳，后一种观点则先要对正犯、教唆犯和帮助犯作出严格区分后才能进行，使作用分类法的独立性大打折扣。

因此，以共犯的体系和共犯的处罚根据为前提，对不同的分类方法进行比较，找到其共同点和差异，并以此为基础，探讨我国立法模式下的共犯界限，不论对于刑法理论还是司法实践都具有重大意义。

第一章 共犯的体系

在共犯体系问题上，长期以来存在对正犯和共犯不加区别的单一制（Einheitssystem）和加以区别的区分制（Differenzierungssystem）的争议。前者即单一的正犯体系①，后者是二元参与体系。单一的正犯体系认为："每一个对构成要件的实现提供原因力贡献的参与者，都是正犯，而无须考虑其行为在共同行为的范围之内的重要程度。"② 二元参与体系是指对正犯和共犯加以区分的体系，也就是区分正犯、教唆犯和帮助犯的共犯体系。我国刑法在规定了主犯、从犯和胁从犯的同时，还规定了教唆犯。因此，我国到底采取何种共犯体系，便成为问题。但长期以来，共犯的体系在我国刑法学界并不受关注，共犯争议的焦点往往集中在共犯分类以及共犯的独立性和从属性等问题上。而共犯体系的界定，在很大程度上是讨论这些问题的前提。

第一节 单一正犯体系和二元参与体系

一、单一正犯体系的基本观点

采取单一正犯体系的代表国之一是奥地利，其刑法典第 12 条

---

① 如果从犯罪参与的立法形式来把握，则被称为"单一正犯概念"（Einheitstäterschaftsbegriff），或译为"统一的正犯概念"、"单一行为人概念"。

② ［德］Jescheck/Weigend，Lehrbuch des Strafrechts，Allgemeiner Teil，5. Aufl.，Duncker & Humblot，1996，s. 645.

清晰地说明了该体系的特征："不仅仅是直接实施犯罪的人，而且是任何通过他人共同实施，或者实施加功行为的人，都实施了应受刑罚处罚的行为。"对于量刑，则按照责任的大小分别处罚。根据其立法，可以认为，奥地利单一正犯体系具有以下几个特征：第一，只存在正犯；第二，所有的正犯形式在法律上是等价值的；第三，原则上放弃从属性；第四，对所有的参与人给予相同的刑罚宣告。① 虽然该体系特征明显，但是，这样的规定仍然比较简单，这就给共犯理论很大的发展空间，因此产生比较丰富的学说。其学说大致可以分为形式的单一正犯体系（formales Einheitstätersystem）、功能性的单一正犯体系（funktionales Einheitstätersystem）以及限缩的单一正犯体系（reduziertes Einheitstätersystem）。

形式的单一正犯体系严格且前后一致地贯彻单一正犯的思想，并且，确立了一个无差别的、非常广泛的单一正犯概念。这个单一正犯概念包括了犯罪中每一种可能的协作形式。② 这样的理论简洁明快，但是略显粗糙。因为这样一来，量刑的根据就成为问题，所以，功能性的单一正犯体系便应运而生。

功能性的单一正犯体系由 Kienapfel 教授提出，他将行为人形式类型化，以犯罪事实实现样态加以概念性地区分为三种行为人形态：①直接行为人（Unmittelbarer Täter），②惹起行为人（Veranlassungstäter），③协助行为人（Unterstützungstäter）。③ 该观点认为，参与形式的单一，并不妨碍每个行为人的不法及其罪责的多样化。功能性的单一正犯体系也属于单一制的范畴，而不是区分

---

① Ertl, Strafrecht Allgemeiner Teil，www. jlc – it. commmsjuswebcontents04_07_30at_B. pdf, s. 8. 2008 年 12 月 1 日访问。

② Ertl, Strafrecht Allgemeiner Teil，www. jlc – it. commmsjuswebcontents04_07_30at_B. pdf, s. 6. 2008 年 12 月 1 日访问。

③ 柯耀程：《变动中的刑法思想》，中国政法大学出版社 2003 年版，第 191 页。

制。因为它仍然否定了共犯的区分，只是在正犯内部进行区分，所有行为形式的价值、本质以及法律责任都是处于同等地位，并给予同样的刑罚宣告。

但是，Kienapfel 教授的观点受到了质疑。有学者认为，按照功能性的单一正犯体系的观点，这三种正犯形式不能被解释为同等价值的分类。甚至，这样的形式已经接近参与体系中通常的正犯、教唆犯和帮助犯的区分，且法价值上不相等。[①] 因此，便会有人主张限缩的单一正犯体系，该体系首先是从奥地利刑法第 12 条出发，认为可以将正犯分为直接正犯（unmittelbare Täterschaft）、决定正犯（Bestimmungstäterschaft）和加功正犯（Beitragstäterschaft）。根据这种观点，决定正犯和加功正犯相对于直接正犯具有限制从属性。在故意犯罪中，当直接正犯故意实施了行为，它们则都是可罚的。直接正犯与其他两种参与形式的区别在于通常的犯罪支配的标准。[②] 这种学说的最大问题在于，在单一正犯体系下承认从属性的观念，而且采纳了犯罪支配理论。如此，尽管都是正犯，但所有正犯等价的观念已经瓦解。这种学说实际上已经非常亲近二元参与体系了。

同样采取单一正犯体系的意大利，因其立法和奥地利刑法存在差异，在理论上便呈现出其特色。意大利刑法典第 110 条规定："当数人共同实施同一犯罪时，对于他们当中的每一人，均处以法律为该犯罪规定的刑罚，以下各条另有规定的除外。"这种规定根据"因果效力"的理论，对所有参与犯罪的人适用平等责任的标准。但是，可以根据不同的情节，减轻或者增加刑罚。[③] 可以看

---

① Otto、Triffterer, österreichisches Strafrecht: Allgemeiner Teil, Baker & Taylor, 2. Aufl., 1994, s. 392.

② Otto、Triffterer, österreichisches Strafrecht: Allgemeiner Teil, Baker & Taylor, 2. Aufl., 1994, s. 392.

③ 参见黄风：《意大利刑法及其新近的发展》，载黄风译：《最新意大利刑法典》，法律出版社 2007 年版，第 25 页。

出，该规定同样是以条件说为基础发展而来，所不同的是，意大利刑法典为了避免单一正犯的理论过于简陋的问题，对共同犯罪的量刑不厌其烦地加以规定。正是因为这些量刑规定的存在，使得意大利刑法理论仍然可以把参与共同犯罪的人区分为：实施犯（实施分则规定的犯罪行为的人）、参与犯（本身并未实施犯罪行为）和共同实施犯（与他人一起实施部分或全部犯罪行为的人），并且把精神共犯分为怂恿犯（只限于增强他人已有的犯罪意念）和指使犯（使他人产生以前不曾有的犯罪意念）。[①] 可以看出，与奥地利刑法一样，意大利刑法也没有采纳最初的形式的单一正犯体系，而是在确认所有犯罪都是正犯的基础上，再进行进一步的区分。

据此，可以对单一正犯的构造作一个梳理。首先，单一正犯体系的最大特征是把所有的参与人都视为正犯。人要实现不法构成要件，技术上本来就是要利用工具；至于所利用的完全是自己的肉体、部分别人的肉体，抑或是人体以外的物体，其区别，就刑罚处罚犯罪的目的而言，根本没有意义。[②] 但是，除了形式的单一正犯体系以外，理论上并不否认在正犯内部对不同的行为人进行区分，由此，对于共犯中不同参与人的不法程度，可以有所不同。其次，既然均为正犯，原则上单一正犯体系和共犯的从属性是不相容的，之所以出现在单一正犯体系下采纳共犯从属性的主张，主要是单一正犯体系有扩大处罚范围的嫌疑。而且，如果不采取从属性原则，在解释共同犯罪的停止形态时，就会遇到比较大的障碍。最后，既然单一正犯体系认为所有的行为人均为正犯，其推论便是，所有的参与人的刑罚幅度是同等的。同样，这也不妨碍在具体认定的时候，不同的参与人会有区别。

---

① 参见黄风：《意大利刑法及其新近的发展》，载黄风译：《最新意大利刑法典》，法律出版社 2007 年版，第 25 页。

② 黄荣坚：《基础刑法学》（下），元照出版有限公司 2006 年版，第 801 页。

二、二元参与体系的基本立场

二元参与体系与单一正犯体系最大的区别是对不同的犯罪人进行区分。一般认为，从主观上进行区分的称为主观共犯论；从客观上进行区分的称为客观共犯论。同时，认为亲手实施构成要件行为的才是正犯的，是限制的共犯论；认为对犯罪的实现起任何条件作用的人都是正犯的，是扩张的共犯论，同时，扩张的共犯论并不排除在不同的犯罪人之间进行区分。可以认为，限制的共犯论是客观共犯论的基础，扩张的共犯论是主观共犯论的基础。所谓客观共犯论和主观共犯论，主要是讲正犯与共犯的区分标准，与限制的共犯论和扩张的共犯论是不同层次的问题，故在此不作探讨。

（一）限制的正犯概念

限制的正犯概念是从实现构成要件的角度出发，以实现构成要件行为作为正犯标准。限制的正犯概念从一开始就与形式的客观说相结合，只有亲手实施不法构成要件的人，才是正犯；只是引起或者协助他人犯罪的人，即使与发生的结果具有因果关系，也无法成立正犯，必须根据刑法总则关于教唆犯和帮助犯的规定，才能给予刑法制裁。所以，总则关于教唆犯与帮助犯的规定，便成为了刑罚扩张事由。①

限制的正犯概念最大的问题是无法说明间接正犯，因为间接正犯是利用他人实施犯罪行为，而不是亲手实施犯罪行为，因而是共犯。而这一结论并不妥当。而且，在共犯中仅凭是否亲手实现构成要件作为确立正犯的标尺，忽略了共同犯罪和单独犯罪的差异。所以，不仅仅是以他人作为工具的间接正犯，还有相当一部分没有亲手实现构成要件的人，都应当作为正犯来处理。如在杀人构成中抱住被害人的行为人，在组织机构中支配他人实施犯罪的人，以及其

---

① ［德］Jescheck/Weigend, Lehrbuch des Strafrechts, Allgemeiner Teil, 5. Aufl. ,Duncker & Humblot, 1996, s. 648.

他对犯罪具有控制力的人，都应该作为正犯来处理。限制的正犯概念不应该从形式的意义来理解，而应当进一步地实质化。

实质化带来的问题就是可能与扩张的正犯概念相混淆。与扩张的正犯概念相比较，后者是单纯引起构成要件结果就可以成立正犯。即使对限制的正犯概念作实质化的理解，仍然与以条件说为基础的扩张正犯概念有较大区别。教唆犯和帮助犯作为刑罚扩张事由的本质特征仍然没有改变。

（二）扩张的正犯概念

扩张的正犯概念受到因果关系中的条件说的影响，认为在客观方面，所有的条件都是等价的，因而对犯罪的实现起条件作用的人，都是正犯，但是法律例外地将教唆犯和帮助犯规定为共犯，是为了限制刑罚，即刑罚限制事由。

这种理论受到的批评是忽视了实行行为的定型意义，因为教唆犯、帮助犯在社会观念上，应该是与正犯不同的类型，而扩张的正犯概念认为他们的本质相同，因而是违反法感情的。[①]

扩张的正犯概念和单一的正犯概念都以条件说为基础，但不是同等概念。有观点认为，单一的正犯概念与扩张的正犯（extensiver Täterbegriff）概念一样，其教义学的基础是条件说中所认为的，所有的结果条件具有同等价值的思想。[②] 也有学者进一步主张，单一的正犯概念的教义学原理之一就是扩张的正犯概念[③]。甚至有学者认为，单一的正犯概念可以被看做是扩张的正犯概念，他们都建立在条件因果论的等价原理上面。扩张的正犯概念一方面被单一的正犯概念所吸纳，另一方面被现行立法例上的限制正犯概

① 张明楷：《外国刑法纲要》，清华大学出版社 2007 年版，第 301 页。

② ［德］Jescheck/Weigend, Lehrbuch des Strafrechts, Allgemeiner Teil, 5. Aufl., Duncker & Humblot, 1996, s. 649.

③ ［奥］Kienapfel, Zur Einheitstäterschaft im Ordnungswidrigkeitsrecht, NJW, 1983, Heft, 40, 2236.

念所排斥，因此它只是理论史上的一个名词，所以，单一的正犯概念是立法政策上的概念，而扩张的正犯概念是法理上、体系上的概念。①

虽然单一的正犯概念和扩张的正犯概念都是以条件说作为基础，虽然可以认为单一的正犯概念的教义学原理之一就来自于扩张的正犯概念，但是两者绝对不能等同。扩张的正犯概念的基点是，原则上每个引起符合构成要件结果的人都是正犯，所以教唆和帮助是本质上广泛正犯概念的法律上的限缩。② 至少，现在的共犯理论中，扩张的概念与共犯体系采取单一制或者是二元制无关。即持广义犯罪人概念（即扩张的正犯概念，笔者注）是否要对教唆犯、帮助犯或共同正犯另为区分类型之规定，端视其对于这几个类型概念之间不法或者责任内涵是否有所差异而定。因此持广义犯罪人概念者对于犯罪参与类型之处理，在逻辑上不一定是采取区分模式或不区分模式。③ 单一的正犯概念的提出，其着眼点在于共犯是否有区分的必要，扩张的正犯概念的提出，其出发点是为了解决间接正犯的定位，也就是说是为了确立正犯和共犯各自的范围。

所以，单一的正犯概念和扩张的正犯概念并不是立法政策和法理上的对应关系，而且，扩张的正犯概念也不是被单一的正犯概念所吸纳。在德语国家以外的体系中，就有学者认为即使采取单一的正犯概念，也可以认为，扩张的正犯概念在精神上是与自由民主的刑法制度完全相悖的，刑法制度必须以罪刑法定原则作为基础，这

---

① 参见许玉秀：《当代刑法思潮》，中国民主法制出版社 2005 年版，第 552 ~ 553 页。

② ［德］Roxin，Strafrecht Allgemeiner Teil，Band Ⅱ，4. Aufl.，C. H. Beck，2006，s. 6 ~ 7.

③ 黄荣坚：《基础刑法学》（下），元照出版有限公司 2006 年版，第 799 页。

种制度要求在认定正犯问题上，必须以限制的正犯概念为指导。[①]

既然扩张的正犯概念认为在客观上所有的行为都是等同的，区分正犯和共犯的任务就由主观方面来完成，曾发挥过重要作用的主观说正是以扩张的正犯概念为基础的。

三、两种共犯体系的优劣分析

（一）单一正犯体系的利弊

一般认为，单一正犯体系不会产生处罚漏洞，使得单单根据行为人人格处罚成为可能。此外，还减轻了法适用的负担，因为不需要在不同的参与形式间进行区分。[②] 也有学者认为，在区分制的结构对于故意犯与过失犯，似乎不能用同一体制加以涵盖。在参与论中，由故意犯发展出来区分标准，对于过失犯，则不能适用，造成了刑法中因区分而出现再次区分的情况。单一行为人架构除适用故意犯之外，对于过失犯亦能涵盖。单一制不但统一参与形式，也统一故意犯与过失犯的适用标准。[③]

首先，对于单一正犯体系，并非绝对不需要因加功程度及分量的不同而区分参与形式。形式单一的正犯体系确实如此，而功能性的正犯体系同样要区分直接行为人、惹起行为人和协助行为人，限缩的单一正犯体系要区分直接正犯、决定正犯和加功正犯。根据意大利的立法，甚至要区分实施犯、参与犯、共同实施犯、怂恿犯和指使犯。所以，在单一正犯体系中，也不是完全不要区分参与形

---

① 参见［意］杜里奥·帕多瓦尼：《意大利刑法原理》，中国人民大学出版社 2004 年版，第 280 页。

② ［德］Jescheck/Weigend, Lehrbuch des Strafrechts, Allgemeiner Teil, 5. Aufl., Duncker & Humblot, 1996, s. 645. 相同见解参见［德］Claus Roxin, Strafrecht Allgemeiner Teil, Band Ⅱ, 4. Aufl., C. H. Beck, 2006, s. 6. 柯耀程：《变动中的刑法思想》，中国政法大学出版社 2003 年版，第 197 页。

③ 柯耀程：《变动中的刑法思想》，中国政法大学出版社 2003 年版，第 197 页。

式，而是统一在正犯概念之下进行区分。不过，相对于二元参与体系，单一正犯体系最大的优点仍然在于参与形式的区分。当前二元参与体系最大的困境就在于，现实当中出现的纷繁复杂的情况远远使得本来清晰的正犯和狭义共犯的界限变得模糊，现有理论已经很难对正犯、教唆犯和帮助犯进行严格的区分，如教唆犯和间接正犯的区分、共同正犯与帮助犯的区分等等，而单一正犯体系则可以消解这一问题。在单一正犯体系中，不管如何分类，参与人都是正犯，正犯之间的区分并没有二元参与体系那样严格，立法者完全可以根据需要，针对不同的情况设置不同的刑罚，而这种设置与其理论是协调统一的。意大利刑法之所以将参与人分成了五类，就是基于这样的原因。所以，单一正犯体系不是对参与人没有区分，而是其区分方式和区分目的有所不同。其次，在参与论中，故意犯和过失犯适用不同的区分标准，在逻辑上也完全成立，即使是采取单一正犯体系，对故意犯和过失犯恐怕也要分开讨论。所以，可以统一故意犯和过失犯的使用标准，并不能成为单一正犯体系的优点。

总而言之，采纳单一正犯体系的便捷之处仅仅在于可以省却对正犯、教唆犯和帮助犯的区分。与区分制相联系的共犯独立性和从属性的问题、违法的相对性问题都不需要探讨。而在区分制下难以解决的区分问题，在单一正犯体系下也不复存在。

学者们对单一正犯体系的责难要远远多于肯定。Roxin 认为，首先，单一正犯概念将会深刻影响刑事可罚性和刑罚幅度。在目前以及未来法（de lege ferenda）都是如此，在支配犯（Herrschaftsdelikten）和亲手行为（eigenhändigen Taten）上，帮助犯在刑罚幅度内被给予优待，义务犯（Pflichtdelikten）和教唆犯在大多数场合被处以更轻缓的刑罚。此外，在亲手犯中引起非故意犯行为的，不罚。最后，根据刑法典第 49 条 a 项，正犯、教唆犯和帮助犯的未遂规定不同。所有这些事实上有根据的区别必须在单一正犯概念中被放弃。[①] 与法治国家的要求相一致，可罚性与构成要件的实现相关联，而且必须相关联。仅就日常用语的表达，未来的社会会直观地认为，在正犯、教唆犯和帮助犯之间进行区分是正当的。最重要的是，单一正犯理论基于持续不断地追溯起因的因果关系，通过削弱构成要件实现，导致了无法忍受的可罚性的扩张。[②]

Jescheck 则认为，首先，通过对引起法益侵害的全部行为贡献（Tatbeitrag）的重新解释，各个构成要件特有的行为不法便不复存在；其次，在亲手犯和特别犯的情况下，外部的参与者因为单单的因果关系的加功而被视为正犯，尽管他们没有真正亲自实施，更确切地说，没有取得正犯的资格。单一正犯概念还将导致不必要地扩大适用刑罚，因为对未遂的加功在所有的情况下都是可罚的，而在这些情况中未遂的可罚性是根据构成要件而被预先规定的，而通常未遂的共犯在很狭窄的范围内由刑法进行威吓（第 30 条、第 120 条第 3 款、第 159 条）。帮助犯的情况同样如此。最后，单一的正犯概念还过度简化了量刑标准，因为它排除了对教唆犯和帮助犯减轻处罚的可能性。[③]

上述批评大致可以归纳成以下几个方面：第一，单一正犯体系将亲手犯和特别犯当做正犯来对待；第二，扩大了未遂的处罚范围；第三，在量刑上，排除了教唆犯和帮助犯减轻处罚的可能性；第四，削弱了构成要件行为的概念。

首先，二元参与体系论者认为，单一正犯体系将亲手犯和特别犯当做正犯来对待不合适，但并未说明为什么不合适，这样的批判

---

① ［德］Roxin, Täterschaft und Tatherrschaft, 8. Aufl., De Gruyter Recht, Belin, 2005, s, 451.

② ［德］Roxin, Strafrecht Allgemeiner Teil, Band Ⅱ, 4. Aufl., C. H. Beck, 2006, s. 6.

③ ［德］Jescheck、Weigend, Lehrbuch des Strafrechts, Allgemeiner Teil, 5. Aufl., Duncker & Humblot, 1996, s. 645 ~ 646.

未免太武断。以亲手犯为例，一般认为亲手犯的法律性质，在于强调行为的己手性，也就是必须亲手实施不法行为构成要件，才能够显示出该种犯罪所强调的行为无价值的内涵。那么非亲手犯就不可能成为正犯。但是，这样的理由在单一正犯体系下是不具说服力的，因为单一正犯体系的基本观点认为，对构成要件的有因果贡献的人都是正犯，所以将亲手犯和特别犯当做正犯来理解是其必然结论。上述观点只有以二元参与体系下对行为的理解为前提，才可以说是正确的。而且，虽然德国刑法和奥地利刑法对于特别犯的规定存在差异。然而，在结果上，德国刑法和奥地利刑法至少在某些方面的解决方式是相似的。①

其次，对于扩大未遂处罚范围的问题，从立法来看，奥地利刑法第 15 条排除了帮助未遂的可罚性，而德国刑法第 30 条则保留了未遂教唆的可罚性，无论是采取单一正犯体系还是二元参与体系，未遂的处罚范围是由立法规定的。更值得一提的是，意大利刑法中关于未遂的规定则明确指出，未遂的成立需要具备“明确性”和“适当性”，所谓明确性是指，行为的发展足以明确地表现出犯罪目的。所谓适当性是指，已实施的行为具有实现犯罪意图的潜在可能性，即实现犯罪计划的实际危险性；法官应当根据行为实施后的具体情形来判断是否存在这种适当性。② 这样的规定并不会导致未遂处罚范围的扩大，而意大利刑法对于他人接受教唆人教唆的，如果犯罪没有实施，对教唆人一般不处罚，这样的处罚范围甚至小于德国刑法的规定。所以，对于未遂处罚范围的大小，完全取决于立法的规定，不能说采取单一正犯体系处罚范围不一定就比二元参与

---

① ［德］Florian Engert, Einheitstäter oder getrennte Behandlung von Täter und Teinehmer？ – Die Wege des österreichischen und deutschen Strafrechts, Peter Lang, 2004, s. 118.

② 参见黄风：《意大利刑法及其新近的发展》，载黄风译：《最新意大利刑法典》，法律出版社 2007 年版，第 23 页。

体系要广，也不能说在单一正犯体系下，正犯、教唆犯和帮助犯的未遂处罚规定就肯定是一样的，上述对扩大未遂处罚范围的批判也不成立。

再次，在量刑上，持二元参与体系主张的学者认为，单一正犯概念排除了对教唆犯和帮助犯减轻处罚的可能性。这种批判也是没有根据的。奥地利刑法第 34 条第 1 款第 6 项明文规定，在数人共同实施应受刑罚处罚的行为中仅起辅助作用的，构成特别的刑罚减轻事由。意大利刑法第 114 条也规定，参加共同犯罪的人在准备或者执行过程中只起了轻微作用的，可以减轻处罚。单一正犯体系只是认为，数人共同犯罪时，对每个人处以法律为该犯罪规定的刑罚，但是并不意味着不能区别对待。

最后，对于削弱了构成要件行为概念的批判，算是击中了单一正犯体系的要害。单一正犯体系将所有对犯罪的实现有因果贡献的人都视为正犯，虽然不失为一种简洁的理论。但是，既然犯罪是一种行为，正犯行为和教唆行为以及帮助行为的区别就不容忽视，这种区别可以从构成要件行为的角度把握，也可以从对因果关系的控制着眼。虽然单一正犯体系将所有的共犯行为不作区分，然后在量刑阶段根据作用的大小确立不同的刑罚，可谓殊途同归。令人担心的是，在判断作用大小的时候，其标准又不得不从行为本身去寻求，而寻求的结果便是不可避免地对不同的参与形式进行区分，这也是功能性的单一正犯体系大行其道的根本原因。

（二）二元参与体系的得失

单一正犯体系和二元参与体系存在对立关系，所以，与单一正犯体系相比，二元参与体系的有利之处在于能够牢牢地把握住行为的概念，从构成要件行为出发，对共犯人进行区分，符合行为刑法的要求；能够通过行为上的区分为共犯的刑罚提供基础，符合罪责刑相适应的原则；在行为刑法和行为人刑法之间，突出行为刑法，以行为本身对法益的侵害性作为判断的基础，而不是简单地依靠因果关系的存在与否进行判断，符合明确性原则。

但二元参与体系同样受到了指责。如 Kienapfel 就认为，区分理论由于必须区分正犯与共犯，在法理上探讨各种区分标准极端抽象，使得正犯、共同正犯、教唆犯、帮助犯的概念，象“被磨光了的法理概念水晶球”，它们被架构成一个法律的阶层共犯体系，而这种法理的阶层共犯体系，完全无法解决一些非典型的正犯、教唆犯和帮助犯形态。①

更有学者指出，狭义犯罪人概念（即限制的正犯概念，笔者注）悖于刑法归责的基本原则，终于在区分处理模式下对于种种犯罪参与类型的创设与解释中付出了代价，亦即狭义犯罪人概念形成了在刑罚目的的思考上对于教唆犯、帮助犯以及共同正犯的刑罚漏洞，所以必须另外创设教唆犯、帮助犯以及共同正犯概念作为犯罪参与类型。虽然如此，由于先天错误的出发点使然，这一些犯罪参与类型概念的创设依旧存在无法弥补的（对于所谓间接正犯以及例如共谋共同正犯之处罚）漏洞，于是又在创设间接正犯的概念，并且扩大对于共同正犯概念的解释。如此一来，姑且不论在个别类型概念（特别是共同正犯）的解释上因为失焦所造成的标准移位，事实上，通说体系对于犯罪之处罚，最后还是回到广义犯罪人概念（即扩张的正犯概念）的范围……虽然区分理论基于目的思考的驱使，实质上还是不得不回到单一正犯概念的结果，不过在回归单一正犯概念的过程当中，由于出发点的谬误，使得参与犯罪的概念在说理上变成了一个凌乱不堪而又处处自相矛盾的体系。②

上述的批评总结起来有以下几点：第一，二元参与体系过于繁琐，且解决不了实际的问题；第二，以限制的正犯概念为基础的区分体系造成了处罚上的漏洞，为了弥补这一漏洞，又造成了标准的

---

① Kienapfel, Der Einheitstäter im Straftecht, 1971, s. 26f. 34. 转引自许玉秀：《当代刑法思潮》，中国民主法制出版社 2005 年版，第 554 页。

② 黄荣坚：《基础刑法学》（下），元照出版有限公司 2006 年版，第 802 ~ 803，第 809 页。

失当；第三，二元参与体系最终还是回归到单一的正犯体系。

首先，不得不承认，二元参与体系确实存在繁琐的问题，但这并非二元参与体系所独有，单一正犯体系也有同样的问题。区分的问题不论是哪一个阶段完成，其繁琐程度都是一样的。二元参与体系和单一正犯体系若要在量刑上达到同样的效果，必然存在同样的思考过程，只不过前者存在正犯和共犯的区分，后者不存在而已。而且，不典型的教唆犯和帮助犯的区分困难只是一种例外，以例外来认定原则性标准的错误，在逻辑上难以让人信服。

其次，所谓限制的正犯概念造成处罚的漏洞，是对限制的正犯概念的误解。现在的限制的正犯概念，已经不是当初以亲手实现构成要件行为作为标准的过时概念。限制正犯概念产生之初，忽略了单独犯罪和共同犯罪的差别，想要将单独犯罪的概念无障碍地适用于共犯中，所以产生了处罚的漏洞。当前的限制正犯概念早已经从形式化走向了实质化，间接正犯的处罚漏洞已经不复存在，共谋共同正犯可能构成共同正犯也只是因为对正犯的理解与以往不同。而且，如果放弃了形式的客观说这一错误的立场，正犯和共犯的区分标准会随之发生变化，将主观因素作为区分的标准之一是必然的结果，并不存在失焦的问题。

再次，将教唆犯和帮助犯纳入处罚范围，并非回归到了单一正犯体系，单一正犯体系与二元参与体系的对立在于正犯和共犯的区分是否必要，并非处罚范围上有差异。在理论上，二元参与体系也承认狭义共犯的不法，并非要回归到单一正犯体系才能肯定教唆犯和帮助犯值得处罚。

总之，二元参与体系确实存在分界的困难，但是这种分界困难只是体现在个别案例中，或者说只是原则下的例外。为了解决例外的问题，而放弃原则性的区分标准，无疑是舍本逐末。所以，二元参与体系更加可取。

第二节　我国立法采取的共犯体系

我国到底是采单一正犯体系还是二元参与体系，少有人研究，大部分的学者往往会直接讨论二元参与体系，而对单一正犯体系置之不论。不过，仍有少数学者探讨该问题。

一、对不同学说的评析

有学者认为，我国刑法既然承认了教唆犯的存在，便意味着认同分工分类法的价值。从这个意义上来说，我国刑法在共犯领域是倾向正犯、共犯分离体系的。①

也有学者指出，我国关于共犯采取的是单一的作用分类法，确立了共犯分类方法后，我国犯罪参与体系的性质也就不难判定了：既然我国刑法不区分不同的犯罪参与形式，更未对不同的参与形式配置轻重有别的刑度，那么我国采取的只能是统一正犯体系。不同于传统的统一正犯体系，我国虽然不在形式上区分共同犯罪人，但却以作用大小将犯罪人划分为主犯、从犯、胁从犯，并据此确定他们的刑罚资格。这是我国统一正犯的特色，也使得我国犯罪参与体系较之其他统一正犯立法体例的国家更加精致与科学。②

这两种观点的对立其实源自于观测点不同，如果从主犯、从犯、胁从犯的规定出发，就得出我国采取的是单一的正犯体系；如果从教唆犯的规定出发，就得出我国采取的是二元的参与体系。但是，对于立法采取何种参与体系，需要从单一正犯体系和二元参与体系的根本区别上来认定。

否定说的学者只是从我国规定了教唆犯的这一事实，就得出我

---

① 陈家林：《共同正犯研究》，武汉大学出版社2004年版，第5页。

② 刘洪：《我国刑法共犯参与体系性质探讨——从统一正犯视野》，《政法学刊》，2007年第4期。

国采取的是二元参与体系，这样的结论有些武断。如果认为采取作用分类法进行的分类是单一正犯体系的特征，我国立法规定实际上更偏向于单一正犯体系，因为我国刑法是完整地规定了主犯、从犯和胁从犯的。

肯定说的立论前提是，我国关于教唆犯的规定并不是单独的共犯种类，这种结论显然和立法的规定相冲突。即便是该结论成立，该论者论证我国是单一正犯体系的理由也比较牵强。该论者强调我国是单一正犯体系的唯一理由是我国刑法不区分不同的犯罪参与形式。但是，单一正犯体系发展到功能性的单一正犯体系和限缩的单一正犯体系，已经不是对犯罪参与形式不进行区分，而是在正犯的前提下进行区分，是否区分不同的犯罪参与形式并不能作为判定单一正犯体系的标准。我国并未采取单一正犯体系，理由如下：

首先，从整体上来看，单一正犯体系需要在刑法中明示对所有的犯罪人同等对待，或者对所有的参与人，原则上处以相同的刑罚，这是单一正犯体系最基本的特征。如果我国采取单一的正犯体系，不可能连单一正犯体系最基本的特征都不进行规定。①

其次，从具体的规定来看，我国并不是采取单一正犯体系的国家，不区分不同的犯罪参与形式。我国刑法关于主犯的规定是："组织、领导犯罪集团或者在共同犯罪中起主要作用的，是主犯。"这样的规定方式其实是考虑到了犯罪参与形式的，特别是规定中所说的"组织、领导犯罪集团"，就是对共犯行为方式的规定，而绝对不能理解成单一正犯体系的规定方式。进一步来说，我国刑法是在区分不同犯罪人的前提下，对共同犯罪人所作的分类，与传统的二元参与体系的区别仅仅在于分类方式的不同。根本不具备单一正

---

① 当然，有些国家甚至在总则中对共犯没有作出规定，如挪威，有些学者也将挪威刑法典作为单一正犯体系的代表，实际上是一种误解。这种立法模式既不属于单一正犯体系，也不属于二元参与体系，而是由分则来解决共犯问题，其实无体系可言。

犯体系所特有的将犯罪人同等对待，而只是在内部进行区分的特征。

最后，我国刑法通说认为，对共同犯罪人的分类存在分工分类法和作用分类法，这两种分类法是并列关系。如果认为采取分工分类法就是二元参与体系，接受作用分类法就是单一正犯体系，就否定了作用分类法在区分共犯人上的功能，两种分类法之间的并列关系就被否定了。[①] 换言之，我国的共犯体系和传统的二元参与体系的区别仅仅在于分类方式的不同，不同的分类方式所具有的共同特征是将不同的犯罪人区别对待，所以与将犯罪人同等对待，而只是在量刑上区别对待的单一正犯体系并不协调。

二、对我国正犯体系的思考

二元参与体系或者单一正犯体系只是理论上的不同学说，只要能够解决共犯中的疑难问题，就不失为合理的学说。二元参与体系面临的最大困难在于界限的划分，在二元参与体系下，共谋共同正犯、间接正犯乃至正犯背后的正犯，都难以找到妥善的解决办法。而单一正犯体系无法回避的问题是忽视了共犯行为的基本构造。在构成要件的范围内，教唆他人和帮助他人实施犯罪的，与直接实施犯罪有本质的不同，这种差别不容忽视。在单一正犯体系下，因为量刑的需要，也并不能完全摆脱二元参与体系中存在的界限问题，只是解决的方式有所不同。从前述分析可以看出，我国采取的是二元参与体系，但是又没有采纳大陆法系传统的分工分类法，这就导致了二元参与体系的特征不是那么明显。这种规定方式并不比其他统一正犯立法体例的国家更加精致与科学，相反，导致其兼具二元参与体系与单一正犯体系的缺陷。

首当其冲的是共犯的从属性问题。共犯从属性虽然可以理解成

---

① 当然，作用分类法在区分共犯人上的作用有多大以及是否科学合理，则是另外一个问题。

共犯成立犯罪至少要求正犯者着手实行了犯罪的原理。[①] 但从本质上来讲，是为解决不具备实行行为性质的教唆犯和帮助犯的构成要件符合问题，因为，若没有正犯的行为，教唆犯和帮助犯的行为根本不可能单独符合构成要件，所以需要依附于正犯行为。除了总则对教唆犯和帮助犯作出单独规定以外，共犯从属性理论是解决狭义共犯和构成要件之间矛盾的比较理想的办法。所以，采取二元参与体系的，往往会采纳共犯从属性说。但是在我国，只是在讨论教唆犯的时候会涉及到从属性理论。而从刑法的规定来看，若不是理论上为了限制处罚范围，我国的教唆犯实际上没有从属性可言。本来，更需要探讨的是从犯和胁从犯的从属性问题，但是因为两者都包括实行犯，而实行犯不可能具有从属性，这就让从属性在从犯和胁从犯上根本无法贯彻。可是，对于实行犯以外的从犯和胁从犯，如果没有从属性理论为依托，就无法判断其行为到何种程度才能构成犯罪，这一问题单凭修正的犯罪构成理论无法解决。而且，与从属性相关的是，不论是教唆犯、从犯还是胁从犯，他们的停止形态在目前的立法体例下，根本没有统一的标准，而只能在理论上回归到正犯、教唆犯、帮助犯的分类方式，采纳从属性理论来解决，这样就造成了立法与理论的脱离。

其次，既然我国刑法并不是将所有的行为人都视为正犯，就应该以不同的共犯行为为基础进行分类，而不是采取抽象的作用分类。既然犯罪是行为，如果共犯行为之间有差异，就应该以这种差异寻求区分的标准，而不是脱离了行为，去寻求其他的标准。只有在单一正犯体系下，所有的参与行为可以等而视之的时候，才有考虑其他分类方式的余地。我国刑事一方面没有按照单一正犯体系的模式进行规定；另一方面又采取了近似单一正犯体系的量刑规定，其后果是迄今为止都没有找到区分主犯、从犯和胁从犯的有效理论。

---

① 参见张明楷：《刑法学》，法律出版社 2007 年版，第 336 页。

总之，我国的共犯体系虽然维持了二元参与体系的基本框架，同时又具有单一正犯体系的某些特征。这虽然使现阶段的共犯认定带来困难，但是给将来修改立法提供了良好的契机，因为不论将来采取分工分类法还是直接借用单一正犯体系，都能从现行刑法中找到根源。

第二章　共犯的处罚根据

共犯的处罚根据和共犯界限密切相关。正是因为正犯和狭义共犯在处罚根据上存在差异，这种差异会影响到正犯和狭义共犯不法内容和程度，所以要对它们进行区分。与此同时，共犯的处罚根据影响到共犯对正犯的依附关系，这种依附关系是共犯从属性理论产生的基础。而分工分类法和作用分类法的优劣又与共犯的从属性乃至共犯的停止形态有千丝万缕的联系。所以，不论是在正犯和共犯区分的实质理由上，还是在分工分类法和作用分类法的优劣比较上，对共犯的处罚根据的探讨都不可或缺。

讨论共犯的处罚根据，可以从两个角度着手，一是立法论，二是解释论，如果混淆了这个区别，对共犯处罚根据的定位就会产生问题。从立法论的角度来看，共犯的处罚根据应该是在共犯成立之前需要探讨的问题。也就是说，立法者在对共犯进行规定之前，就需要考虑，对于多人共同参与一个具体的犯罪，是否应该处罚。如果没有处罚的必要，共犯根本就不需要存在；如果有处罚的必要，共犯才有存在的意义。所以，从立法论的角度，共犯的处罚根据是共犯的基础性理论，是确立共犯一系列制度的前提。①

从立法论的角度，共同正犯也有讨论处罚根据的必要。“与教唆、帮助不同，共同正犯需要有正犯性，但是这种正犯性与单独正犯的正犯性不同，始终是一种扩张的正犯性。因为，在共同正犯的场合，不以单独实现全部构成要件为必要。另外，例如，在其他共同者侵入住宅进行盗窃的时候，在屋外望风的人，也有可能成为盗窃罪的共同正犯，可见共同正犯的因果关系，也比单独犯的因果关系更为扩张。”② 共同正犯中的行为人很有可能没有完全实施甚至是完全没有实施构成要件行为。所以，如果刑法分则是针对单独犯做的规定，共犯的处罚根据则仍需要在共同正犯中探讨。

如果采取单一正犯体系，在立法之初，就认为所有参与犯罪的人都是正犯，往往不需要考虑共犯的从属性问题。但是，即使是在单一正犯体系下，立法者也需要考虑不同参与人之间的差异。这种差异是否影响到处罚，是否值得区别对待，也是需要考虑的问题。只是在确立为单一正犯体系之后，在解释论上不需要单独考量而已。

从解释论的角度出发，共犯处罚根据问题实际上讨论的并不

---

① 有学者认为，在确立共犯成立之依据后，才能探讨共犯的可罚性问题。参见柯耀程：《变动中的刑法思想》，中国政法大学出版社 2003 年版，第 172 页。即在讨论共犯的问题的时候，先认定共犯如何才能成立，然后在成立的共犯的基础上讨论为什么要处罚。在该论者的观点中，共犯的成立基础是指共犯独立性说和共犯从属性说，但是共犯独立性说和共犯从属性说的提出，是为了解决共犯是否可以独立于正犯而存在还是依附于正犯而存在的问题。换言之，此处共犯成立的基础实际上是指如何确定共犯的成立范围的问题。共犯的成立范围是确立处罚范围的前提，如果认定共犯可以成立，那么原则上就具有应罚性（并不是指必须处罚）。因为确立了共犯的范围，就是确立了犯罪的范围，构成了犯罪，就具有了刑法处罚性。如果共犯的处罚根据是指共犯成立之后的可罚性问题，这一理论就没有独立存在的价值了。

② 陈家林：《共同正犯研究》，武汉大学出版社 2004 年版，第 53 页。

是是否要处罚共犯的问题，因为共犯应当处罚是现代刑事立法和刑法理论的共识。解释论下的共犯处罚根据实际上指的是哪些共犯值得处罚，也就是依据刑法的规定，在理论上划定共犯处罚的范围。

正因为立法上的差异，不同国家学者关于共犯处罚根据的论述存在很大差别。德国刑法第25条第2款明确规定："如果是多人共同地实施犯罪行为，那么，每个人都作为行为人处罚（共同行为人）"。既然刑法已经有规定，共同正犯的处罚根据就不需要在理论上探讨，需要讨论的就仅仅是狭义共犯的处罚根据了。所以，德国学者几乎都是在狭义共犯范围内探讨共犯的处罚根据。认为相对于正犯，教唆和帮助是刑罚扩张事由，教唆和帮助的可罚性因此需要特别的理由。①

日本刑法没有类似的规定，所以学者们对共犯的处罚根据是否针对共同正犯，其地位如何都存在争议。但一般会将共犯的处罚根据作为整个共犯论的基础理论。如大谷实就认为，所谓的共犯的处罚根据，是指处罚未实施正犯行为的人，即共同正犯中实行行为人以外的共同人、教唆犯、帮助犯的实质根据。② 也就是将共犯的处罚根据扩大到共同正犯中实行行为人以外的共同人。并将共犯的处罚根据置于共犯的本质和共犯的从属性之前进行探讨。西田典之则是在讨论了限制的正犯概念与共犯规定、间接正犯后便对共犯的处罚根据加以说明。③ 伊藤真甚至将共犯的处罚根据放在正犯和共犯

---

① ［德］Jescheck/Weigend, Lehrbuch des Strafrechts, Allgemeiner Teil, 5. Aufl., Duncker & Humblot, 1996, s. 684.

② ［日］大谷实：《刑法讲义总论》（新版第2版），黎宏译，中国人民大学出版社2008年版，第363页。

③ ［日］西田典之：《日本刑法总论》，刘明祥、王昭武译，中国人民大学出版社2007年版，第265页以下。

区别论及共犯本质论之前。①

可见，德、日刑法理论对共犯的处罚根据的探讨都是从解释论的角度出发。而在我国，有学者将共犯的处罚根据置于共犯理论中最基础理论的地位。② 甚至有学者认为，刑法学共犯论可以建立在共犯的处罚根据论这一基础理论之上。③ 这些观点在很大程度上是受到了日本刑法理论的影响。

我国刑法理论在现阶段对共犯处罚根据的定位存在问题。因为没有对立法论和解释论上的共犯处罚根据进行区分，这直接影响到共犯处罚根据与共犯从属性的关系，其结果往往是混淆了共犯处罚根据和共犯从属性乃至共犯成立条件的关系，夸大了共犯处罚根据的作用。特别值得注意的是，我国共犯的规定和大陆法系有实质差异，如果直接套用其学说，根本无法解决与共犯相关的理论问题。因此，共犯的处罚根据理论在我国刑事立法的框架内，有重构的必要。

第一节　德、日关于共犯处罚根据的不同学说

一般认为，关于共犯处罚根据争议的焦点在于，共犯不法是源于还是独立于正犯行为的不法。④ 所以共犯的处罚根据总是与共犯

---

① ［日］伊藤真：《刑法总论》（第二版），东京成文堂 1999 年版，第 320 页以下，转引自杨金彪：《共犯的处罚根据》，中国人民公安大学出版社 2008 年版，第 13 页。

② 参见陈家林：《共同正犯研究》，武汉大学出版社 2004 年版，第 41 页以下。

③ 杨金彪：《共犯的处罚根据》，中国人民公安大学出版社 2008 年版，第 15 页。

④ ［德］Roxin，Strafrecht Allgemeiner Teil，Band Ⅱ，4. Aufl.，C. H. Beck，München，2006，s. 130.

从属性相伴相生。对于共犯处罚根据的分类存在不同的观点，名称上也有差异，但最根本的争议在于不法共犯论的地位。德国学者对不法共犯论的定位有三种方式。有学者认为，责任共犯论和不法共犯论是相同的理论[①]，或者将二者一并论述[②]，这种观点将 Trechsel 和 Less 在责任共犯论的基础上进行修正的理论称为不法共犯论。有学者分开论述，将 Welzel 等学者的观点称为不法共犯论[③]，有的学者则将不法共犯论和从属性导向惹起说（即修正惹起说）当做同种理论。[④] 如果从强调使正犯堕落这一点来看，Trechsel 和 Less 的理论与责任共犯理论在本质上就是相同的理论，这里的不法强调的是与限制从属性相一致的不法。而如果将 Welzel 关于共犯根据的理论称为不法共犯论，这种不法共犯论就更加亲近从属导向惹起说，此时不法突出的是一元的行为无价值。如果认为 Trechsel 和 Less 的观点与传统的责任共犯论没有区别，将责任共犯论和不法共犯论的区别归结为从属程度的不同，不法共犯论和从属性导向惹起说就是同一种理论了。许多学者在论述的过程中将这三种对不法共犯论的理解混淆，导致理论上认定的混乱。如有将大塚仁作为不法共犯论的代表学者[⑤]，其根据是大塚仁采取的二元的行为无价值理

---

① ［德］Roxin, Strafrecht Allgemeiner Teil, Band Ⅱ, 4. Aufl., C. H. Beck, München, 2006, s. 133.

② ［德］Bernd von Heintschel – Heinegg, Münchener Kommentar zum Strafgesetzbuch, Band I, C. H. Beck, München, 2003, s. 4 ~ 6.

③ ［德］Jakobs, Strafrecht Allgemeiner Teil die Grundlagen und die Zurechnungslehre Lehrbuch, 2. Aufl., Walter De Gruyter, Berlin, 1993, s. 657 ~ 658.

④ 比如 Otto 就将从属性导向惹起说（akzzessorische Verursachungstheorie）和促进——不法共犯理论（Förderungs – Unrechtsteilnahmetheorie）当做同一种理论。参见［德］Otto, Grundkurs Strafrecht Allgmeine Strafrechtslehre, 2. Aufl., Walter De Gruyter, Berlin, 1982, s. 236.

⑤ 杨金彪：《共犯的处罚根据》，中国人民公安大学出版社 2008 年版，第 47 页。

论，最终会倒向一元的行为无价值。而照此推理，Jescheck 的理论似也应该归于不法共犯论。但是，该论者又将 Jescheck 作为修正惹起说（即从属性导向惹起说）的代表学者。[①] 这样，整个共犯处罚根据理论的分类就显得较为混乱了。

从共犯处罚根据的整体来看，它与行为无价值和结果无价值之间并不存在一一对应关系。即使将不法共犯论仅仅理解成主张行为无价值的学说，惹起说也不全是支持结果无价值的阵地。按照行为无价值和结果无价值对共犯处罚根据进行划分难免会出现问题。同样，责任共犯论、不法共犯论和惹起说，与严格从属性、限制从属性和最小从属性也并非桴鼓相应，以共犯从属性作为分类的基础并不适当。关于共犯处罚根据的学说，应该总结为“堕落理论”和“惹起论”之间的争议。前者将共犯的处罚根据解释为对正犯的影响，要么使其堕落，要么使正犯与社会相脱离。后者将共犯的处罚根据界定为对构成要件保护法益的侵害，只不过是对共犯不法和正犯不法之间的关系存在不同理解。以 Welzel 为代表的共犯处罚根据理论应该划入从属导向惹起说，以 Trechsel 和 Less 为代表所持的观点，则完全可以纳入责任共犯论的阵营。但是因为 Trechsel 和 Less 的理论与早期的责任共犯论仍存在一定差异，将其理论单列也有较为充足的理由。而我国学者也往往将不法共犯论单列，将共犯处罚根据分为责任共犯论、不法共犯论和惹起说，然后在惹起说的基础上分为纯粹惹起说、从属导向惹起说和混合惹起说。[②] 为论述的方便，本文遵照通说，仍然将共犯的处罚根据分为责任共犯论、

---

① 杨金彪：《共犯的处罚根据》，中国人民公安大学出版社 2008 年版，第 67 页。

② 参见［日］大谷实：《刑法总论讲义》，中国人民大学出版社 2008 年版，第 363 ~ 364 页；陈家林：《共同正犯研究》，武汉大学出版社 2004 年版，第 45 ~ 53 页；杨金彪：《共犯的处罚根据》，中国人民公安大学出版社 2008 年版，第 19 ~ 22 页；。

不法共犯论和惹起说。与通说存在差异的是，此处的不法共犯论仅仅是指 Trechsel 和 Less 的“堕落理论”。

一、责任共犯论（Schuldteilnahmetheorie）

（一）责任共犯论的基本观点

所谓责任共犯论，在此规则下进行解释，是指教唆犯使正犯堕落并且引诱正犯对抗刑法秩序，而帮助犯则使其陷入较低的责任和不法。[①] 也就是说，共犯的处罚根据在于，共犯诱惑正犯犯罪，使其堕落而陷入责任与刑罚，所以，共犯创造出了负有刑事责任的犯罪人，共犯的成立从属于正犯之责任。

Mayer 认为，教唆犯对法益的攻击程度，虽然达不到被称之为谋杀的强烈程度，但至少制造出一个谋杀者。因此，在权衡与联系减轻（并非动手杀人）与加重（制造谋杀者）这两个要素的状况下，才能得到教唆犯应与正犯相同处罚的正当基础。[②] 在此基础上，有学者进一步提出：“教唆犯，可以说，具有两面性。教唆犯，一方面，不亲自动手，只是引起正犯的行为。与正犯相比，相对于正犯所实施的行为而言，处于非常轻的关系上。但是，另一方面，教唆犯，在诱惑正犯使其实施行为这一点上，具有承担比正犯更重的责任的可能。如果说犯罪的本质是违反伦理秩序，而并不重视外部损害的引起的话，可以说，诱惑他人实施犯罪客观上比侵害法益更为严重。因此，强调诱惑的一面的话，必须说其实和正犯具有同样的犯罪性的类型。虽说教唆犯不是杀人犯，但由于诱惑杀人

---

① ［德］Otto, Grundkurs Strafrecht Allgmeine Strafrechtslehre, 2. Aufl., Walter De Gruyter, Berlin, 1982, s. 236.

② 参见 H. Mayer, AT (1953), s. 319, 301. 转引自许泽天：《共犯之处罚基础与界限》，台湾大学 1998 年硕士学位论文，第 31 页。

犯使其杀人，因此，教唆犯和杀人犯可以被同等评价。”[①]

责任共犯论认为，帮助犯相较于一般不罚的预备行为，更不具有可罚性，只有在与正犯发生意思连接的前提下，帮助犯才具有应刑罚性。通常情形下，正犯系因帮助行为的存在，而强化本身的犯罪意思。[②] 可以认为，从责任共犯论的立场，帮助犯的处罚根据也是更重视其对正犯意思的强化，而不重视其对行为的客观促进作用，在该学说下，片面的帮助犯是否可以成立，还存在争议。[③]

一般认为，该说的基础在于，共犯是从承担完全刑事责任的正犯中借用其犯罪性与可罚性的共犯理论。因此又被称为可罚性借用理论。[④] 由于本学说认为教唆犯是使正犯陷入责任而被处罚，所以正犯必须符合构成要件符合性、违法性、有责性而被处罚时，教唆犯才因此受处罚，所以有学者会认为该说与共犯从属形式中的极端从属性说属于同一理论体系。

（二）对责任共犯论的评价

德国刑法在 1943 年将极端从属性改为限制从属性后，责任共犯论存在的价值就大打折扣。到如今，该说已经失去了支持者。对责任共犯论的批评主要集中在以下几点：第一，“责任共犯论的理论基础是：正犯和共犯在违法实体上完全不同。正犯是由于侵害了刑法分则所规定的保护法益而受罚的，而共犯（教唆犯）则是由于具有‘诱惑’正犯，使其‘堕落’这种心情的、伦理评价的要素才受罚的，两者在本质上完全不同。但在这一点上，在法益侵害

---

① ［日］庄子邦雄：《刑法总论》，东京青林书院 1969 年版，第 717 页。转引自黎宏：《刑法总论问题思考》，中国人民大学出版社 2007 年版，第 503 页。

② 许泽天：《共犯之处罚基础与界限》，台湾大学 1998 年硕士学位论文，第 31 页。

③ 林冠宏：《共犯处罚根据之研究——以 2005 年刑法总则修正为核心》，台北大学 2008 年硕士学位论文，第 60 页。

④ 参见西田典之：《日本刑法总论》，刘明祥、王昭武译，中国人民大学出版社 2007 年版，第 276 页。

说看来，是无论如何不能接受的。”[①] 第二，“责任共犯论基于诱惑思想，仅能说明教唆犯何以要受处罚，对帮助犯则未作说明，显然无法充分说明共犯处罚的理论基础。”[②] 第三，极端从属性说不符合责任判断的个别性原则，而且德国刑法规定共犯者各依自己的责任受处罚，他人的责任不影响对共犯的处罚，故责任共犯论与德国刑法的规定不相符合，因而没有支持者。[③] 第四，特别是在教唆犯方面，因为教唆没有犯罪意思的人使其实行了犯罪，就不能否定教唆犯侵害被教唆人的一面……而且，正犯既是犯罪人，又成为犯罪的被害人，有值得怜悯的一面，难以符合人民的法感情。如果认为共犯所侵害的法益，除了正犯所侵害的分则各个刑法法规所保护的法益外，还包括正犯本身的利益，在法理上也难以整合正犯利益与侵害分则构成要件法益两种不同观点，来决定共犯的不法内涵。第五，责任共犯论认为，只有通过符合构成要件的违法、有责的正犯，才开始承认共犯的处罚价值，是为了提出最严格的共犯处罚根据。因此，本来责任共犯论应当比因果共犯论和违法共犯论更优越，因为责任共犯论是朝着限定共犯成立范围的方向努力的。但是，与一般的理解相反，责任共犯论由于过于强调责任的一面，在解释论上却导致处罚范围过于扩大。不仅教唆未遂和未遂教唆是可罚的，而其必要的共犯也成为可罚的了。[④]

上述批评或多或少指出了责任共犯论的弊端。虽然 Mayer 从与正犯的意思连接来说明共犯的处罚根据，在一定程度上缓和了使正

---

① 黎宏：《刑法总论问题思考》，中国人民大学出版社 2007 年版，第 503 页。

② 甘添贵：《正犯与共犯：第三讲 共犯处罚的理论基础》，《月旦法学教室》，第 14 期，第 78 页。

③ 张明楷：《外国刑法纲要》（第二版），清华大学出版社 2007 版，第 310 页。

④ 杨金彪：《共犯的处罚根据》，中国人民公安大学出版社 2008 年版，第 42 页。

犯堕落的观点，且对帮助犯的处罚根据也可以作基本说明，但该理论的根本缺陷并没有就此解决。责任共犯论的产生就是为了服务当时德国立法上的极端从属性说。但极端从属性说导致共犯成立的范围极其狭窄，而责任共犯论则扩张了处罚的范围。这种冲突产生的原因是责任共犯论只是在有责阶段考虑共犯处罚的理论基础，割裂了有责性和不法之间的关系，最终导致伦理刑法，放弃了法益侵害的基本立场。理论本身的先天缺陷加上刑事立法的修改，导致此学说已经丧失了生命力，只具有刑法史上的价值。不过该学说生动地说明，企图在共犯处罚根据和共犯从属性间建立对应关系的做法，在一开始就存在问题。

二、不法共犯论（Unrechtsteilnahmetheorie）

（一）不法共犯论的基本观点

德国刑法将之前的极端从属性改成限制从属性后，责任共犯论就与立法不再协调，不法共犯论便应运而生。

不法共犯论和责任共犯论如何区分，存在一定争议。德国学者多将 Less 以及瑞士学者 Trechsel 关于共犯处罚根据的观点视为不法共犯论。Schönke 和 Schröder 就明确指出：“在瑞士，文献上对该学说在形式上修补成‘修正的责任共犯论’，其根据是，教唆犯通过引起行为使正犯与社会分裂。”① Jakobs 则认为，共犯的处罚根据在于使正犯产生：共犯很明显没有创造出行为，而是创造出有责的正犯（作为责任共犯论的堕落理论），在涉及到的无责任的正犯时则是导致与社会分裂，至少引起了与社会分裂的危险（作为不法共犯论的堕落理论）。② 如此，责任共犯论和不法共犯论被合称

---

① ［德］Schönke/Schröder, Strafgesetzbuch, 27. Aufl., C. H. Beck, München, 2006, s. 19.

② ［德］Jakobs, Strafrecht Allgemeiner Teil die Grundlagen und die Zurechnungslehre Lehrbuch, 2. Aufl., Walter De Gruyter, Berlin, 1993, s. 657ff.

为堕落理论。

根据 Trechsel 的“社会分裂理论”，教唆犯的不法应该在于，正犯和无法辨明是否有责任的人，因教唆犯而与社会分裂。可能因为单纯的正犯“分裂”不能以同等的、与刑法相关联的共犯不法的法益侵害为基础，因此结果是，Trechsel 同意那些以保护不处罚的共犯为目的构成要件的存在。①

Less 认为，教唆犯的不法内涵并非完全来自于对法益的侵害，教唆犯其实具有“双重的不法内涵”：教唆犯不仅惹起了犯罪行为，而且也使其他成员陷入不法的境地，使其置于一个与法秩序敌对的事实状态，并因此侵害他的“社会完整性”（soziale Intergrtät）。教唆犯的不法，一方面虽然比正犯轻微，因为他并未基于正犯意志而导致犯罪结果；但是另一方面却又表现的比正犯严重，因为教唆犯鼓吹他人违反法秩序、使其陷入不法的境地，故一加一减之后，教唆犯的不法与正犯的不法实际上是“等价的”。② Less 认为，这种教唆犯双重不法内涵的承认，将会改变教唆犯的体系本质，因此教唆犯并非仅仅是参与他人的犯罪行为，也不是某种犯罪类型的纯粹附属物，而是一种“犯罪行为的特殊形态”（ein Sodertyp verbrecherisches Verhaltens）。教唆犯因此是属于自己的法益侵害（或危险），以及自己的犯罪行为。③

Less 还主张引诱他人犯罪的人，首先制造了一个刑法上的正犯，而且使他卷入与社会剧烈的冲突，在这种冲突中，将正犯置于

---

① ［德］Gropp, Deliktstypen mit Sonderbeteiligung – Untersuchungen zur Lehre von der “notwendigen Teilnahme”, Mohr Siebeck, Tübingen, 1992, s. 77.

② ［德］less, Der Unrechtscharakter der Anstiftung, ZSTW 69, 1957, S. 43ff, 47. 转引自林书楷：《论犯罪之典型共同加工——必要共犯理论之研究》，台湾辅仁大学 2005 博士学位论文，第 155 页。

③ ［德］less, Der Unrechtscharakter der Anstiftung, ZSTW 69, 1957, S. 43ff, 47. 转引自林书楷：《论犯罪之典型共同加工——必要共犯理论之研究》，台湾辅仁大学 2005 博士学位论文，第 155 ~ 156 页。

丧失社会尊重、承受刑法上追究的危险。人们将使社会分裂的思考限制在教唆犯上，就得到了如下的社会规范：你不能唆使任何人实施犯罪行为！这种规范在内容上区别于正犯行为适用的规范，因此，相应地需要不同的行为规范。①

（二）对不法共犯论的评价

不法共犯论将责任共犯论中引起共犯堕落的观点弱化，取而代之的是使正犯与社会分裂。这样，该学说就不必完全与极端从属性对应，而可以与限制从属性相协调，并同时保留了责任共犯说中的共犯对正犯主观面的影响。因此，从使正犯堕落的角度来看，它们都属于“堕落理论”，而在和共犯从属性的关系上，又存在差别。

具体而言，Trechsel 的“社会分裂理论”，Less 所提出的对“人格完整性”的侵害，都是对责任共犯说的一种重新解读。使共犯与社会分裂也就是使共犯与社会脱离，其中蕴含人格上的负面价值判断。对人格之尊重的侵犯从反面来说，就是使正犯堕落。其论证模式和 Mayer 所坚持的，教唆犯虽然没有实施杀人行为，但是制造了谋杀者的观点如出一辙。而且，Less 在说明教唆犯的不法时，认为其不法一方面虽然比正犯轻微，但正是因为其引起正犯实施反法秩序的行为，所以其不法和正犯相等，这样的论证方式简直就是 Mayer 相关理论的翻版。所以，他将“人格之尊重与自由发展”解释成有别于构成要件以外的法益，实际上是为使教唆犯和正犯同等处罚寻找理由。

不法共犯论和责任共犯论的区别仅仅在于它可以做到与立法协调。但这只是在形式上改变了原有的责任共犯论的用语，却没有改变责任共犯论的实质。不法共犯论一方面要和限制从属性相协调，另一方面又摆脱不了责任共犯论的影子，这就必然会出现理论上的

① ［德］Joachim, Restriktiver Täterbegriff und fahrlässige Beteiligung, Mohr siebeck, Tübinger, s. 43 ~ 44.

漏洞。正如 Gropp 所言，Trechsel 的理论不以刑法相关联的共犯不法的法益侵害为基础，就导致了构成要件的扩大。这在某种程度上，与罪刑法定原则是相冲突的。Less 的理论上的破绽也具有相似性，“人格之尊重与自由发展”如果成为构成要件以外的法益，构成要件的定型性功能就丧失殆尽了。如此一来，正犯的责任和共犯的责任实际上各自独立了。因为从解释论的角度，正犯只从属于不法部分，两者在责任上没有关联。但是堕落说从本质上又要深入正犯人格，持本说的学者不能从责任的角度来说明共犯的处罚根据，就只有把对人格的影响解释成法益。这种解释方式对刑法建立的根基——法益概念进行了改造，使得犯罪本质的标准变得含混不清，与现代行为刑法的观念背道而驰。不法共犯论内在的理论缺陷，使其成为共犯处罚根据学说史上一颗黯淡的流星。

三、惹起说（Verursachungstheorie）

惹起说的基本主张是，共犯的处罚根据是共同惹起犯罪结果，所以共犯也只是对自己的行为及行为造成的结果负责。该学说强调共犯与犯罪结果之间必须存在因果关系，故也被称为因果共犯论。惹起说以因果关系为出发点，是典型的老树新花。

（一）纯粹惹起说（reine Verursachungstheorie）

纯粹惹起说的基本立场是，共犯的处罚根据在于引起法益的侵害，共犯的不法可以完全脱离正犯而存在。

Lüderssen 是该学说的代表者，他认为脱离了主行为不法的共犯构成要件是独立的。由此可以得出，共犯人不是对促进他人的犯罪行为负责，而是对自己的构成要件该当的不法行为负责。共犯人可罚性对正犯行为的依赖是“纯事实特征的”。如此，共犯从属性以及分则中的以犯罪构成要件为方向的教唆犯和帮助犯的结构就被放弃。因此参与自杀也是可罚的，甚至以积极的作为参与不予救助也可以构成杀人罪的共犯。[1]

Schmidhäuser同样以“共犯犯罪不法构成要件的独立性”(einer Selbständigkeit des Unrechtstatbestandes Teinehmerdelikts)为出发点，力图在现行法的基础上，以结果发生的必然性为条件，从纯粹的应罚性的角度，来解释与正犯的关系：“如果刑法尽可能地使共犯犯罪同一个实行了的主行为相独立，共犯的处罚基础就仅仅在于应罚性（和正犯犯罪中的结果发生没什么不同)。”[2] 因此，共犯人也破坏了构成要件保护的法益，仅仅是共犯人没有表现出正犯形成的特征。如此，共犯规定作为刑法分则构成要件的修正，是结构性的，因此涉及到正犯的时候称为“正犯犯罪”(Täterdelikt)，涉及到共犯的时候称为“共犯犯罪”(Teilnehmerdelikt)。自身的“共犯者的共犯犯罪”与自身的“正犯者的正犯犯罪”相对应。只有在刑罚限制功能上可能涉及到从属性原则。[3]

Lüderssen的观点受到了批评。从关于共犯从属性的明确的法律规定出发，如此解释和法律不能一致。这在法政策上也是不被期望的，因为，正如边码3，12案例所显示的[4]，导致刑事可罚性的极度扩张，而这应该通过共犯与正犯构成要件行为的关系来限制。[5] Schmidhäuser的观点受到的批评则是，结果是不法构成要件，绝对不存在一个单纯的应罚性条件。以这两位学者为代表的纯粹惹起说面临的共同批判则是：“对于纯粹惹起说，重要的可能是，是否共

---

① ［德］Jescheck/Weigend, Lehrbuch des Strafrechts, Allgemeiner Teil, 5. Aufl. ,Duncker & Humblot, 1996, s. 686.

② ［德］Roxin, Strafrecht Allgemeiner Teil, Band Ⅱ,4. Aufl. , C. H. Beck, München,2006,s. 132.

③ ［德］Otto, Grundkurs Strafrecht Allgmeine Strafrechtslehre, 2. Aufl. , Walter De Gruyter, Berlin,1982,s. 237.

④ 即参与自杀和要求他人不予救助。

⑤ ［德］Roxin, Strafrecht Allgemeiner Teil, Band Ⅱ,4. Aufl. , C. H. Beck, München,2006,s. 131.

犯有自己的违法和责任。相反，第26条和第27条却以正犯的违法行为为前提，第28条更强制性地得出相反的结论，至少正犯实现的不法的物的（非人的）特征，原则上决定了共犯的不法内容。在（真正的）身份犯中，参与角色的不同处理也与上述说明对立：'不具备身份者不能成为正犯，但是不容置疑，可成立共犯，需要解释的只是，共犯的不法——与惹起说相反——来源于正犯的不法。'"①

总而言之，对于纯粹惹起说，现在的德国学者都持否定态度，否定的最主要原因在于与现行立法的规定不符，包括总则中关于共犯从属性的规定、关于真正身份犯的规定，等等。同时，大部分学者也认为纯粹惹起说扩大了刑法的处罚范围，比如，在参与自杀的情况下，会承认没有正犯的共犯。所以，纯粹惹起说只承认共犯对正犯的依赖只是事实特征上的，从属性只是在限制刑罚上有意义，使得共犯不法完全脱离了正犯的不法，这样的解释模式就影响到了构成要件的定型性，使得共犯的成立标准过于宽泛。但是，共犯中构成要件的定型性，在更大程度上是立法的问题，而不是解释的问题，本学说的缺陷不在于理论本身，而在于与立法的不协调。

（二）从属导向惹起说（akzessorietätsorientierte Verursachungstherie）

从属导向惹起说又称为从属导向的促进理论，或者修正惹起说。它是德国的通说，但学说间存在一定差异。

Welzel 批评责任共犯说，认为它是从教会法演变而来的，但是刑法上的犯罪并不是宗教上的犯罪，而是社会上难以容忍的行为。所以处罚共犯者的内在根据并非在于共犯者将正犯者引入责任和刑罚，而在于唤起正犯者实行社会难以容忍的违法行为决意或对该事

① ［德］Stratenwerth, Strafrecht Allgmeiner Teil I – Die Straftat, 4. Aufl., Carl Hezmanns Verlag KG, Köln, Berlin, Bonn, München, 2000, s. 334.

实予以援助。[①]

Jescheck 认为，共犯的处罚根据在于，共犯人通过唤起犯意引起一个符合构成要件的、违法的行为，又或通过口头或者行为促进一个符合构成要件的、违法的行为，此外，其行为本身是有责的。从促进理论可以得出，共犯的意志必须是针对主行为的实施，并要求主行为有犯罪故意。该理论与现行法是一致的，该理论清楚地阐明，共犯人不是自身违反了犯罪构成要件所包含的法规范，而是，其不法在于，他加功于正犯的规范违反。共犯行为的不法依赖于主行为的不法根据和程度。[②]

Otto 主张，共犯的处罚根据其实在很大程度上达成了统一，即在于通过自己促进主行为，但是在效果上从属于主行为的法益侵害。[③] 可能正犯被理解成犯罪事件的核心角色（Zentralgestalt），共犯被理解成配角（Randifigur），正犯因为自己的行为被归责，共犯因为他人的行为被归责。从整体上看，在现象上正犯和共犯的区别以不可缺少的前提为基础：行为对正犯和共犯是同样的，他们在事实形成（Tatgeschehen）上是不同的。因此，正犯和共犯的确立在于在社会空间（Sozialer Raum）上的位置的确立。行为是正犯的行为，共犯参与其行为。共犯自己并没有实现刑法分则的构成要件所描述的不法，他通过其他人对构成要件的实现作出许多贡献，并参与主行为的不法。共犯违反的不仅仅是刑法分则的保护规范，而且是来自刑法第 26 条和第 27 条表达的禁止，引起或促进其他人对规范的违反。因此，共犯的不法内容的实现肯定主要是来自正犯的不

① 转引自刘凌梅：《帮助犯研究》，武汉大学出版社 2003 年版，第 30 页。

② ［德］Jescheck/Weigend, Lehrbuch des Strafrechts, Allgemeiner Teil, 5. Aufl., Duncker&Humblot, 1996, s. 685～686.

③ ［德］Otto, Grundkurs Strafrecht Allgmeine Strafrechtslehre, 2. Aufl., Walter De Gruyter, Berlin, 1982, s. 237.

法，其次是在共同加功中使用的犯罪能量中实现。[①]

大塚仁强调，共犯的处罚根据可以分为形式的侧面和实质的侧面。作为教唆犯、从犯的处罚根据，在形式上需要教唆者、帮助者的行为在行为上符合教唆犯、从犯的被修正的构成要件，是违法的以及教唆者、帮助者具有责任。作为实质的根据，关于教唆犯，需要唆使被教唆者，使其产生实行犯罪的决意，而且由其实行而引起了违法的事态；从犯需要实施对正犯的实行进行帮助的行为，而且由其援助使正犯的实行变得容易了。他们之间必须存在因果关系。所以，在属于被教唆者、被帮助者的正犯那里，具有核心意义的是，由其实行行为产生了对刑法所保护法益的侵害（危险），因而受到处罚；在教唆者、帮助者那里，由其教唆行为、帮助行为引起正犯实施对法益的侵害（危险），虽然是间接的，但是，提供了重要的原因，这可以说是其受到处罚的根据。因为应该对各个行为人具体地论及其责任，所以只要正犯行为符合构成要件且是违法的就够了，不应该将正犯也具有责任作为处罚教唆犯、从犯的要件。与德国刑法不同，虽然在日本刑法中看不到有妨碍采用责任共犯说的条文制约，但是与共犯的限制从属性相关联，关于狭义共犯的处罚根据，根据不法共犯说的立场来理解是妥当的。[②]

以上学者的观点各具特色，Welzel 在行为的存在构造上，重视行为人的“目的性”，并在行为的反社会伦理上，探求违法的中心。他主张，若考虑人格的要素，则所谓违法行为，即人格的违法行为，才是社会所不能容忍的行为。所谓侵害法益，仅是违法性的

---

① ［德］ Otto, Grundkurs Strafrecht Allgmeine Strafrechtslehre, 2. Aufl., Walter De Gruyter, Berlin, 1982, s. 238.

② ［日］ 大塚仁：《刑法概说 总论》（第三版），冯军译，中国人民大学出版社 2003 年版，第 247 ~ 248 页。此处的不法共犯论即从属导向惹起说。

一个要素，而非独立的要素。① 既然在违法性上 Welzel 采取行为无价值，需要考虑行为人的人格，而侵害法益只是违法性的一个要素，他对共犯的处罚根据实际上仍然残存责任共犯论的影子。因为他主张的一元的行为无价值很少有人支持，他关于共犯处罚根据的学说相应地支持者也寥寥无几。

Jescheck 和 Otto 则从德国刑法规定的角度对共犯的处罚根据进行说明，得出的重要结论有两个：一是他们都认为共犯的处罚根据在于引起或者促进了正犯符合构成要件的、违法的行为；二是承认共犯的不法对正犯不法的依附关系。这都是从德国刑法的规定中推衍出来的结论。前一结论是从属性导向惹起说的实质，该说针对纯粹惹起说的缺陷，尽可能地限制了共犯的处罚范围。一般认为，这样的后果就是，有导致不合理的处罚结论的可能，主要是未遂教唆和片面的对向犯的不可罚问题难以作出适当的说明。后一结论则是对共犯不法的，根据德国刑法第 26 条、第 27 条的规定，认为共犯的存在以正犯的存在为前提，那么其衍生结论便是共犯的不法来源于正犯的不法。

上述关于共犯不法的说明可以视为共犯处罚根据的一部分内容，引起或者促进正犯的构成要件和违法可以视为是对共犯是否处罚的说明。而对共犯不法内容的探讨则是在确立了处罚共犯之后，对处罚程度的理解。

即便是认为共犯的处罚根据包括是否处罚以及处罚程度的说明，对处罚程度的说明也不是以共犯的不法依赖于或者说从属于正犯的不法为模式。共犯的不法依赖于正犯的不法恰恰是为了说明为什么共犯的处罚程度往往比正犯轻，即是为了阐明共犯为什么不和正犯同等处罚，而不是从正面来说明共犯为什么要处罚到如此的程度。如果将共犯处罚根据的上述观点简化，就是共犯之所以要处罚

---

① 马克昌主编：《近代西方刑法学说史略》，中国检察出版社 2004 年版，第 374 页。

是因为引起了正犯的不法，而共犯的不法依赖于正犯的不法，或者说正犯的不法决定了共犯的不法。前者强调的是共犯对正犯的影响，后者强调的是正犯对共犯的影响。这两者，无论如何不能在共犯的处罚根据下统一起来。共犯的处罚根据问题和共犯的从属性问题之间的混淆，在此可见一斑。

大塚仁所提出的共犯处罚的形式根据，其实是以问题回答问题。之所以要寻找教唆犯和帮助犯的处罚根据，就是其行为单独来看并不是构成要件行为，但是这种行为又有处罚的必要。首先在立法上寻求原因，如果值得处罚，那么就设置相应的刑法条款，通常是利用修正的构成要件来实现对共犯的处罚。在解释论上，需要解决的是在现有的刑法规定下，共犯为什么要处罚的问题，如果涉及到处罚范围的探讨，则修正的构成要件理论根本无法解决问题。所以，不论从哪个角度来说，共犯处罚的形式根据都没有存在的价值。大塚仁所提出的共犯处罚的实质根据，实际上是德国学者的相关理论的进一步深化。不同的是，大塚仁在这里反复强调教唆行为、帮助行为引起正犯实施对法益的侵害或者危险，似乎偏向了结果无价值。但是在具体问题的论述中，大塚仁认为，在教唆犯的情况下，是因为教唆行为引起正犯的实行行为而受到处罚；在帮助犯的场合，是因为帮助行为与正犯的实行行为之间具有物理上或者心理上使实行行为变得容易这种意义上的因果关系而受到处罚。① 这与大塚仁教授所提出的二元的行为无价值论的观点是一致的，也就是说，大塚仁教授并没有否定法益侵害在共犯处罚根据上的意义，但是也强调了行为无价值的作用。

（三）混合惹起说（gemischte Verursachungstheorie）

纯粹惹起说过于扩大了共犯的成立范围，从属导向惹起说又过于限制了共犯的成立范围，混合惹起说就是在这两种学说之间进行

---

① 大塚仁：《刑法概说 总论》（第三版），冯军译，中国人民大学出版社 2003 年版，第 276 页。

调和的结果。

混合惹起说的代表学者是Roxin，他认为共犯是通过非正犯的、故意的方式加功于一个具有故意的符合构成要件的违法行为来侵犯法益。共犯的不法部分来源于正犯的不法，部分是独立的、自我决定的。来源于正犯的不法是因为他是从属的：正犯实施的故意的不法行为也归责于加功的共犯。从这个角度来说他又是独立的，因为归责仅仅对共犯行为的加功同时可以视为共犯自己的法益侵害时才会发生。无论如何，提出“从属的法益侵害”（akzessorischen Rechtsgutsangriffs）作为一种混合的理论，共犯不法的部分来自正犯的归责（从属性），部分来自独立的因素（法益侵害）。①

Jakobs 则主张与结果关联的不法共犯论（Die Theorie der erfolgsbezogenen Unrechtsteilnahme）。首先，他认为确立共犯的不法需要注意三个方面：第一，在刑法分则中描述的犯罪仅仅是指正犯自己实施的行为。共犯可罚性因此是可罚性的扩张。间接正犯和共同正犯当然也是可罚性的扩张，这种正犯的扩张和责任的联系在于具体的构成要件的实现或者决定。无论如何，正犯行为和刑法分则关于犯罪描述的关系更紧密，在共犯中的这种关系是松弛的，因为共犯实施的行为和正犯不能等而视之，共犯也不能决定犯罪是否实施。因此，行为不是他作用范围内的作品，而是正犯的作品，但是共犯总是对行为有参与，只是分量上有削减。主行为的实行不仅仅是正犯的参与，而且是共犯的：这种参与行为是将主行为的实行作为共犯的作品而归责于他的基础（如同股东要对并不是自己独立决定的公司商业行为负责一样）。没有主行为，共犯的实体不法是不存在的。但另一方面，一个独立不法的主行为通常被解释为必要条件，或者说解释成主行为事实上是不可缺少的，或者解释成确定构成要件的单纯中介（共犯行为在分则构成要件中没有被描述），

---

① ［德］Roxin，Strafrecht Allgemeiner Teil，Band Ⅱ，4. Aufl.，C. H. Beck，München，2006，s. 127，130～131.

如此，作为共犯基础的正犯行为主要事实的内容在此终止：没有主行为，共犯行为就不构成犯罪，共犯内在行为之间保持相互独立，没有主行为也就没有客观的破坏，只有主行为才使共犯行为客观化。第二，刑法分则所描述的对构成要件实现的禁止，从不涉及到共犯，而是通过共犯的规定扩张了这种禁止。其中，根据这种扩张，针对身份犯的单独参与在很狭窄的意义上的承认也是不允许的。这种结论是正确的，无论如何，共犯是一种可罚性的扩张。针对身份犯，这种扩张有和针对非身份犯不一样的含义。在身份犯的场合，主行为和共犯通过一种委托相关联，除此以外没有联系（共犯没有身份），将主行为人设想成通过一个机器来替代，犯罪构成要件在此不用考虑。在非身份犯中不需要身份，设想主行为人通过一种机器来替代，共犯自己变成实行正犯。换句话说，在身份犯中，尽管角色不同，共犯引起归责；在非身份犯中，尽管存在分工，共犯引起归责。在身份犯中，共犯规范的扩张不仅仅是违法行为的范围，而且还有主体范围，很明显，一个特定身份的存在要及于每个人。第三，共犯的责任不是因为让不法的主行为产生，而是因为这种行为同样能被归责于共犯：因为该行为是共犯和正犯共同实施的混合物，也是共犯的作品。因为共犯的目的也在于主行为的完成。共犯应该完成的是，必须远离法益的侵害，而该法益相反是要被保护的。①

可见，Jakobs 和 Roxin 的观点存在差异，但他们的共同之处，就在于认为共犯的不法都具有独立性，共犯的责任也是个别的。这就和从属性导向惹起说划清了界限，而同时，两位学者都重视了分则中构成要件的作用，而没有像纯粹惹起说那样，过于宽泛地认定了共犯的成立范围。但是这类观点仍然受到了批评，有学者认为，Roxin 关于作为共犯的处罚根据所提供的并不比参阅法的条文来得

① ［德］Jakobs，Strafrecht Allgemeiner Teil die Grundlagen und die Zurechnungslehre Lehrbuch，2. Aufl.，Walter De Gruyter，Berlin，1993，s. 659～660.

多，特别是不比从属性导向的变化、准确地说，是混合的变化来得多。因为他对此的观点是，共犯行为是指不法共犯行为，共犯行为的不法来自共犯者对正犯行为的加功，而共犯参与正犯的不法这种被认为正当的观点，不比对因果律上必要条件的流行语性质的说明以及没有自身独立内涵的共犯从属性更深入。①

混合惹起说最大的贡献在于从从属性的法益侵害的角度出发，承认了共犯不法的独立性，如果共犯的不法不具备独立性的话，那么说共犯的处罚在于惹起了正犯的不法就没有依据，这样的观点无疑是正确的。而同时，共犯的行为毕竟单独不符合刑法分则的构成要件，从这个意义上来说，共犯的不法又不能完全脱离正犯的不法，所以共犯不法的认定要依正犯而定。共犯的处罚根据发展到混合惹起说，算是走出了理论的误区。

第二节　我国关于共犯处罚根据的不同学说

对于共犯的处罚根据，近年来有不少学者关注，主要分为两类主张：一类是以主客观相统一原则作为基准来判断；另一类是借鉴德、日刑法理论来界定。

一、以主客观相统一的原则为基准的理论

（一）基本观点

马克昌先生认为，共犯的处罚根据，应当依据主客观相统一的原则来寻求。共犯在客观上教唆或者帮助正犯，共同引起正犯的犯罪事实或犯罪结果，具有社会危害性；同时共犯在主观上希望或者放任自己的教唆行为或帮助行为促使或便于正犯的犯罪事实或犯罪

① ［德］Shuman, Strafrechtliches Handlungsunrecht und das Prinzip der Selbstverantwortung der Anderen, Paul Siebeck, Tübingen, 1986, s. 46.

结果发生，具有人身危险性。各国刑法之所以规定处罚共犯，原因当在于此。①

有学者针对教唆犯，从理论根据和实践根据两个方面来探讨共犯的处罚根据，认为在理论根据上，教唆犯的犯罪性和可罚性基本上是由教唆犯本身的性质所决定的，就算被教唆人没有接受教唆、没有实施所教唆的犯罪，教唆犯也因其本身所具有的人身危险性和社会危害性而具有犯罪性和可罚性；同时，教唆犯又总是同被教唆人相联系的，表现在教唆犯的刑事责任的轻重要受到被教唆人的实行行为的制约和影响。而在实践根据上，要结合教唆犯对被教唆人的主观犯意的联系以及对被教唆人实行行为的作用，坚持主客观相统一的原则来对待教唆犯的处罚根据，而认为教唆犯本身具有的人身危险性和社会危害性，才是教唆犯的可罚根据。②

还有学者提出，基于我国刑法第 29 条的规定，教唆他人犯罪的，应当按照他在共同犯罪中所起的作用处罚。教唆不满 18 周岁的人犯罪的，应当从重处罚。如果被教唆的人没有犯被教唆的罪，对于教唆犯，可以从轻或减轻处罚。所以认为，我国刑法中的教唆犯处罚根据在于教唆犯本身的犯罪性，即教唆犯客观上实施了教唆行为，侵害或者威胁到刑法所保护的客体，客观上具有社会危害性；主观上教唆犯希望或者放任自己的教唆行为发生危害社会的结果，具有人身危险性。这样，无论被教唆者是否接受教唆、是否实施犯罪行为，对教唆犯进行处罚就都有了较合理的法理依据。③

（二）学说评析

该学说受到了有些学者激烈的批评。有学者提出，这些主张忽

---

① 马克昌：《比较刑法原理——外国刑法学总论》，武汉大学出版社 2002 年版，第 706 页。

② 魏东：《教唆犯研究》，中国人民公安大学出版社 2002 年版，第 262～263 页。

③ 张忠国：《教唆犯处罚根据之新解》，《中国刑事法杂志》，2005 年第 4 期，第 28 页。

视了共犯的处罚根据问题与共犯的刑事责任根据问题是两个虽相互关联但却不同的问题。而至多阐明了类似与德、日刑法学上关于共犯形式处罚根据的问题，这些主张带来了应当重新思考主客观相统一原则的适用范围问题，即只有在怎样的场合才能考虑主客观相统一的原则，在怎样的场合又不能使用主客观相统一的原则。特别是在共犯的处罚根据问题上，有考虑主客观相统一原则的余地吗？在德、日刑法学上，责任共犯说之后的共犯处罚根据论均从实在违法性的层面上寻求共犯的处罚根据，没有、而且不应当在责任面上寻求共犯的处罚根据。因此，我国刑法学说在思考问题的方法上本来就存在问题，这是刑法学容易导致责任共犯说的根本原因。而且，上述主张导致了降低共犯处罚根据论作为共犯论基础理论部分地位的问题。毋宁说，这些说法没有完全理解德、日刑法学共犯的处罚根据论的真实含义，其原因就在于这些学者没有弄清楚研究共犯处罚根据论的真正意义。①

但这种批评有失偏颇。首先，共犯的处罚根据问题本身就是探讨为什么要处罚共犯的问题，而共犯的刑事责任根据，是指为什么要追究共犯的刑事责任。这两者的区别何在，该论者并没有作出明确说明。从该学者的论述来看，是将共犯的处罚根据认定为共犯是否成立以及成立范围的理论，而将共犯的刑事责任根据视为在成立共犯之后，是否要负刑事责任的理论。这样理解的前提是，有一部分共犯不应当负刑事责任。这样，根据共犯的处罚根据得出的共犯范围里，有一部分不应当负刑事责任，换句话说，不应当处罚。这明显是自相矛盾的。也许可以认为应当处罚和现实是否处罚是两回事，所以两者并不矛盾。但如果照此推理，应当负刑事责任和是否现实承担了刑事责任也是不同的。这样，共犯的处罚根据和共犯的刑事责任根据就没有办法作出前述的区分了。而且，照该学者的观

① 杨金彪：《共犯的处罚根据》，中国人民公安大学出版社 2008 年版，第 178 页。

点，认为上述主张至多阐明了类似德、日刑法学上共犯的形式上的处罚根据的问题。如果这种说法成立，实际上是承认了共犯的刑事责任根据和共犯的处罚根据中的形式根据是统一的，都是行为符合修正的犯罪构成，不同的只是实质根据了。其结论是形式根据和实质根据没有必然的关联，否则，怎么可能不同的实质根据对应相同的形式根据？而这样的结论让人难以接受。

其次，该学者认为，在共犯的处罚根据问题上，没有考虑主客观相统一原则的余地，其理由是责任共犯说之后的共犯的处罚根据论均是在违法性层面寻求共犯的处罚根据。但是，即使是在违法性层面上寻求共犯的处罚根据，也并不意味着不能考虑主客观相统一原则，当今的犯罪论体系早就不是Beling时代古典犯罪论体系，故意和过失的定位早已不在责任阶段，而提前到构成要件阶段。对共犯的处罚根据并不妨碍对主客观相统一原则的思考。

最后，从主客观相统一原则的角度来考虑共犯的处罚根据并没有降低共犯处罚根据的地位。共犯的处罚根据的地位如何，很大程度上由立法来决定，德、日关于共犯的不同立法导致其理论地位的差异便是明证，这跟从何种角度来理解主客观相统一原则没有必然联系。

我国部分刑法学者关于共犯处罚根据的观点之所以和德、日学者存在较大差异，是因为观测角度不同。共犯的处罚根据可以从立法论和解释论的角度来把握。如果从立法论的角度来把握，共犯的处罚根据都可以归结为客观上具有社会危害性，主观上也具有社会危害性，所以，自然会联系到主客观相统一的原则，上述第一种观点就是如此。而德、日刑法学者则主要是从解释论的角度来说明。从解释论的角度，因为要考虑立法的实际情况，主要是考虑和犯罪从属性原则的契合，所以随着立法的变迁产生了丰富的学说。而我国立法没有规定从属性原则，只是规定了教唆犯，对教唆犯的性质又存在较大的争议。没有共犯的从属性作为依托，仅仅从我国立法的实际情况来看，立法论和解释论就有趋同的倾向，上述以主客观相统一原则为基准的第三种学说就是如此。

二、依据德、日学者的观点提出的学说

（一）基本观点

有学者认为，在共犯的处罚根据的问题上，修正引起说的立场妥当，其理由是，首先，符合我国现行刑法的规定。因为根据刑法第29条第一款的规定，我国教唆犯在其成立上，具有依附于正犯的从属性。因为，教唆犯的处罚，是按照其在共同犯罪中的作用进行的，前提是存在共同犯罪，按照我国刑法的相关规定，是二人以上共同故意犯罪。在有分工的复杂共同犯罪当中，必须是有一方将共谋或者被教唆的犯罪付诸实施，否则，共同犯罪就无法成立。由此可见，在存在教唆犯的共同犯罪当中，被教唆人即正犯着手实行刑法分则中所规定的特定犯罪，是成立教唆犯的基本前提，否则，就谈不上对教唆犯的处罚了。同样，就作为共犯的另一种类型的帮助犯而言也是如此。关于帮助犯，我国没有这种共犯形态的总则性规定，而只存在在分则的规定中，诸如资助危害国家安全犯罪活动罪，也是以被帮助的他人即正犯的背叛国家、分裂国家等行为构成犯罪为前提。其次，符合我国刑法整体上所体现出来的客观主义刑法观。纯粹引起说和混合引起说认为，教唆行为和帮助行为也是一种实行行为，教唆犯和帮助犯的违法性或多或少地来自这种实行行为自身，并非完全来自于正犯的违法性，因此，即便在被教唆人或者被帮助人完全没有实施任何行为，对教唆犯和帮助犯也可以作为共犯处罚。但是，从实行行为只能是具有侵害或者威胁法益的现实危险行为的客观主义立场来看，包括教唆犯和帮助犯在内的任何犯罪类型，其认定，也只能从上述对法益的具体、现实危险的角度来进行。最后，刑法第29条的规定，不是肯定教唆犯具有独自的违法性的根据。因为，从共犯处罚的独自性出发，并不必然会得出教唆犯具有独自的违法性的结论。而且，并不能肯定我国刑法规定了教唆犯的处罚的独自性，况且，如果说教唆犯有独自的违法性，会

得出不恰当的结论。[①]

同时也有学者认为，我国刑法在共犯从属性和违法的从属性方向上坚持了修正惹起说的立场。对于实行从属性，应当在没有正犯行为共犯就不能成立这种消极的意义上理解。换言之，正犯的实行行为只是共犯成立的必要条件，而不是充分条件。而且，刑法第29条的规定实际上也坚持了类似于德、日刑法学上限制从属性格式的立场，即成立共犯至少要求正犯实施了犯罪构成的客观方面，而且，站在对犯罪构成实质解释的立场上，至少要求正犯行为具有可罚的违法性（社会危害性）。[②] 但是该学者同时认为，在违法的从属性上，鉴于修正引起说具有过分强调违法从属性的一面，因此在修正引起说违法从属性的方向上，应当适度承认因人不同的违法的相对性，虽然在结论上与折中引起说几乎没有什么不同，但是在不承认正犯行为是违法的、共犯行为是适法的这种质的不同的违法的相对性上，与折中引起说不同，只能承认正犯行为是违法的、共犯行为是不可罚的违法行为这种量的不同的违法的相对性。[③]

有人赞成混合惹起说，即共犯的不法是由其本身侵害法益所形成的独立、固有的要素与从正犯行为的不法性所导出来的从属的要素构成的。首先，共犯本身必须侵犯了对他而言也应受到保护的法益才能惩处。如果正犯行为侵犯的法益对于共犯者来说是不可能侵犯的，则不存在共犯。因此共犯本身必须侵害了对他而言受到的保护的法益的意义上，共犯的不法是独立的。但是，另一方面，从限制正犯概念的立场出发，共犯本身并不能直接侵害法益，它必须通

---

① 黎宏：《刑法总论问题思考》，中国人民大学出版社 2007 年版，第511 ~515 页。

② 杨金彪：《共犯的处罚根据》，中国人民公安大学出版社 2008 年版，第 178 页。

③ 杨金彪：《共犯的处罚根据》，中国人民公安大学出版社 2008 年版，第 178 页。

过正犯的行为，才能侵害法益，即共犯法益侵害性的形成，是通过共犯行为与正犯行为、正犯行为结果的因果关联而实现。正犯行为，一方面具有联接共犯行为与正犯结果的因果性的事实机能；另一方面则有使构成要件的不法归属与共犯行为的规范机能。换言之，由共犯行为所引起的法益侵害的危险性是抽象的危险性或预备行为的危险性，必须有正犯行为所引起的法益侵害的具体危险存在之后，才能形成共犯的结果无价值。可见，正犯的不法限定着共犯不法的上下限。在这一意义上，共犯的不法受到正犯不法的制约，即共犯从属于正犯。这种从属性不是单纯事实上的依存性，而是具有法的、决定性的性质。它使分则构成要件的内容限制总则共犯规定的成立范围，以避免刑法将所有与结果具有因果性的行为，包括认定为共犯，造成刑罚界限过度扩张，严重破坏法的安定性。①

（二）学说评析

上述采取修正惹起说的第一位学者所主张的理由不能成立。该学者的第一条理由是根据我国刑法的规定，教唆犯和帮助犯的成立，都以正犯的成立为前提。但是这是论证我国共犯采取从属性原则的理由，在从属性原则下，同样可以采纳混合惹起说。而且，该说只是对分则中存在帮助犯进行了论证。虽然我国刑法没有对帮助犯进行规定，但并不能排除帮助犯的客观存在，对于刑法没有规定的帮助犯，其从属性的立法依据在哪里，没有作出说明。而且将教唆犯分成在共同犯罪中的教唆犯和独立的教唆犯，虽然是有效的分类方法，但是在讨论教唆犯的性质的时候，将被教唆人没有实行被教唆之罪的情况弃之不论，是没有依据的。第二，虽然纯粹引起说在某种程度上可以认为是将教唆行为和帮助行为当做一种实行行

① 刘凌梅：《帮助犯研究》，武汉大学出版社 2003 年版，第 41 页。赞成该说的还可以参见：陈洪兵：《必要共犯的若干问题检讨——以共犯的处罚根据为视角》，《中国矿业大学学报》（社会科学版），2007 年第 4 期，第 61 页。

为，但是混合惹起说绝对不是。而且根据混合惹起说，根本不可能在被教唆人或者被帮助人完全没有实施任何行为的情况下，对教唆犯和帮助犯作为共犯处罚。因为混合惹起说认为正犯的不法是前提，没有正犯不法，就没有共犯不法，而且即使有正犯不法，也可能不存在共犯不法，其不处罚的范围甚至比从属性导向惹起说还要窄。第三，共犯的不法是自身所具有的，只不过其认定要通过正犯而已。换言之，共犯不法的独自性和共犯的不法要借助正犯来认定是两个问题，如果认为共犯没有独立的不法，那为什么要处罚共犯？至于得出的结论是否合理，实际上跟共犯是否具有独立的不法没有关系，而跟立法的规定和对立法的理解有关。

前述持第二种观点的学者实际上是正在修正惹起说和混合惹起说之间寻求一个平衡。认为正犯违法，共犯也就违法，只是在有些情况下，不具备可罚的违法性。这样似乎回避了违法的相对性的问题，在理论上具有了一致性。姑且不论日本学者提出的可罚的违法性的概念所存在的差异，用这个概念来缓冲违法的相对性的矛盾并不可取。因为修正惹起说和混合惹起说的差异是质上的，而不是量上的。在这里，不区分违法和不法的弊端就暴露无遗。将不法以违法替代，带来的问题就是忽略了构成要件。就构成要件和违法性的关系来看，构成要件具备推定违法的功能。只要承认违法的相对性，不管这种相对性是怎样的相对性，都是把具有违法推定功能的构成要件排除在外，但正犯和共犯之间在构成要件上的关系是讨论共犯的处罚根据不能回避的问题。共犯不符合分则规定的构成要件，但仍然符合修正的构成要件，而该构成要件和正犯密切相关。共犯对法益的侵害是通过正犯引起的，这种法益侵害的间接引起关系是通过构成要件体现出来的。脱离了构成要件，单单从违法性的角度来讨论共犯处罚根据的理论框架是自相矛盾的，这也是该理论与共犯从属性理论纠缠不清的原因之一。

第三种观点就是惹起说的翻版，该学说对正犯和共犯的关系作了比较清楚的梳理，但是在解释论上，一个国家的共犯的处罚根据与该国的刑事立法有比较密切的关系。在我国规定了主犯、从犯、胁从犯和教唆犯的前提下，需要一种理论能够适用于所有的共犯，恐怕不是套用德、日学说就可以解决的。

第三节　共犯处罚根据的重新建构

一、对共犯处罚根据的实质理解

纵观共犯处罚根据的学说发展历史，从最初的责任共犯论开始，关注共犯对正犯的人格影响，这实际上是对共犯处罚根据的一种感性认识的表达。在共犯从属性的约束之下，责任共犯说很快就销声匿迹，对责任共犯说进行修正的不法共犯说粉墨登场，而不法共犯说从一开始就带来了责任共犯说先天的缺陷，堕落理论发展到此，已经是强弩之末。之后，对共犯的处罚根据的思考就与共犯的从属性理论密不可分，除了 Welzel 独树一帜的“人的不法论”略有不同以外，其他学者大多从共犯和法益侵害之间的关系来探讨共犯的处罚根据。虽然产生了纯粹惹起说、修正惹起说和混合惹起说，但万变不离其宗。为什么同为惹起说，而会出现这么大的差异呢？这是因为对共犯处罚根据和共犯的从属性的关系存在不同的认识。申言之，是对共犯的不法的来源和认定存在不同的理解。更进一步来说，共犯间接引起了法益的侵害，这是共犯的不法的基础，也是共犯的处罚根据的体现。而因为共犯不同于正犯，若非刑法有单独规定，其行为不可能符合刑法分则所规定的构成要件，所以共犯不法的认定需要依赖于正犯，这也就是共犯从属性的由来。所以，如果共犯没有引起现实存在的法益侵害，根本就不可能处罚，在引起了法益侵害之后，在共犯不法的认定上，才需要考虑到共犯的从属性原则。共犯的处罚根据和共犯的从属性，在某种程度上存在对立关系，而不是对应关系。因为前者是要肯定其不法，后者是为了限制其不法。将共犯处罚根据和共犯从属性对应起来，是责任共犯说发展到不法共犯说之后的错误的延续。这一错误在日本变本加厉，在我国则有以讹传讹的趋势。这种错误的理论倾向，实有及时厘清的必要。

所以，抛开责任共犯论和不法共犯论这种已被历史淘汰的学说不谈，在惹起说之间，有明显错误的正好是修正惹起说，这种学说表面上让共犯的处罚根据理论和立法完美结合，实际上混淆了共犯的处罚根据和共犯从属性的关系，实不可取。而纯粹惹起说的错误从根本上讲，并不在于对共犯的处罚根据的理解上，而在于对共犯不法的认定需要依据正犯而定这一基础性结论上，所以其结论大大扩张了共犯的范围。混合惹起说明确地表示出共犯不法内涵的独立性和在认定上的从属性，但是也未能走得更远，未能将共犯不法的认定这一和共犯的处罚根据无关的内容纳入到从属性中探讨，实属美中不足。如果将共犯的处罚根据和共犯的从属性分开，把认定共犯处罚根据的一些不需要考虑的因素统统抛开，就可以发现，共犯的处罚根据就在于间接地（或者说通过正犯）引起法益侵害。

二、我国刑法上的共犯处罚根据

从我国刑法的规定来看，既没有规定共犯的从属性，也没有类似德国将共同正犯视为正犯的规定。所以在共犯的处罚根据上，应当是指广义的共犯。而且主犯、从犯、胁从犯的处罚根据也需要纳入，因为它们不仅仅是处罚的规定，也是我国关于共犯的主要分类方式。将正犯纳入进来，共犯的处罚根据也就是引起了法益的侵害，主犯、从犯以及胁从犯都有可能是直接引起法益侵害、也有可能是间接引起法益侵害。而就教唆犯而言，因为，刑法第 29 条第 2 款规定，在被教唆人没有犯被教唆之罪时，对教唆犯仍要处罚，该规定也许只能从侵害法益的危险的角度来理解，而不能从堕落说的角度来把握，所以，教唆犯的处罚根据只能是间接引起法益侵害。这样来理解，共犯的处罚根据在判断共犯的成立范围上似乎作用有限，其基础理论的地位好像岌岌可危。如果将视野稍稍打开，既然存在共犯的处罚根据，也就存在单独犯罪的处罚根据。合并来看，就是为什么要处罚犯罪的问题，虽然存在较大的争议，但大致上可以认为是对社会的危害性，或者是对法益的侵害等等。只不过共犯在犯罪构成的符合上与单独正犯有差别，存在理论上的说理困难，所以其成立范围不是那么好认定。但这个问题不应该由共犯处罚的根据来解决，这就如同在有刑法规定的前提下，对一个具体的单独行为是否构成犯罪的认定，绝不能依靠为什么要处罚犯罪这样的理论来解决，而应该由刑法总则、分则的规定，以及相应的具体理论来解决。抽象的处罚根据问题是不应当也不需要用来解决具体个案的问题的。将我国刑法上的共犯处罚根据理解成对法益的直接或者间接的侵害，并不影响对具体问题的理解，以下将挑选在共犯处罚根据中讨论的典型问题来进一步说明。

首先，对于未遂教唆，我国学者一般认为，根据责任共犯论，教唆犯使正犯产生犯意，从而使正犯堕落，故而未遂教唆是可罚的。根据不法共犯论，往往认为教唆犯引起了主行为人的行为无价值①，就应该处罚，故而未遂教唆同样是可罚的。若依据纯粹惹起说，则教唆犯需要惹起正犯构成要件结果，所以未遂教唆不具可罚性。修正惹起说认为，惹起正犯构成要件结果的危险就足够，所以认为未遂教唆具有可罚性。混合惹起说往往主张此时正犯和共犯对法益侵害的理解不一致，而且教唆犯的故意应该需要对正犯实现构成要件的结果有认识，所以否认未遂教唆的可罚性。这些学说之间的争议看似与共犯的处罚根据有比较密切的关系，而实际上是对教唆犯故意的理解，其中责任共犯论主张未遂教唆可罚的理由是使正犯产生犯意，不法共犯论的理由是引起了行为人的行为无价值，但是即使使正犯产生犯意，引起了行为人的行为无价值，仍然需要探讨教唆犯的修正构成要件是否符合的问题。即，使正犯堕落，引起

---

① 我国学者对不法共犯论的理解基本上都是以 Welzel 为代表的学说，所以，这里的不法共犯论并非上文作为分类之一的不法共犯论。

正犯的行为无价值只是未遂教唆可罚的必要条件，而不是充分条件。责任共犯论和不法共犯论的论证逻辑存在漏洞。如果不考虑共犯从属性的问题，惹起说之间的观点差异实际上是对教唆犯的故意理解不同，如果认为教唆犯的故意包括对正犯结果发生的认识，那么未遂教唆不罚，如果不需要认识到结果，则可罚；如果只需要认识到发生结果的危险，则是否可罚需要具体判断。所谓未遂教唆是否可罚，与共犯处罚根据实际上没有直接关系，涉及到的主要是对教唆犯故意的理解问题。

其次，对于必要共犯，如唆使他人将淫秽物品卖给自己的教唆人是否可罚，存在的基本认识是：责任共犯论认为，该行为是可罚的，因为该行为使贩卖者堕落，而按照不法共犯论，促成了他人的行为是无价值的行为，同样也是可罚的。纯粹惹起说主张引起法益侵害或者危险才值得处罚，所以对于此种行为，认为不应当处罚。修正惹起说认为，共犯的不法完全从属于正犯的不法，所以此种情况也应当是处罚的；而混合惹起说，则主张共犯不法的独立性，不处罚是必然结论。在上述学说中，责任共犯论和不法共犯论的谬误与上述对未遂教唆可罚性的判断雷同，不再赘述。而修正惹起说的观点实际上是从属性判断的模式，同样犯了以偏概全的错误。纯粹惹起说和混合惹起说在本问题上的立场是一样的，即以是否存在法益侵害来判定共犯是否可罚，这正好说明仅仅从法益侵害的角度就能说明共犯的可罚性。

对于本问题，在德、日刑法理论中，往往采取的是另外一种论证模式。立法者意思说认为，在具有对向犯性质的 A、B 两个行为中，立法者仅将 A 行为作为犯罪类型予以规定时，当然预想到了 B 行为，既然立法者不设规定处罚 B 行为，就表明立法者认为 B 行为不具有可罚性。但是，如果参与行为超出了定型性、通常性的程度，就应当以教唆犯、帮助犯论处。而实质说则主张个别地、实质地说明片面的对向犯的参与行为的不可罚性。当处罚规定以保护实施参与行为的被害人为目的时，由于参与行为缺乏违法性而不可罚。参与者没有责任时，也不可罚，如犯人教唆他人为自己毁灭证据、教唆犯人窝藏自己的，也不具有期待可能性，因而不可罚。可罚的规范目的说认为，不处罚片面的对向犯的一方的参与行为，是基于犯罪论上的实质理由与处罚的必要性意义上的政策判断。[①] 这三种学说实际上都是从立法的角度来思考问题，第一种学说从立法者的原意来考虑可罚性，第二种学说从立法者考虑不可罚的具体原因来说明，第三种学说从立法政策上来解读。这三种学说如果说非要和共犯的处罚根据相联系，无非是是否惹起了法益侵害，而且根据上述观点，在对向犯的场合，即使有法益侵害，也可以从期待可能性的角度来排除其可罚性。这三种学说的具体论证模式正好说明共犯的处罚根据并不能解决具体的共犯处罚问题，共犯的处罚根据只是认定共犯是否处罚的前提。当然，在立法已经有明确规定的前提下，必要共犯是否处罚，应该从法律规定，从必要共犯的本质等角度来判断，而不是从立法论的角度，从立法者原意、立法政策等空洞的概念上寻求依据。而从必要共犯的本质来看，必要共犯存在内部关系和外部关系之分，对于内部关系，适用必要共犯的理论来处理，而对于外部关系，则应当适用任意共犯的理论来判断。教唆他人将淫秽物品卖给自己的行为，超出了必要共犯内部关系的范围，而属于外部关系的范畴，理应根据任意共犯的理论，作为贩卖淫秽物品的教唆犯来处理。

再次，对于要求他人伤害自己的人，是否应作为伤害罪的教唆犯进行处罚。有学者认为，由于正犯的行为违法，根据主张违法的连带性的责任共犯论、违法共犯论和修正惹起说，都会得出因为正犯的行为违法，被伤害者的教唆行为也违法的结论。全部或者部分承认违法的相对性，承认“没有共犯的正犯”的纯粹惹起说和修

---

① 张明楷：《外国刑法纲要》，法律出版社 2007 年版，第 298～299 页。

正惹起说，都会否定被伤害者的教唆行为的可罚性。[①] 很明显，上述结论几乎就是从共犯的从属性角度对问题进行分析，而不是从共犯的处罚根据的角度来说明，在一定程度上混淆了共犯的处罚根据和共犯的从属性之间的关系。只要认为共犯也具有独立的不法，就很容易得出，在这种情况下，对于共犯，由于没有法益受到侵害，从而不可罚。所以，单凭是否存在法益侵害，同样可以得出结论。

共犯的处罚根据在共犯理论中，是一个非常重要的问题，如果没有共犯独立的不法，共犯行为就不具备可罚性。共犯的处罚根据实际上是确立共犯是否处罚的前提。同时，即使是具备了共犯不法，是否构成犯罪，还是需要结合共犯理论，按照犯罪论体系中认定犯罪的流程来确定。而不能以共犯的处罚根据本身来代替犯罪的具体认定。或者说，共犯不法的独立性和共犯的不法的认定依附于正犯是两个不同层面的问题。德、日理论、包括我国的诸多学说，混淆了两者之间的关系，制造了繁复琐碎的局面，在具体问题的认定上，却并无实益。共犯被称为“黑暗而混乱”的“绝望”之章，其中的黑暗、混乱，也许很多都是人为造成的。

---

① 陈洪兵：《同意伤害的可罚性探讨——以共犯的处罚根据为视角》，《中国石油大学学报》（社会科学版），2008 年第 1 期，第 57 ~ 58 页。

第三章　分工分类法下共犯界限的基本理论

对于共犯界限理论的分类，主要存在两种划分方式：一种是按照学说发展的历史，分为主观说和客观说、限制的正犯概念说和扩张的正犯概念说、行为支配说以及形式说[①]；另一种是按照区分标准的不同，划分为形式的客观理论、实质的客观理论、主观理论以及折中理论[②]。

前一种划分方式只是考虑了学说的发展脉络，却忽视了不同时期学说之间的共同点，并且对共犯界限的学说存在一定的误读。这种误读主要体现在共犯界限和限制的正犯概念以及扩张的正犯概念的关系上。对于限制的正犯概念，德国学者一般认为，如果符合构成要件行为的实施已经在客观上表现出与促进有所不同，就会出现这样的结果，还必须从客观上对正犯和共犯进行区分。限制的正犯概念是与客观的共犯理论联系在一起的。[③] 而对于主观理论，一般的理解是，似乎是对扩张的正犯概念和因果行为理论的解释。极端的主观理论基础在于，鉴于所有的因果贡献在客观上是等值的，所

---

① ［日］大谷实：《刑法讲义总论》（新版第 2 版），黎宏译，中国人民大学出版社 2008 年版，第 361 ~ 362 页。

② ［德］Roxin，Täterschaft und Tatherrschaft，8. Aufl.，De Gruyter Recht，Belin，2005，s. 34 ~ 90.

③ ［德］Jescheck/Weigend，Lehrbuch des Strafrechts，Allgemeiner Teil，5. Aufl.，Duncker & Humblot，1996，s. 648.

以区分正犯和共犯的唯一可能性是在于正犯对犯罪行为的态度。[1]或者，扩张的正犯概念从因果关系理论中的条件说出发，认为凡是参与犯罪的人，都是正犯，所以教唆犯和帮助犯也是正犯。那么，正犯和共犯在客观上就不可区分，因为他们就因果的考察方法来看是等价的，那么，就只存在从主观标准进行划分的可能性。因此，主观的共犯理论就和扩张的正犯概念联系在一起了。[2]

在日本学者的论述中，往往将限制的正犯概念和扩张的正犯概念直接作为区分共犯的学说。如大谷实认为，限制的正犯概念说，从严格限制正犯概念的立场出发，认为亲自动手实施符合构成要件的行为的直接行为人是正犯。按照这种见解，间接正犯也包括在共犯概念之内，另外，由于刑法典中的共犯规定是将处罚扩展到正犯以外的人，因此，共犯就是扩张刑罚事由。扩张的正犯概念说认为，在实现构成要件的行为上，提供了某种条件的人都是正犯。因此，共犯概念不过是实定法的产物而已。刑法第 61 条、第 62 条不过是在正犯中，将教唆犯和帮助犯进行限定处罚的规定而已。[3] 显而易见，持此种观点的学者只是对间接正犯的归属以及共犯和刑罚的关系作出了说明，并未提出具体的区分共犯的标准，这说明限制的正犯概念和扩张的正犯概念并不是直接区分正犯和共犯的学说。只是从限制的正犯概念可以推导出客观说（包括形式的客观说和实质的客观说），而从扩张的正犯概念则可以演绎出主观说（包括故意说和利益说）。在限制的正犯概念和扩张的正犯概念出现后，它们在某种程度上成为了部分共犯界限理论的理论基础，或者说部

---

① ［德］Kudlich, Beck ´scher Online - Kommentar, C. H. Beck München 2008, § 25 Rn 12 - 2.

② 参见［德］Jescheck/Weigend, Lehrbuch des Strafrechts, Allgemeiner Teil, 5. Aufl. , Duncker & Humblot, 1996, s. 649 ~ 650.

③ ［日］大谷实：《刑法讲义总论》（新版第 2 版），黎宏译，中国人民大学出版社 2008 年版，第 362 页。相同见解参见［日］大塚仁：《刑法概说总论》（第三版），冯军译，中国人民大学出版社 2003 年版，第 238 页。

分共犯界限理论是在限制的正犯概念和扩张的正犯概念的基础上的进一步发展，但两者是不同层次的理论。

所以，主观说、客观说和限制的正犯概念、扩张的正犯概念根本无法并列，而形式说如后所述，也是折中说的表现形式之一。因此，后一种划分方式相对比较科学。本文在后一种分类的基础上，将形式的客观理论和实质的客观理论合并在客观理论下论述，分为主观理论、客观理论和折中理论三部分来说明。同时考虑到学说发展的历史以及理论之间的逻辑关系，先叙述客观理论，然后是主观理论，最后则是折中理论。

第一节　客观理论（Die objektive Theorie）

如前所述，客观理论与限制的正犯概念相关联，从刑法所规定的构成要件客观行为来区分正犯和共犯，具体又可以分为形式客观理论和实质客观理论。

一、形式客观理论（Die formell－objektive Theorie）

形式客观理论以构成要件理论为基础，而构成要件理论为 Beling 首创。对于教唆犯和正犯的区别，他认为，并不是每个制造引起结果之“原因”的人都是“正犯”，对特定的正犯性质而言，由相关法定构成要件所创造的核心观念形象才是至关重要的，对于教唆犯而言，人们不能说他杀死了人，但这种说法适合于正犯。而对于正犯和帮助犯之间的区别只能从观念形象出发来理解，具体的犯罪类型，特别是法定构成要件给我们提供了这样一个观念形象，这个理论可以称为“形式客观说”。① 简言之，对构成要件意义上的实行行为全部或者部分地实施的，是正犯，通过准备或者促进行为

① ［德］贝林：《构成要件理论》，王安忆译，中国人民公安大学出版社 2006 年版，第 180～182 页。

对构成要件的实现作出贡献的，是共犯。①

形式客观说的基础是单一构成要件中的行为内涵，如此，正犯不考虑行为的利益以及其他的主观要素，其行为实现的内容在构成要件中都有描述，相反，其他的每一个对构成要件的实现只是有因果贡献的人，不考虑其客观上的重要程度，只是作为共犯理解。②

若是采取形式客观说，首先面临的难题是难以说明间接正犯，Beling 却认为间接正犯属于正犯。他通过生活用语（Lebenssprachgebrauch）的概念来加以说明。他认为，本来只有共犯人自身亲自实现了犯罪的情形才是正犯，不过，从社会中日常使用的生活用语例来看，我们也应该把间接正犯看成正犯。例如，甲以高度的精神病者乙为工具使他杀了人时，我们通常是说“甲使用精神病者杀了人”，使用了与用自己的手直接杀人的情形同样的表现。而在甲唆使处于正常精神状况的丙杀了人时，则说成“甲求丙使他杀了人”。两种说法是不同的，所以，Beling 认为，立法者是根据生活用语例来定立构成要件的，因此，也应该根据生活用语例来解释构成要件，在这种意义上，间接正犯也应该解释为正犯。③

针对这种观点，大塚仁指出，间接正犯和教唆犯，乍一看都是以他人为媒介实现犯罪的形态，具有共同性，但其性质绝不是同一的，其间的不同，根据一般人的法感觉也能认识到。Beling 根据日常生活的用语例论证间接正犯是正犯，在说明上虽然尚不充分，但是符合一般人的率真的认识。刑法理论要尽可能地符合一般人的感

---

① ［德］Wessels, Strafrecht Allgemeiner Teil – Die Straftat und ihr Aufbau, 33. Aufl., C. F. Müller Verlag, Heidelberg, 1998, s. 172.

② ［德］Schönke/Schröder/ Lenckner/, Strafgesetzbuch Kommentar, 27. Aufl., C. H. Beck München 2006, § 25 Rn. 53.

③ 参见［日］大塚仁：《犯罪论的基本问题》，冯军译，中国政法大学出版社 1993 年版，第 72 ~ 73 页。

觉来构成。①

但是，即使是刑法理论要尽可能符合一般人的感觉，也不能说Beling的论证方式具有合理性。既然采纳了形式客观说，从构成要件的角度来说明正犯行为，就不能放弃该标准，回过头来由模糊不清的生活用语来说明，这种论证方式是自相矛盾的。Schönke等学者就提出，从简单的生活用语（einfachen Lebenssprachgebrauch）起，就在其他人参与的事实上，将行为模式扩张成构成要件的实现，最后在法律上和内涵上放弃了有效的区分标准。② 进一步而言，即使许多形式客观说的支持者试图不靠间接正犯的法的概念解决问题，由此产生的“遗憾的处罚漏洞的情况”，在立法论上由限制从属性来解决。这种途径对主要的运用场合，即通过无故意的工具实施行为，无法解释现在的法院判决要求共犯实施的是故意的主观行为；由此，首先是共犯中真正的正犯的表现形式被扭曲了；如被反复引用的，通过没有疑心的护士实施死亡注射的医生是真正的正犯在现在是一致的结论，因此在这一点上，不需要更多的理由。③

此外，形式客观说将共同正犯理解为部分实现构成要件，而没有充分考虑协商后的分工。这样，共同正犯只是考虑到，每个参与者决定实行行为的一部分。因此，在一个入室盗窃案里望风的只是帮助犯。根据该理论，一个集团首领，只是计划和领导入室盗窃，同样很少作为共同正犯处罚，尽管因为他的领导作用使他成为重点。这违反了刑法第25条第2款所描述的共同正犯的行为实施的

---

① ［日］大塚仁：《犯罪论的基本问题》，冯军译，中国政法大学出版社1993年版，第74页。

② ［德］Schönke/Schröder/ Lenckner/, Strafgesetzbuch Kommentar, 27. Aufl., C. H. Beck München 2006, § 25 Rn. 54 ~ 55.

③ ［德］Roxin, Täterschaft und Tatherrschaft, 8. Aufl., De Gruyter Recht, Belin, 2005, s. 36.

分工。[①] Roxin 对此作了进一步的说明。Wegner 设计了这样一个案例：A 和 B 决定毒杀 C，A 投放毒药到汤汁中，而 B 则对他的这位聊天伙伴施展他的全部魅力，将 C 的注意力从这份汤汁礼物的风味独特的调料上转移走。根据形式客观说，A 是正犯，B 只是帮助犯。Beling 也不对这样的案例表示怀疑：A 递给 B 一把刀，B 拿着它刺中了由 C 抓住的 X 的心脏。A 和 C 仅仅作为共犯来对待。这样的解决方案是没有说服力的。在礼物案中，A 和 B 平等地一起实施了犯罪，他们的行为贡献相互补充，只有一起才能导致结果的发生，他们的行为是为了实现一定目标的意义统一体（Sinneinheit），不能任意地割裂各种各样的法类型。[②]

也不能同意立法者对于在意义理解的相同过程上会给予不同的评价。刑法典第 47 条（指 1871 年德国刑法典，Roxin 该书所涉及法条均指 1871 年刑法典，以下将不再说明，笔者注）要求共同正犯是，“多人共同实施一个行为”，因此无论如何也不是意味着，每个人必须完全地符合构成要件，因为在这样的案例中，根据形式客观说反正都是正犯，特别的关于共同正犯的规定就是多余的。同样，这样的论证也许是不合理的，当每一个共犯实现了构成要件要素时，为什么存在一个“共同实施”（gemeinsame Ausführung）。当两个小偷侵入一个没有上锁的房间，一个人拿走了一个小箱子，而另一个人只是在出口处掩护，则两个人都只是帮助犯；当两个人都是同样地通过窗户爬进去时，因为现在两个人都实现了构成要件要

---

① ［德］Schönke/Schröder/ Lenckner/, Strafgesetzbuch Kommentar, 27. Aufl., C. H. Beck München 2006, §25 Rn. 54 ~ 55.

② ［德］Roxin, Täterschaft und Tatherrschaft, 8. Aufl., De Gruyter Recht, Belin, 2005, s. 37.

素（翻越），所以是正犯[1]。这是荒谬的、偶然的，真正“形式”的且符合该说原意的，却不能解释其结果。立法者不会这样来评价。而且，更确切的说，形式客观说所做的一切，正好走向了它的反面：它并没有把各个共犯的行为贡献分开观察，而是作为整体看待，参与人认为每个人都是整体的（共同）正犯。[2]

此外，在纯粹的结果犯上也显示了形式客观说的缺陷，因为在这里，行为仅存在于构成要件该当的结果的引起之中，缺乏一个为区分正犯和共犯而对行为无价值的适当的描述。[3] 因此必然会造成无法在正犯和共犯之间进行区分。

即便有上述学者所指出的问题，我国不少学者结合我国立法的实质，坚定地支持形式客观说。如有学者就认为，在认定正犯与共犯的实践上，只不过涉及到对以下几种情况的解释：一是关于间接正犯及犯罪集团中的幕后者的性质；二是关于虽非构成要件行为，但是为完成犯罪所不可或缺的分工的定性。首先，就间接正犯来说，它的本质是与被利用者不存在共同犯罪关系，而帮助犯和共同正犯是在成立共同犯罪的前提下，进一步划分出来的不同的参与形态。可见帮助犯和共同正犯的区分标准与间接正犯的性质是两个范畴，从而也就不能以形式客观说不能解释间接正犯的正犯性而否定其作为区分帮助犯与正犯的标准。其次，关于犯罪集团中的幕后者问题，在德、日国家一般将共犯形态分为正犯、从犯、教唆犯。如果采取形式客观说，那么对于犯罪集团的幕后者就无法定性。而幕

---

① 德国刑法典第 244 条第 3 款对侵入住宅的盗窃进行了规定，其行为方式为实施盗窃，在盗窃时为了实施该行为而侵入、翻越、用假钥匙或者其他没有被规定为符合程序的开启的工具闯入住宅或者隐藏在该住宅中。所以翻越是构成要件要素。

② ［德］Roxin, Täterschaft und Tatherrschaft, 8. Aufl., De Gruyter Recht, Belin, 2005, s. 37.

③ ［德］Jescheck/Weigend, Lehrbuch des Strafrechts, Allgemeiner Teil, 5. Aufl., Duncker & Humblot, 1996, s. 651.

后者通常在共同犯罪中居于核心地位，因此为了将幕后者评价成正犯，德、日学者提出了行为支配说。而在我国，则不存在这种必要。因为根据我国刑法规定，理论上一般将共犯形态分为组织犯、实行犯、帮助犯和教唆犯，其中组织犯是指在犯罪集团中实施组织、策划、指挥等行为的共犯形态，显然包括犯罪集团中的幕后者。最后是关于虽非构成要件行为，但为完成犯罪所不可或缺的分工行为的定性。行为支配说认为，根据形式客观说，这类行为无法评价为正犯行为。但是，如果将为完成犯罪所不可或缺的行为认定为与构成要件行为等价，那么就不存在正犯与共犯的区别。①

上述观点的优点是：第一，注意到各国刑法在立法上的区别，从我国的立法出发，来对正犯和共犯的区别进行探讨；第二，严格地从构成要件的角度出发来考虑问题，让共犯和正犯的区分标准相当明晰。但是，上述分析仍然存在偏差。首先，对于间接正犯，必须由正犯和共犯的区分理论来说明。有相当一部分学者认为，间接正犯和共同犯罪并非是互斥的概念。在存在共犯关系的时候，仍然存在正犯和共犯的区分。退一步来说，即使是认为不存在正犯关系，也并不能说帮助犯和共同正犯的区分标准与间接正犯的性质是两个范畴，因为区分正犯和共犯的过程，实际上就是界定正犯的过程。而且只有界定好正犯，正犯和共犯才得以区分。间接正犯也是正犯，如果说在共同犯罪中正犯的界定和间接正犯的界定采取完全不同的标准，理论的一致性就得不到维持。其次，对于犯罪集团幕后者的问题。根据我国刑法的规定，是把他作为主犯来处理的，即使是立法已经有规定，在处理上不需要面临难题，我们仍然需要寻求其理论根据。立法上将这种情况规定成主犯，该论者则从理论的角度将其分为组织犯、实行犯、帮助犯和教唆犯。但这也不是唯一的结论，在理论上仍然可以分为正犯、帮助犯和教唆犯。如此，则

① 刘凌梅：《帮助犯研究》，武汉大学出版社 2003 年版，第 203～204 页。

同样会遇到德、日刑法所面临的困难。而这一问题凭借形式客观说同样无法解决。再次，对于虽非构成要件行为，但为完成犯罪所不可或缺的分工行为的定性。该论者在问题设置上就存在不足。为完成犯罪所不可或缺的分工行为，这是实质客观说中的必要性理论的观点，不能推而广之，作为所有正犯和共犯区分的共通理论前提。行为支配说论者想表述的实际上是，对没有实行构成要件行为的人，如果一律认定为共犯并不合适。而该论者的观点则是，只要是没有实行构成要件行为，就一律认定为帮助犯，该论者的认识存在一定偏差。如前所述，对于转移被害人注意力而方便他人投毒的行为人，控制住被害人身体而便于他人刺杀的行为人，都作为帮助犯处理，是不合适的。而且，诚如马克昌先生所说，各共同犯罪人的行为，不管他人在共同犯罪中的表现形式如何，都不是互相孤立的，而是有一个共同的犯罪目标把他们联系起来，成为统一的犯罪活动，他们每个人的行为都是共同犯罪行为所不可或缺的组成部分。[①] 从逻辑上来看，在共同犯罪中，各行为人的行为是不可分割的，而且从整体来看是符合特定犯罪的构成要件的。在这个整体的构成要件符合的情况下，我们再来对正犯和共犯进行进一步的划分，此时，基本的构成要件符合性的判断已经结束，对于实行了基本构成要件行为的人，当然可以作为正犯来处理，而对于没有实行基本构成要件行为的人，不一定就不按照正犯来处理，这并不违反构成要件的理论，也不是将为完成犯罪所不可或缺的行为认定为与构成要件行为等价。而只是在符合构成要件的前提下的进一步分类。所以，上述理由均不能成立。

还有学者认为，大陆法系国家否定形式客观说是因为，严格依据形式客观说，从形式主义的立场来认定共犯，就有可能将在犯罪中起到主要作用但并不符合正犯的形式要件的行为排除在正犯概念之外，而处以较轻的刑罚，这与普通国民的法感情相违背。为此，

---

① 马克昌：《犯罪通论》，武汉大学出版社 1999 年版，第 480 页。

德、日等国不得不放弃形式主义的立场，侧重考虑犯罪人在共同犯罪中的作用，将起到主要作用的犯罪人认定为正犯，从而使正犯这种按照分工标准所划分的犯罪类型在事实上便成了按照作用分类法所确定的“主犯”。在我国，正犯与主犯的概念与功能是分开的。正犯只是意味着行为人实施了分则所规定的构成要件的实行行为，并不说明犯罪人在共同犯罪中的作用大小。正犯自认为可能是主犯，但却无一一对应关系，而教唆犯、帮助犯同样也有可能是主犯。正犯与主犯的分离是正犯概念简单化、正犯功能单一化。这就充分确保了实行行为的定型性，也充分保证了对其主要作用的犯罪人的严惩。在我国，形式客观说既能充分保证实行行为的定型性，又不会放纵起主要作用的犯罪分子，应当采取这种学说来区分正犯与共犯。[①] 该观点也是从我国立法的规定出发，有一定的合理性。确实，在我国，正犯并不需要说明犯罪人在共同犯罪中的作用大小，这一任务交由主犯来完成。但是，首先，形式客观说遭到否定并非仅仅因为会导致起主要作用的犯罪人不能处以较重的刑罚，而是形式客观说存在先天不足，因为在两个以上的人共同完成一个构成要件的情况下，是两个人的整体符合构成要件，而不是单个的行为人符合构成要件，将一个构成要件行为分割成两个以上单独的行为，然后再进行构成要件符合性的判断，从而确定是否成立正犯，从逻辑上看是存在问题的。[②] 而且，如果照此理解，正犯概念有被架空的嫌疑，确立正犯概念在我国刑法理论上的意义就会大打折扣，甚至根本没有存在的价值。

二、实质客观理论（Die materiall - objektive Theorie）

正因为形式客观理论存在诸多缺陷，因此，在此基础上，产生

---

① 陈家林：《共同正犯研究》，武汉大学出版社2004年版，第24~25页。

② 这一点是正犯与共犯区分理论是否合理的前提，对此将在下文中具体阐述。

了实质客观理论。实质客观说通过正犯相对于共犯所表现出来的较大的危险性对形式客观说进行补充，并以因果关系的种类和强度作为区分正犯和共犯的标准。[①] 在德国，实质客观理论内部，根据实质性内容的不同，又存在不同学说的对立，又可以分为：必要性理论（Notwendigkeitstheorie）、同时性理论（Gleichzeitigkeitstheorie）、生理、心理促成的因果理论（Lehre der physisch und psychisch vermittelte Kausalität）以及优势理论（Überordnungstheorie）。[②]

（一）必要性理论（Notwendigkeitstheorie）

必要性理论认为，对犯罪有不可或缺的，即没有它犯罪行为就不能被实施的行为贡献的人，必须和自己亲手实施犯罪的人同等对待。[③] 该学说从 Feuerbach 始，经由 Liepmann、Baumgarten、Kohlrausch 等学者的发展，曾经产生过一定的影响，西班牙 1944 年的刑法典、乌拉圭 1932 年的刑法典都曾经根据该理论进行过刑事立法。

实际上，必要性理论即使是从现在的观点来观察也不能低估其重要性。因为当某人设定某种条件，而没有它犯罪肯定完全不会发生时，行为是否发生的决定权就在他——从事前观察，由他来决定实行行为实施与否。而该观点并不仅仅是以在事实中心的自然观察来代替规则上的行为，它同样在很大程度上符合今天占统治地位的行为支配理论前面部分的适用规则。[④]

---

① ［德］Jescheck/Weigend, Lehrbuch des Strafrechts, Allgemeiner Teil, 5. Aufl., Duncker & Humblot, 1996, s. 652.

② 当然，对此也有不同的看法，有将生理、心理促成的因果理论以及优势理论都视为必要性理论分支的观点。参见李在祥：《韩国刑法总论》，韩相敦译，中国人民大学出版社 2005 年版，第 372～373 页。

③ ［德］Roxin, Täterschaft und Tatherrschaft, 8. Aufl., De Gruyter Recht, Belin, 2005, s. 38.

④ ［德］Roxin, Täterschaft und Tatherrschaft, 8. Aufl., De Gruyter Recht, Belin, 2005, s. 38.

必要性理论也有它的弊端，以原因作为出发点在方法上就是错误的，故它的整个区分标准同样是无效的。如果按照这种理论，必要性因果关系的存在或者缺少，在任何情况下都要与不受因果关系种类约束的、在法律上具有决定性意义区分保持一致，这就必定会存在偶然性。实际上，共同正犯不需要无条件地提供一个“必要的”因果贡献，而提供了的人也不是在任何时候都是共同正犯。当两个人一起拿走某物，人们不可能以这样的理由否认共同正犯，由于其中一个人的错误，而另一个人独自拿走了该物品。对这两个人，永远无法区分，谁在其中是正犯，而谁是帮助犯；更别提没有合理的理由来说明，为什么他们都不是正犯。此外，当药店经营者只是给行为提供必要的堕胎剂，认为他因此是共同正犯是不合理的，即使可以确定，没有他行为就不能被实施，因为开始的、结束的以及有根本意义的实施犯罪的决定都是买方作出的。除此之外，当某人只是实施准备行为时，还不能谈及法律所要求的“共同实行”行为。最重要的是，这个标准极不具操作性。因为当人们从共犯的表象出发，无法知道某种贡献是不是“必要的”。在我们的案例中，共同实现极有可能永远不可能得知，是否堕胎剂在其他方面是可以获得的，所以该理论对于这样的案例是无解的。它认为药店经营者的共犯类型的确定应该取决于，是否购买者对此并不知情—有另一个药店经营者乐意提供犯罪工具，这不具说服力。这不是根据事实获得的答案，而仅仅是一个一开始就是方法错误的结果。最后，这个理论的使用范围限制在共同正犯和帮助犯。不能对正犯、间接正犯和教唆犯进行区分。①

（二）同时性理论（Gleichzeitigkeitstheorie）

同时性理论，简单地来说，就是指在犯罪行为实行之时对犯罪事实予以加功的，是正犯；而在犯罪行为实行之前予以加功的，是

---

① ［德］Roxin, Täterschaft und Tatherrschaft, 8. Aufl., De Gruyter Recht, Belin, 2005, s. 40 ~41.

共犯。该理论最早可以追溯到中世纪时期的意大利法学，当时的意大利法学以事前、事中和事后来划分事前共犯、事中共犯和事后共犯。事后共犯现在已经不再被承认。而重要的是，人们把在行为时的加功行为视为特殊的、在今天和共同正犯类似的共犯形式，而对实行行为之前的加功则符合现代的帮助犯的概念。①

这样的区分方式在19世纪中叶曾经一度风行，并对很多国家的法典编纂产生过影响，最初只是用来区分共同正犯和帮助犯。在20世纪初，该学说受到Birkmeyer的提倡，并得到Kahl、Lilienthal、Lizt和Goldschmidt等学者的支持，甚至也曾出现在德国帝国法院的判决中。此外，英、美、法以及乌拉圭法典也曾经采纳过该理论。

同时性理论最大的价值在于，它能够吸取形式客观说和必要性理论的富有成效的理论为出发点，而没有坚持上述学说的错误方向。它和形式客观说相吻合之处在于，同时性理论把行为实行时的参与人作为区分的关键点。在此它没有拘泥于构成要件要素实现的形式的标准，而是从更广泛且更合适的方式上来理解“共同实行”的概念，即在行为实施时同时发生、相互一致的共同加功即可。所以，可以解决这样的理论漏洞，那位通过言谈将被害人的注意力从风味独特的汤汁礼物上转移的人，那位为了他人的刺杀行为而抱住被害人的人，都被认为是共同正犯。该理论同时也吸收了必要性理论的合理内核。Fuchs就指出：“实行是……完全独立于帮助犯的意志；尽管帮助犯的包罗万象的行为先于犯罪实行行为：机会的发现、工具的获得、毒药的安排、对新手的训练、对被害人向偏僻处的引诱，是否犯罪已经着手、是否一个法益侵害从整体上应该已经

---

① ［德］Roxin, Täterschaft und Tatherrschaft, 8. Aufl., De Gruyter Recht, Belin, 2005, s. 41.

开始，这些最终存在于正犯的意志中。”① 也就是说，仅仅是计划或者是为犯罪作准备从必要性理论的角度来说是不具备必要性的，而根据同时性理论则不具备同时性，它们在理论基础上具有共同性。

即使本学说吸取了其他形式客观说和必要性说的优点，对行为支配理论也有贡献，但是同样存在问题。例如，在伪造文书的过程中提供画笔、墨水，这样的行为从规范的角度看不出来，因为其时点是在实行行为期间内，就认为足以构成正犯。反之，另一个例子是，行为人把被害人牢牢绑住然后离去，而目的是事后让同伙把他杀害。就因为同伙在实施杀人行为时行为人不在场，所以就不必以共同正犯论处？最后还有一个明显的问题，就是它无法涵盖间接正犯的概念，因为间接正犯的情形往往是在被利用人实施行为之前，间接正犯的加功行为就已经完成，而在实施行为的过程里，后者并不参与，此时依同时性理论并不能成立正犯。②

（三）生理、心理促成的因果理论（Lehre der physisch und psychisch vermittelte Kausalität）

这种理论是根据行为对因果关系的作用来区分正犯和共犯。行为人如果自己直接引起法定的因果流程的实现，则是正犯；如果在此过程中只是促进第三人的结果的实现，则是共犯。③

这种区分最早由 Feuerbach 确立，他对行为的直接作用和间接作用进行了区分，即根据行为作用于对象是否直接、对权利的侵害是否直接来区分正犯和共犯。之后由 Loening 发展，他将共同正犯

---

① ［德］Fuchs, Kritische Erörterung von Entscheidungen des Reichsgerichts in Strafsachen, in: Goltdammer's Archiv für Strafrecht, Bd. 29. 1881, s. 177

② 徐伟群：《不作为犯之共犯形态》，台湾辅仁大学 1994 年硕士学位论文，第 97 页。

③ ［德］Roxin, Täterschaft und Tatherrschaft, 8. Aufl., De Gruyter Recht, Belin, 2005, s. 44 ~ 45.

和帮助犯相对立，认为共同正犯不是通过他人的行为，而是独立地、在平等地位上实现针对结果的因果关系。这种学说得到了Wuttig和Goetz的支持。①

值得注意的是，Arnold Horn所提出的观点，他首先以一个所谓的自然的惹起概念作为出发点。惹起者和正犯是直接引起结果的人，而不需要以他人的行为为条件；帮助行为相应地则是，由正犯决定是否控制他人来实施因果行为，而不能越过正犯的意志。这种观点强调了意志的影响，而扩展了自然惹起概念的范围，通过心理上可能的影响改变了因果关系的面貌，据此，一个单纯的条件可以成为一个决定性的原因，对因果历程具有支配性。Horn将正犯视为不仅仅是自然的因果关系的惹起者，而且是决定性的原因。他同时主张，这样对因果历程的支配也适用于利用第三人非自由意志行为和第三人的错误而实施自身行为的人。而帮助犯本身不提供直接原因、也不是决定性的原因，而只是依附于第三人所制造的直接原因或者决定性的原因，最后是否要使结果实现也听任第三人决定。而这里的听任第三人决定，并不像主观理论那样依照行为人的主观意思、利益或者动机来判断，而是根据客观的事态，也就是行为人如果客观上只能提供帮助行为，则不论他具备何种主观要素，都不会因此变成正犯。②

实质的客观说发展到此，就已经给犯罪支配理论提供了更多关键的素材，比如对于主观理论的批评，对决定性原因的以及意志的作用，都可以被运用在行为支配说中。

在本理论发展的过程中，最著名的就是Frank提出的生理、心理促成的因果理论，所以这也成为本理论的名称。对行为犯，

---

① ［德］Roxin, Täterschaft und Tatherrschaft, 8. Aufl., De Gruyter Recht, Belin, 2005, s. 45.

② 徐伟群：《不作为犯之共犯形态》，台湾辅仁大学1994年硕士学位论文，第98页。

Frank 完全追随形式客观说，描述了一个非常确定的本原行为（Tathandlung）。而在结果犯中，正犯促成生理因果关系，而共犯则促成心理因果关系。就 Frank 所说，对间接正犯理解上的障碍，已经得到解决。一个现存的促成意志，如果不是自由的或者对行为的因果性并不知情，根据在此遵循的术语，因果关系并没有在心理上促成，故正犯可能成立。换言之，就是间接正犯是利用他人不具备自由意思或者错误的行为，并不是促成心理上的因果关系，所以是正犯。①

毋庸置疑，早期广泛传播的“因果关系中断”（Uterbrechung des Kausalzusammenhanges）理论在所有的诸如此类的尝试中发挥作用。由此可以解释，随着等价性理论 30 年的普遍强制适用的开始，上述学说就没有了容身之处。

这些理论的共同点是，对于正犯和共犯的区别所持的基本观点在于是否在行为和结果之间有第三人意志的介入。实际上，即使按照今天的正犯理论这也是特别重要的标准。因为正如 Horn 完全正确的说法，人们不能无视一个能自由实施行为的人的意志。此外，行为是否引起结果取得了核心地位，而其他仅仅能对人或者结果发挥作用的内容，被排除在外。很容易看到，这种理论也在犯罪支配理论中发挥了重要作用。

但是，另一方面这种区分方式也有明显的缺陷。很明显，通过直接或者间接的因果关系、或是生理、心理促进的因果关系，根本无法区分间接正犯。间接正犯和共犯的区分点并不在因果关系的领域。此外，在确定共同正犯时，在很多情况下区分都存在问题。以直接或者间接因果关系来进行区分的学者们从来都没有提出一个清晰的标准。例如，在这样简单的案例中，行为人把将要被杀害的被害人控制住，他到底是帮助犯还是共同正犯并不清楚。当人们再次

---

① ［德］Roxin, Täterschaft und Tatherrschaft, 8. Aufl., De Gruyter Recht, Belin, 2005, s. 47.

思考一再被提到的聊天转移受害者注意力的投毒案时，本理论依然无法解决问题。基于直接或者间接的因果关系、生理或者心理促成的因果关系，否认共同正犯成立的看法更近情理。这样的结果不能令人满意。首先是没有看到，为什么在此是一个纯粹形式的解释在独立发挥作用。在案例中，仅仅是在共同实行行为上的分工被这样任意地区分，因为它的实质内容——依赖于他人的自由决定，由他人来作出是否实施行为，从一开始就缺乏。这在一开始就令人担心，因为取代行为部分的交错联接关系，将共同正犯限制在相互独立的因果流程是可以理解的，该方法像形式客观说那样，重视单独行为的独立性。同样地，对这样的案例，根据这个理论，帮助犯的范围得到了明显扩张。当两个人对一栋楼进行放火时，由一个人递给另一个人燃烧的木材，另一个人将它扔进屋子，若是根据这个点燃和传递燃烧木材的人——至少有一次——直接将火把扔进了屋子，来分别判断到底谁是共同正犯谁是帮助犯，将是不合理的。同时，这个理论也具有先前讨论的理论的缺点：一个有效的出发点被不加批判地绝对化了，因为人们疏忽了，一个形式的区分标准再次对正犯的区分起到了决定性作用，并借此来说明区分标准的可用性。①

（四）优势理论（Überordnungstheorie）

优势理论提出，共同正犯和帮助犯之间，没有固定的区分标准，只能根据具体的情况来判断。共同正犯与共犯最大的区分标准为，正犯对于犯罪事实具有优势关系，而共犯所加功的犯罪事实仅为附属之部分。② 这种学说相对于实质客观说中的其他学说来说，支持者较少，而到目前，同样没有人支持。

事实上行为支配理论受到该说最直接的影响，是否人们将正犯

① ［德］Roxin, Täterschaft und Tatherrschaft, 8. Aufl., De Gruyter Recht, Belin, 2005, s. 48 ~ 49.

② 张明楷：《外国刑法纲要》，清华大学出版社 2007 年版，第 303 页。

的行为和具有优势的地位相联系，还是通过犯罪支配概念来描述，并没有明显的差别。同样，运用这样的表达，在多人构成的共同正犯中，存在一个并列的行为，正如在犯罪支配理论中的相同部分。虽然对等和从属的概念为区分正犯和共犯找到了一个必需的基准点，但是仍然是不够的。因为可以理解的是，存在很多值得批评的地方，其中存在问题的是，是否存在一个优势的或者劣势的行为。一个基于此种区分方式的理论必须具有可操作性，至少，决定性的标准是突出的，因为这个标准必须在特殊的情形下才得到贯彻。① 事实上并非如此。此种观点虽然提供了一个区分正犯与共犯的可用标准，但如何确定究竟系优势或者对等，抑或是附属，则未有一明确之说明，无异系为解决问题，却又制造另一新问题，且该问题更为棘手。②

三、对客观理论的评析

从理论发展的脉络来看，正犯和共犯的区分，最早是严格以构成要件行为作为区分的标准，这一简洁明快的区分方式实在是不适合复杂的共犯形态。之后，学者们便开始在客观上寻求更加实质的标准，除了构成要件行为以外，能够作为判断标尺的，无非就是因果关系。实施了构成要件行为的，可以视为控制了因果关系，而对于那些没有实行刑法分则所规定的构成要件行为，但是对结果的发生发挥了决定性影响的，也应该作为正犯来处理。在理论上要在因果关系上寻求更实质的标准，就难免会在成为结果实现的各个条件中进行轻重衡量，其结果就是和原因说接轨。这两种理论方向各有弊端，却又分具价值。

---

① ［德］Roxin, Täterschaft und Tatherrschaft, 8. Aufl., De Gruyter Recht, Belin, 2005, s. 50 ~ 51.

② 柯耀程：《变动中的刑法思想》，中国政法大学出版社 2003 年版，第 161 页。

形式的客观说虽然在我国不乏支持者，但是在传统大陆法系国家却是被淘汰的学说。但该学说仍然有其理论价值，可以这样认为，实施了构成要件行为的是正犯，而没有实施构成要件行为的，不一定就不是正犯，所以形式客观说虽然不能单独用来区分正犯和共犯，但至少是区分正犯和共犯的有效标准之一，关键问题是如何结合的问题。

而实质的客观说现在基本上没有拥护者，最根本的原因在于，在引起构成要件结果的特别强烈的因果关系上寻找实行行为的特征，已经被证明是不可能的：不仅是“必要的”或者“必需的”原因与“纯粹促进”的原因不可能区分开来，而且，原因与条件，或者物质上与精神上的因果关系也无法区分；即使是情况有所不同，所有这些区分也没有触及到问题的核心，即正犯肯定（至少是受）诸如对案情的认识程度等主观要素的影响。① 质言之，学者们一般会利用因果关系理论中原因说的谬误来证明实质客观说的不当。实质的客观理论中的必要性理论、生理、心理促成的因果理论以及优势理论确实和原因说有比较密切的关系。而因果关系上的原因和条件根本没有办法区分，这早已取得了共识；同时，在客观说中强调精神上的因果关系，并将之客观化，实际上已经超越了客观说的范围，而其重心，仍然没有脱离原因说，而且，行为在刑法上的地位也不仅仅是靠因果关系的先后秩序就可以确定。唯一不同的是同时性理论，但这种理论在一方面，是依据同时性，将存在先后顺序的生理、心理促成因果理论从反面进行说明；另一方面，则是依靠同时性，将形式客观说中构成要件行为的实行转换角度来理解。正因为如此，同时性理论在证明自身理论的合理性的时候遇到了更大的麻烦，因为它兼具生理、心理促成因果理论和形式客观说的缺陷。

---

① ［德］Stratenwerth, Strafrecht Allgmeiner Teil I - Die Straftat, 4. Aufl., Carl Hezmanns Verlag KG, Köln, Berlin, Bonn, München, 2000, s. 296.

但是值得注意的是，从正犯和共犯的区分理论的发展脉络来看，实质客观说仍然是沿着正确的方向发展，而并没有开历史的倒车。虽然实质客观说和原因说有着千丝万缕的联系，但是两者的作用不同，实质客观说是在因果关系已经确立的基础上对正犯和共犯进行区分，而原因说是为了确立结果是不是行为人造成的。所以，在因果关系已经确立的前提下，根据行为对结果的影响力大小，或者说对因果关系的控制程度来对正犯和共犯进行区分，并不是完全错误的理论路径。有学者主张，因果关系之问题系有无存在之问题，并非存在差异之问题，且事实上因果力区别为属原因与属条件者亦有其困难，故现在支持原因说亦不复存在。当然，以原因说区分正犯与共犯之主张并非妥适。[①] 实际上是将原因说和共犯界限混为一谈。即使原因说是错误的，也不能就此得出实质客观说同样错误的结论。实质客观说的缺陷不在于从因果关系的角度来考虑问题，而在于仅仅从因果关系的角度来思考。没有能够在形式客观说的基础上走得更远一些，将行为人的主观因素纳入进来。正因为如此，共犯界限的理论便发展到了另一个极端，走向了主观说。

第二节 主观理论

主观理论以因果关系中的条件说为前提，认为所有的条件都是等价的，所以不论是正犯还是共犯行为，都是结果发生的条件，它们具有等价性。因此，在客观上根本没有办法区分正犯与共犯，故只能在主观上来寻求正犯和共犯的区分标准。主观理论又可以分为故意理论与利益理论，兹分述如下：

一、故意理论（Die Dolustheorien）

故意理论将共犯对行为的内心态度和意志方向相联系：正犯是

① 陈子平：《论正犯与共犯之概念》，《政大法学评论》第48期，第131页。

带着正犯意志（Täterwillen，animus auctoris）而实施行为，并把行为视为“自己的”，共犯是带有共犯意志（Teilnehmerwillen，animus socii）而实施行为，并把行为当做他人的来引起或者促成。[①] 该理论在德国的司法判决中得到了实行，其帝国最高法院的3卷第181页的判决指出，正犯是将自己的行为完全实施，而帮助犯只是促成正犯所实施的行为，帮助犯的意志可能依赖于正犯，也就是像这样听命于正犯，即行为完成与否取决于正犯。[②]

Roxin 则从正反两面对故意理论进行了评价，他认为，实际上故意理论为解决共犯问题提供了特别重要的贡献。正如所有的主观理论一样，它享有科学上的坏名声，完全承受了不公平的待遇。它成功地通过在主观上惯常的听任某人决定的形式，把握住了和客观理论不同的重点和发展的起点，而没有使解决方式具体、实用的危险。也就是说，整体来看，没有哪个理论像故意说那样，几乎确立了这样的公式，正犯“拒绝承认他人的支配意志”，而帮助犯在“行为是否完成上，听任正犯决定”。正犯支配的内容和依赖于它的共犯形象，在此建立了他们简明的表述方式。当然，故意理论也有值得思考的地方，它的最大弱点在于排除了客观上的界限，至少从 Buri 开始，在历史上，就以错误的因果方式来说明。对主观上区分理解得如此充分，好像外界的完整事实和共犯的意志是一致的，而人们会问，为什么这个理论在这样的案例中陈述某些主观的内容，而客观上也能被区分？当外在的经过和共犯内在的意志方向不能统一时，一个纯粹的主观评价就会给出奇怪的解决方案。即当两个人共同实施一个行为，而每个人在内心听任他人决定实行行为，那么两个人都是帮助犯，从整体上就缺乏正犯。这个奇怪的，

---

① ［德］Wessels, Strafrecht Allgemeiner Teil – Die straftat und ihr Aufbau, 33. Aufl., C. F. Müller Verlag, Heidelberg, 1998, s. 173.

② 参见［德］Stratenwerth, Strafrecht Allgmeiner Teil I – Die Straftat, 4. Aufl., Carl Hezmanns Verlag KG, Köln, Berlin, Bonn, München, 2000, s. 297.

但是纯粹的主观理论方式下不能回避的结果，最近迫使 Bocklmann 对故意理论进行了修正。他现在主张，主观上的区别在任何时候都不能违反这样的评价，即客观存在的事实。通过这种方式，事实上主观理论就被放弃了，因为共犯的行为只要被重视，客观的事实不被推翻，决定性的区别就在于客观的事实范围。Roxin 最后还提出，同样的，在更广范围内，故意理论会有这样的结论：它强制性地将实行构成要件行为的，但是在主观上不具独立性的人，当做帮助犯。帝国法院不担心这样的解决方式——例如在著名的“浴盆案”中——完全忽略了外部行为的分量并排除了法的一致性。早在 18 世纪，人们就已经承认，主观理论的要害被击中了，在接下来的时期，故意理论的反对者一再提出该论据。主观理论的不可回避的失败在于，它将实施了主行为（例如杀人行为），但是意志上处于次要地位的人视为帮助犯。同时故意理论也不能为正犯问题提供最终的解决方案。[①]

主观说的兴起在某种程度上促进了行为支配理论的提出，从 Roxin 的评价就可以看出，意志支配的观念已经在故意理论中初具雏形。即便如此，故意理论在理论根基上的错误，该理论所得出的一系列不妥当结论的根源莫不系于此。

二、利益理论（Die Interessentheorie）

在主观理论中，与故意理论并列的是利益理论。利益理论是以自己在结果上利益的程度来区分正犯和共犯。共犯不为或者很少为了自己的利益而引起结果，正犯则是为了自己的利益而实施行为。利益理论曾经不具备独立的含义，往往和故意理论混合，直到 18

---

① ［德］Roxin, Täterschaft und Tatherrschaft, 8. Aufl., De Gruyter Recht, Belin, 2005, s. 53～55.

世纪才作为独立理论被提出。①

作为主观理论的代表，利益说曾经受到德国判决的支持。实务上的最大体现是德国帝国最高法院的“浴盆案”（Badewannen fall，RGSt74，84）。未婚生子的母亲请求她的姐姐将非婚生的婴儿放在浴盆中淹死。德国帝国最高法院认为，是否任何人将行为视为自己的，应该主要是（即使不是唯一）取决于在犯罪结果上的利益。从这一点出发，法院作出了有争议的判决：对妹妹来说，孩子死亡的现时最大利益是对父亲的责备。② 姐姐并非为了自己的利益而杀害婴儿，所以仅仅成立谋杀罪的帮助犯。

之后，Baumann 在利益说的基础上，对“浴盆案”中实行了构成要件但是仅仅成立帮助犯的情形进行了修正，他认为，共同正犯为，“凡欲支配犯罪，即使其于结果并无利益之人”；或者，凡于结果有利益，即使其于犯罪仅欲为无关紧要的加功之人”。帮助犯则为，“凡于结果有些微利益，且对犯罪仅欲为不重要的加功之人。”此种观点被称为“限制性的主观理论”。③

事实上，利益理论在内涵上没有超出故意理论的范围，它的价值在于，它为故意理论所要求的“意志从属”（Unterordnung des Willens）提供了看得见的标准，并且防止了（主观说）纯粹形式上变化这一错误的方向。当某人丝毫不为自己的利益实施行为时，人们还可以认为，他的行为听任为了自己的利益的人的决定。从这个角度可以看出，为什么利益理论在它的发展上经常不可避免地与

---

① ［德］Joecks，Münchener Kommentar zum StGB，Band 1，C. H. Beck München 2003，§ 25 Rn. 7.

② http://www.jurakopf.de/liste-ausbildungsrelevanter-urteile/strafrecht/rgst-74-84-badewannenfall/，2008 年 12 月 20 日访问。

③ 黄惠婷：《我国与德国刑法共犯理论的发展》，《刑事法杂志》40 卷第 3 期，第 45 页。

故意理论相联系。[①]

将正犯和共犯的区别主要归结于为了谁的利益，这种观点相比故意说，存在着更大的问题，因为为了谁的利益和听任谁来决定行为的实施毕竟不能等量齐观。如果改变了主观说中的支配意志这一核心要素，主观说就变得毫无价值。

三、对主观理论的检讨

Jescheck、Weigend 认为，主观理论违反了现行刑法建立的原则，即现行刑法主要由客观描述的和限制的构成要件组成。通过将可罚性扩大至每一个有因果关系的和有责的行为贡献，刑法规定实际上被分解了。特别是在亲手犯和特别犯的情况下，间接正犯的特别构成要件的存在表明，对于立法者来说的局外人一般不会视为可能的正犯，尽管他也想将行为视为“自己的”。另外，意志－公式不能为区分提供理性的可检测的要素，而是将区分留给法官来衡量。即使如同司法实践中所常常发生的情况那样，为了获得犯罪人意志的强度和种类的客观标志（利益理论），根据共犯利益的不同层级设置行为，也不可能获得有用的标准，因为有许多构成要件规定为他人的利益而行为。因此，只存在从共犯的思想上寻找决定性观点的可能性，但是，首先对责任而言有重要意义的标准，被违反体系地运用于构成要件层面的划分上。最后，主观理论在其最为重要的结论上，即亲自的和负完全责任的行为人如果不想将行为视为“自己的”，也可能只是帮助犯，是与现行法律相矛盾的，因为第25 条第 1 款（自己实施犯罪）将这一情形明确规定为正犯。[②]

Stratenwerth 认为，主观说需要与目前通过的第 25 条第 1 款规

---

① ［德］Roxin, Täterschaft und Tatherrschaft, 8. Aufl., De Gruyter Recht, Belin, 2005, s. 56.

② ［德］Jescheck/Weigend, Lehrbuch des Strafrechts, Allgemeiner Teil, 5. Aufl., Duncker & Humblot, 1996, s. 651.

定的基本问题来比较，是否这种观点准确地说明了实施犯罪的人，而不是仅仅说明了引起或者促成犯罪的人。于是，首先就会有这样的异议，共犯人的内心态度不能单独决定，他实施的是否是符合构成要件的实行行为：因谋杀而被处罚的人，必须是真正杀了人，如果他仅仅是设想，自身的行为在事实上作出了次要的贡献，或者仅仅是“希望”，还不能称其为正犯。因此，纯粹主观说现在经常被视为与现行法冲突。另一方面，为了适应主观说，正如实践中所指出的，将产生这样的危险，谁实施了行为，会由参与者应当承担的刑罚来决定：正犯就是这样的人，不管其行为贡献多大，都是最应当受到谴责的，或者相反，行为人很明显实现了构成要件，但出于种种原因，其行为只是承担较少的谴责。在这样的方式下，不可能有刑罚的法的确定性。①

Wessels 则针对纯粹主观理论指出，该理论毫不考虑参与人的客观行为贡献在构成要件实现的范围内的实际大小，偏离了正犯的法定基础，因为它将“正犯人意志”和构成要件的连接性割裂，不符合事实地与它隔离，由此恰恰忽略了那些法律给予了关键性意义的关联事实（正如《刑法典》第 25 条第 1 款中的第一项所明确表达的那样）。②

以上学者从不同的角度对主观理论提出了批评，如果结合 Roxin 对主观理论中的不同学说的评价，可以认为，主观说主要存在以下问题：

第一，主观说的理论根基存在错误，不可能将所有与结果具有条件关系的行为同等对待；第二，主观说忽视了构成要件定型功能，完全漠视客观的行为在区分共犯中的作用；第三，主观说的标

① ［德］Stratenwerth, Strafrecht Allgmeiner Teil I – Die Straftat, 4. Aufl., Carl Hezmanns Verlag KG, Köln, Berlin, Bonn, München, 2000, s. 297 ~ 298.

② ［德］Wessels, Strafrecht Allgemeiner Teil – Die straftat und ihr Aufbau, 33. Aufl., C. F. Müller Verlag, Heidelberg, 1998, s. 174.

准与犯罪论的体系不协调，主观上的内容应该在责任层面作为量刑的因素来考察，而不是作为区分正犯和共犯的标准；第四，主观说与立法冲突，主要是与德国刑法第25条第1款冲突，该款明确规定自己实施犯罪的是正犯，其次是德国刑法明确规定了有些犯罪就是为了他人的利益，同样是正犯；第五，在特定的情况下，会出现没有正犯的问题；第六，标准本身含糊不清；第七，容易依据应该科处的刑罚的轻重反过来区分正犯与共犯，犯了倒因为果的错误。

首先，在上述批判中，认为主观说的理论根基存在错误与主张主观说忽视了构成要件定型功能在某种程度上是同一问题。正是因为将所有具有条件关系的行为同等看待，才会无视不同行为之间的实质差别，最终导致忽视构成要件的定型功能。这恐怕是主观说最不合理的地方。而同时值得注意的是，在共犯区分的发展历史上，形式客观理论很容易将客观上没有实施构成要件行为，而主观上对他人行为具有强烈支配作用的人，作为共犯来对待，但是这样会导致刑罚上的失衡。主观说中的故意说很合理地解决了这一问题，将正犯和共犯的区分定位在行为听命于谁，也就是说谁对共同犯罪有支配性，谁就是正犯，这一结论在大多数场合是合理的。当行为人的意志和客观行为一致的时候，从主观上与从客观上进行区分得出的结论是一致的。而当主观意志和客观行为不一致时，谁对共同犯罪的进行具有支配力，谁就是正犯。至少在刑罚上很容易做到罪刑均衡，而避免将“正犯背后的正犯”当做共犯来处理。

其次，认为主观理论与犯罪论体系不协调的观点也并不公允，对共犯的区分已经无法脱离对行为人主观面的考量，如果这种批判成立，主观说以及之后的折中说都是错误的，而这恐怕不合理。

再次，从德国立法的角度来看，主观理论确实存在与立法冲突的问题，所以Baumann提出了“限制性的主观理论”，这种理论更像是折中理论而不是主观理论。如果抛开立法的问题，这一缺陷则可以理解成主观说忽视了共同犯罪中的行为要素。如果将行为抛开，而以行为人主观上的意志来决定谁是正犯，正犯和共犯的区别就丧失了基准，行为刑法的基本原则都得不到维持，所以，Roxin指出的没有正犯的荒谬结论也是基于相同的理由。进一步来说，故意理论具有不彻底性。典型的故意理论认为，共犯是听命于正犯的人，从正犯的角度来说，就是正犯对共犯具有决定权，这样的结论并没有太大问题，但是，如果在主观上并没有听命于他人，也没有让他人听命于自己的行为人，根据该理论，无法确定为正犯。简言之，故意理论顶多是将一部分按照客观说难以判定为正犯的情况认定为正犯，但是却将一部分由客观说可以判定为正犯的情况排除出去，并非囊括了所有的正犯，理论上具有片面性。这也正好说明了单单从主观上来对正犯和共犯进行区分是不可能的。

复次，主观说也确实存在难以界定共犯界限的问题，否则就不会在故意说的基础上提出利益说了。但是，这一问题不是主观说独有的，主观说的标准是明晰的，即根据是否带有正犯意志来区分正犯与共犯，只不过在司法实践上难于把握而已，而只要涉及到犯罪人的内心，都无法避免这样的问题。同样，如果这一批判成立，凡是吸收了主观说合理内核的理论也都将是错误的。

最后，主观理论在一定程度上就是为了解决在有些共同犯罪中，将没有实施构成要件的行为的人当做共犯处理难以做到罪刑均衡而提出的。申言之，之所以要区分正犯和共犯，主要也是为了解决量刑的问题，或者说是为了在量刑上体现差别。现实中的共犯现象繁复多变，将没有实施构成要件行为的人，特别是那些对犯罪具有支配力的人，一律作为共犯来处理，过于轻缓。而主观理论很好地解决了这个问题。当然，将这类犯罪人当做共犯来处理，但在量刑上不从宽处理，也是可行的，但是那样的做法似乎让刑罚的不确定性更加明显。所以，认为主观说容易依据应该科处的刑罚的轻重来反过来区分正犯与共犯的批评也未能深中肯綮。

总之，主观理论的理论贡献在于，对于没有实现构成要件行为而有必要作为共犯对待的犯罪人，确立了将其界定为正犯的标准，其理论缺陷正好也是忽视了客观行为的应有作用。正如马克昌教授所言，此说根本不可能将实行犯与帮助犯区分清楚。因为犯罪是行为人行为的客观要件与主观要件的统一，仅根据一方面的要件，不仅不能将两者区别开来，有时候甚至会得出荒谬的结论。①

第三节　折中理论

客观理论和主观理论在判断正犯和共犯时，各自从客观面或者主观面着手，得出的结论存在较大的差异。而且，不管是客观理论还是主观理论，都存在一定程度的偏差。因此，在学理上，就产生了客观理论和主观理论相结合的理论。在日本，实质的实行行为理论极有市场，在德国，则是犯罪支配理论占统治地位，以下将分别予以说明。

一、实质的实行行为理论

实质的实行行为理论在客观上，仍然以构成要件作为基准，与形式客观说所不同的是，行为人主观上的因素也纳入了考察范围。这种学说至少在表面上看来避免了客观说的不合理之处，另一方面也摆脱了犯罪支配理论过于繁琐的弊端。

（一）构成要件危险说

大谷实教授认为，在以构成要件为核心的犯罪论中，应当从实施符合构成要件事实的角度出发来讨论正犯和共犯的区别。所谓正犯，是出于亲自实现构成要件的意思，实施具有实现构成要件的现实危险的行为的人。所谓共犯，是指不亲自动手实施符合构成要件的行为，而是通过教唆或者帮助正犯的方式来参与正犯的行为，换句话说，是通过正犯的实行行为来参与犯罪的实现。②

---

① 马克昌：《犯罪通论》，武汉大学出版社 1999 年版，第 551 页。

② ［日］大谷实：《刑法讲义总论》（新版第 2 版），黎宏译，中国人民大学出版社 2008 年版，第 363 页。

大塚仁教授则主张，所谓正犯是应该对实现了某犯罪负担第一次责任的人，所谓共犯是由于通过正犯而参加了犯罪的实现、应被科以第二次责任的人。即，正犯是亲自直接地实现了其犯罪（直接正犯），或者在法上与此同样看待的形式中通过把他人作为工具加以利用而实施了其犯罪（间接正犯）；相对于此，共犯是通过教唆或者帮助这种正犯而参与了其犯罪的实现。而且，在构成要件论的立场上，形式上加以说明时，正犯是实施了符合基本的构成要件的实行行为的人，而共犯则可以说是通过符合分别被修正的构成要件的教唆行为、帮助行为而加担正犯的实行行为的人。另外，正犯和共犯的行为都当然应该具备主观的要件。即，正犯的实行行为是基于实行的意思，共犯的教唆行为、帮助行为也必须分别是由教唆的意思、帮助的意思主导的。①

对于实行行为，大塚仁教授认为是包含着实现基本构成要件的现实性危险的行为。刑法第 43 条的规定表明，它是应该与预备、阴谋相区别的未遂犯、既遂犯的基本要素。根据第 60 条、第 61 条的规定，它又是区别正犯与狭义共犯的要素。共同正犯的构成要件是：二人以上的行为人共同进行犯罪，这是相对于单独犯的基本性构成要件的被修正的构成要件，但是，从实行的角度来看，它所依据的是应当与预备、阴谋罪的被修正的构成要件相区别的基本性构成要件，是共同实行包含着指向基本构成要件的实现的现实危险性的行为。②

上述大谷实教授和大塚仁教授都强调正犯基于亲自实施构成要件的意思（或者是实行的意思），而且实施了对基本构成要件的实现具有现实危险性的行为。显然，亲自实施构成要件的意思，在某

---

① ［日］大塚仁：《刑法概说》（总论），冯军译，中国人民大学出版社 2003 年版，第 240 页。

② 参见［日］大塚仁：《犯罪论的基本问题》，冯军译，中国政法大学出版社 1993 年版，第 76 ~ 77 页。

种程度上就是实行构成要件的故意，这种故意与对基本构成要件的实现具有危险性的行为正好是对应关系。换言之，这里所考虑的主观要素仅仅是指构成要件中的故意要素，与德国刑法理论中的故意说或者是利益说并不是等同的概念。对于任何一个实施了对构成要件具有危险性的行为的人来说，从构成要件的角度来看，他在主观上都是具有实行的故意，哪怕他是为了别人的利益，哪怕他行为的实施是听任别人决定。所以，这里的主观要素在区分正犯和共犯时，根本没有任何作用。这种学说表面上来看是将客观因素和主观因素结合在一起对正犯和共犯进行区分，而起作用的只有客观因素，本质上仍是客观说。只不过是把形式客观说实质化了，决定正犯的不是构成要件本身，而是对构成要件的实现具有危险性的行为。这样，就可以对形式客观说中正犯成立的范围进行扩张，在一定程度上弥补形式客观说的缺陷。但是对于什么样的行为对构成要件的实现具有危险性，又是一个难以解决的问题。

而且，在面临具体的问题的时候，这一区分标准会有失效的问题。大谷实教授认为，对没有分担实行行为的共谋人和无形帮助之间的区别，从形式上是否实施了实行行为的方面来将两者加以区别是困难的。在两个以上的人参与犯罪的场合，首先，重要的是，是不是在共同实行的意思之下进行认识，是不是在相互利用、补充的关系之下实施了行为。而同样是望风行为，如果有相互利用、补充他人行为意义上的谋议，结果是互相利用、互相补充而实现了犯罪的话，就是共同正犯；单纯使正犯容易实施的场合，就是帮助犯。[①] 大塚仁教授虽然否认共谋共同正犯的存在，但是也认为，相反，没有担当实行的共谋者，当其在社会观念上对实行担当者而言处于压倒的优越地位，对实行担当者给予了强烈的心理约束，使其实行

① ［日］大谷实：《刑法讲义总论》（新版第2版），黎宏译，中国人民大学出版社2008年版，第406页。

时，从规范的观点上就可以说存在共同实行，可以肯定为共同正犯。[①] 大谷实教授对于没有实行行为的人构成正犯的情况，强调的是互相利用、互相补充的关系，但是这明显是从行为人之间的关系来谈的，而不是从行为人与行为之间的关系入手，与他主张的构成要件危险说并不协调，一个只有在客观面和主观面都一致的情况下才有意义的区分标准能有多大价值，值得怀疑。而大塚仁教授则认为，在特殊的情况下，强调出于压倒的优越地位时，即使没有客观上的实行行为，也可以成立正犯。这一方面有意思支配论的痕迹，另一方面是从行为人之间的关系上来判定正犯。虽然他们在正犯成立范围上存在较大的差异，但在具体的区分中，都已经脱离了实行行为这一基础。所以，该说对于共犯的界限，其实并未提出一个行之有效的标准。

（二）广义的正犯说

野村稔教授则提倡广义的正犯概念，在他看来，广义的正犯应该理解为以实现自己犯罪的意思去实现该犯罪构成要件，对所实现的犯罪结果自己承担责任的人。在这个意义上的正犯如后述，除了包含直接正犯以及学说上所承认的间接正犯外，还包括刑法上被看做正犯的共同正犯以及按照正犯处理的教唆犯，它们是依照行为者实现自己犯罪的方法以及形态而进行区别的。

正犯是通过实现自己犯罪的意思来实施该构成要件的实行行为的人，但是构成要件的实现行为又分为两种形态。

第一，行为者所实施的行为本身是实质上构成要件的危险行为，即实行行为的场合。在这里，包含了自我实施行为的直接正犯以及利用他人的不构成规范障碍的间接正犯。

第二，行为者所实施的行为本身虽然不是实质上实现犯罪构成要件的危险行为，但是如果在其犯行计划中作为自我行为的一部分

---

① ［日］大塚仁：《刑法概说》（总论），冯军译，中国人民大学出版社2003年版，第262页。

而被算入的、已预定的有他人实施的某种违法行为被实施的话，那就是他把他人的违法行为吸收到或者附加到自我行为中来加以判断，这就应该把这些行为的全部都当做实现构成要件的危险行为。因此，在此场合下，构成要件的实现行为从属于犯行计划上已预定的由他人实施的某种违法行为的实行（违法行为的从属性），这也适合于教唆犯的场合。此外，也适合于作为单独正犯与教唆犯形式的共同正犯的场合。

结果，构成要件的实行行为的这两种形态的不同在于违法行为的从属性。[①]

有学者认为，野村稔教授极欲摆脱共犯从属性之束缚，而将一向被认为系狭义共犯之教唆犯视为正犯，企图解决共犯从属性说带来之问题。然如此一来，是否有违反法治国家原理之嫌？即刑法系以处罚正犯为原则，处罚共犯为例外（限制正犯概念），然共犯之成立、处罚须受到从属性原理之拘束。且似与日本现行刑法教唆犯规定不合，即其规定教唆犯之成立，以使被教唆者着手犯罪之实行为必要。再者，野村稔教授虽并非完全否定教唆犯之从属性质，但却主张只须有某种违法行为之存在，即使该行为无构成要件该当性，亦能成立教唆犯，如此将不易界定间接正犯与教唆犯之区别。[②] 但是，上述理由在很大程度上是对野村稔教授的误读，野村稔教授从广义的角度来理解正犯，认为直接正犯和间接正犯是第一类正犯，除此之外的其他正犯属于第二类正犯。而对于第二类正犯，仍然受到从属性的约束，只不过在名称上是正犯而已。从从属性的角度，谈不上与日本立法有冲突。而同时，对于教唆犯和间接正犯的区分，野村稔教授也明确说明以是否有规范障碍进行区分。

---

① ［日］野村稔：《刑法总论》，全理其、何力译，法律出版社 2001 年版，第 383 ~ 384 页。

② 陈子平：《论正犯与共犯之概念》，《政大法学评论》第 48 期，第 140 页。

但是，将教唆犯当做正犯来理解的观点同样存在问题。野村稔教授对此的解释是：行为者为了实现自己的犯罪，在其犯行计划里预定了成为规范障碍的他人行为，行为者利用该他人行为本身不是该构成要件的实行行为，在此意义上他并不是本来的正犯。但是通过他人所实施的行为，结果是实现的自己的犯罪，所以应该按照自己作为正犯实现了犯罪来对待，就其实现的犯罪结果承担责任。这样，教唆犯虽然不是本来的正犯，但是既然把他当做正犯来处罚，教唆犯的犯罪内容也必须被预定为与本来的正犯相近似的内容，因此在这个意义上，要寻求教唆犯的犯罪性，只是看他使被教唆者产生了犯罪决心还不充分，引起了被教唆者实施正犯行为的危险也不充分，而应该看所引起的正犯结果。实施使被教唆者产生犯罪决心属于不可罚，而引起了实施正犯行为的危险应该在处罚未遂犯罪的范围作为未遂犯加以处罚，只有引起了正犯结果才作为既遂犯处罚。①

野村稔教授将教唆犯当做正犯来处理，是因为日本刑法第61条规定：教唆他人实行犯罪的，判处正犯的刑罚。既然当做正犯来处罚，那么在犯罪上就应该与正犯具有类似的性质。这是用立法的规定来界定教唆犯的性质。而这种推理模式存在问题。首先，共犯的性质和共犯的处罚是两个不同的问题，不能因为正犯和教唆犯的处罚一样，就改变教唆犯的性质。这在逻辑上是倒因为果。其次，不能因为他通过他人所实施的行为，结果实现的是自己的犯罪，所以应该按照自己作为正犯实现了犯罪来对待。因为教唆犯所实施的并非某特定犯罪的构成要件行为，这是客观的事实。认为是实现的自己的犯罪，所以应当按照自己作为正犯实现了犯罪来对待，从本质上讲，非常接近主观说，其缺陷当然也和上文提到的主观说类似。之所以出现这样的问题，是因为既然教唆犯的客观行为无法和

---

① ［日］野村稔：《刑法总论》，全理其、何力译，法律出版社2001年版，第385~386页。

正犯相当，就只能借助主观来补足。最后，教唆犯的犯罪性和教唆犯的未遂和既遂是不同的问题，如果说教唆犯引起正犯结果后，教唆犯才具有犯罪性的话，那么引起结果发生的危险就应该不构成犯罪。而野村稔教授并不是这样来理解的，回过头来又认为引起实施正犯行为的危险是构成未遂。这就和野村稔教授将教唆犯界定为正犯的初衷不符，因为这样一来，教唆犯的犯罪内容不可能与本来的正犯的内容相近似。其实，教唆犯的犯罪内容不可能和正犯相近似，他所实施的仅仅是教唆行为，是否要引起正犯结果才能成立教唆犯，是从理论上对教唆犯的成立进行限定的问题，并不能改变教唆犯本身的性质。而教唆犯为什么要和正犯处以相同的刑罚，这和对教唆犯不法内容的理解有关，并不代表他就具有正犯的属性。而该说所存在的其他问题，与前述大谷实教授和大塚仁教授具有共性，不再赘述。

（三）重要作用说[①]

西原春夫教授则从共同意思主体说的角度，对重要作用说进行了细致的说明。他认为，所谓重要的作用，实质既然将共同正犯作为正犯来处罚，那么必须能够将之评价为与单独正犯实行行为具有相同的价值，而且，这种重要的作用应当根据前述各种因素来加以确定。在什么样的场合行为人起到了重要的作用，最终当然应当由法官来裁决；但是，将这些场合在某种程度上进行类型化是可能的。

第一，如果对所谓实行共同正犯进行一番考察，就会发现其中大部分人是因为起到了重要的作用而成为共同正犯的。通过自己分

---

① 顺便指出，一般是从实质客观说的角度来理解重要作用说。参见张明楷：《刑法的基本立场》，中国法制出版社 2002 年版，第 288～289 页。此处是指西原所赞成的重要作用说，是从主客观相结合的角度来分析的，所以放在折中理论下来探讨。而对于从实质客观说来理解的重要作用说，缺陷大抵相似，不再单独探讨。

担实行行为这种形式加功的人，无论是从意思方面还是从行为方面来看，均具有与单独正犯相同程度的可罚性。但是，例外的情况是，即使客观上分担了实行行为，但并不一定对犯罪的实行有决定性的作用；或者从主观上看，只不过具有帮助他人犯罪的意思，这样的人应当当做从犯来处理。

第二个问题是望风问题。自不待言，在将实行行为理解为构成要件行为的场合，大部分望风行为都不属于实行行为。与此相反，日本的判例自古一来就认为望风者可以构成共同正犯，而且这种看法一直延续至今。望风本来就是为了防止犯罪被发觉、排除妨害等而实施的行为，在大多数情况下，望风对于实行行为的实现是不可或缺的。在这个限度内，判例的基本态度是正当的。但是，并非所有的望风者都是共同正犯，应当注意望风者可以构成从犯的场合。并不一定拒绝分担实行行为本身，但是仅承担了望风这一任务的人，是共同正犯；并不具有在平等立场上分担任务的意思，而仅具有通过望风来加功犯罪的意思的人，是从犯。

第三个问题是，在相互的意思联络的基础上出现在现场，但并未直接实施实行行为的人的责任。如果认为这样的人应当承担望风者或者共谋共同正犯者的责任，那么问题被还原至此。除此以外可以构成共同正犯的场合：（1）对于具有并不一定拒绝实施实行行为的意思，而且只要可能的话就参加共同的行为的人而言，可以从构成实行行为的作用的偶尔与自己无关的状况、平等地参与利益分配等来加以认定。例如，甲、乙出于共同杀害特定人的目的赶到现场，但甲一刀即将被害人杀死，那么乙的实行行为就没有必要；或者，只有甲一个人发现了被害者并将其杀死，而当时乙还在搜索被害者。这两种场合，乙也是共同正犯。（2）虽然并不具有实施实行行为本身的意思，而且最终并未实施实行行为的，但是，在实行行为的前后，其行为对共同犯意的实现、防止犯罪被发觉是必不可少的。在这种场合，仍然成立共同正犯。例如，虽然乙自己并不具有实施杀人的意思，而且并未携带凶器，但承担了隐匿被害人尸体的任务。在这种场合，乙不是从犯，而是共同正犯。

最后的问题是单纯参加谋议者的责任。谋议可能会有各种各样的形态，但是，首先有必要将单纯参加谋议者区分为两种场合：犯罪行为的首要分子、领导者的场合与并非犯罪行为的首要分子、领导者的场合。在前者的场合，从共同实现犯罪这个方面来看，首要分子以及领导者均可以构成共同正犯。在后者的场合，参加谋议者可以构成共同正犯，首先要求在主观上具备共同犯罪行为的意识，在客观上参加谋议；而且，在此基础上，要求具备并不一定拒绝分担实行行为的态度。最近的情况是，在常习犯罪团伙的场合，原则上，具备单纯参加谋议这一事实就可以确定构成共同正犯；与此相反，在非常习的、只是偶尔实施犯罪的场合，仅仅参加谋议这一事实还不充分，还有必要调查为什么他人负责实施实行行为的情况，而且有必要确定参加谋议者的意欲的内容、在集团中的地位、其在谋议之时以及前后的态度。根据调查的情况的不同，有的单纯参加谋议者可以构成教唆犯、从犯，有的超出了单纯参加谋议者的范围，实施了探听情报、联络等行为，这样的参加谋议者也可以构成从犯。①

虽然共同意思主体说是少数说，但是将正犯和共犯的区别理解为是否起到了重要作用的观点，也具有一定的市场。这种学说在说理上的困难仍然是标准的含混。将什么场合起到重要作用交由法官来裁决并不合适。法官在对正犯和共犯进行区分的时候当然有自由裁量权，但是也不能拿法官的裁量来代替具体的区分标准，否则法官裁量的恣意性就太大了，而重要作用说恰好是一个不具备操作可能的标准，必须进一步的细化。而在将该标准细化的过程中，应该具有一致性。重要作用说在这一点上存在欠缺。

首先，对于实行共同正犯，西原春夫教授的观点是，即使客观

---

① 以上参见［日］西原春夫：《犯罪实行行为论》，戴波、江溯译，北京大学出版社2006年版，第275～278页。

上分担了实行行为，但不一定对犯罪的实现具有决定性的作用，可以作为从犯来处理，但是，什么是决定性的作用，仍然难以判定。而且，如果认为客观上既然分担了实行行为，对犯罪起到的又不是决定性的作用，构成要件行为在共犯界限的认定上就完全失去了意义。西原春夫教授认为，从主观上来看，只是具有帮助他人犯罪的意思则可以当做从犯。也就是说，德国的“浴盆案”中的姐姐按照重要作用说的观点应该是构成帮助犯，而不是正犯。而这正好是主观说的观点。

其次，对于望风行为，西原春夫教授认为对实行行为的是不可或缺的，往往可以作为正犯来处理。所谓“不可或缺”，也就是“必要”，这一主张，就是必要性理论的翻版。但在具体案例的分析上，若是主观上没有平等分担任务的意思，而仅仅是加功的意思，仍然可以成立共犯。如果将前后视为原则和例外的关系，那么，主观意思又一次在正犯和共犯的区分上起到了决定性作用。

再次，对于没有实施实行行为的，西原春夫教授强调如果只是偶尔与自己无关，或者其行为对共同犯意的实现、防止犯罪被发觉是必不可少的，也可以作为正犯。对于前一种情况，如何判断偶尔与自己无关或者说偶然性，是极大的问题。而且所谓偶尔与自己无关，也就是说如果不是偶尔的话，行为人就可以实施实行行为。这其实是从本可以实施实行行为的角度来认定为正犯的，而即使是已经实施了实行行为，按照西原春夫教授的观点，也应是考虑行为人主观上是否有帮助他人的意思。那么，这里的判断标准仍然是，行为人主观上的意思。对于后一种情况，则是采取的必要性理论。需要指出的是，将只是承担隐匿被害人尸体的任务的人作为正犯来处理，既考虑了对共同犯意的实现的必要性，又考量了对防止犯罪被发觉的必要性。前者是将必要性理论贯穿到了主观领域，姑且不论主观上的必要性的证明难度，如果照此理解，几乎大部分共同犯罪都可以认定为共同正犯，因为共犯人之间都会有意思联络，而且相互影响、相互促进，这难道还不够必要吗？而从防止犯罪被发觉的角度的必要性来回头证明其是正犯则让人难以理解，隐匿尸体是犯罪已经结束了的行为，隐匿尸体再怎么必要，也与故意杀人罪的客观方面无关，所以，这里仍然是从防止犯罪被发觉对实行行为人主观上的影响来论证的。

最后，对于单单参加谋议的人，西原春夫教授认为，应该从谋议者意欲的内容，在集团中的地位、其在谋议之时以及前后的态度综合来判断是否是正犯。而这其中，除在集团中的地位以外，都是主观上的判断标准。

综合看来，西原春夫教授的“重要作用说”在很大程度上就是主观说，只不过在有些场合加入了必要性理论的判断方法，甚至有时将主观说和必要性理论结合起来。该说不仅继承了主观说和必要性理论的缺陷，而且将不可能调和的主观说和必要性理论强行组装在一起，其结论的有效性和合理性让人生疑。归根到底，在区分正犯和共犯的过程中，如何判断一行为是否重要，必须寻求进一步实质的标准，重要作用说不仅没有解决分界的问题，而且带来了新的理论难题，不值得提倡。

二、犯罪支配理论（Tatherrschaftslehre）

犯罪支配理论以是否有犯罪支配来区分正犯和共犯，有犯罪支配的为正犯，没有犯罪支配的，为共犯。犯罪支配理论从最开始作为犯罪主体的要素，到最终功能性支配理论的成型，跨越了上百年的历史。

（一）一元的犯罪支配理论

1. 犯罪主体特征理论

Hegler 在 1915 年就提出了犯罪支配的概念，他在其标题为《犯罪的要素》一文中提出了犯罪支配（Tatherrschaft）或者对犯罪的支配（Herrschaft über die Tat）的术语。但 Hegler 并没有将这个词与它今天所代表的含义联系起来，他提出将这个概念视为行为人的人格要素，或者更准确地说，是犯罪主体的要素，即刑法归责的前提，同责任能力、故意、过失等是同等地位。根据 Hegler 的理解，责任仅仅涉及到，谁在此含义上有完整的犯罪支配，谁就成了“在其本质存在上能控制行为的”、具有责任能力的而不被强迫的行为人。Hegler 也论及了过失犯罪行为人的犯罪支配。即缺乏避免行为发生的意志，否则可以期待相反的结果。Hegler 并没有将犯罪支配用来区分正犯、教唆犯和帮助犯。虽然如此，他对这个概念的使用与今天相比，仍然有两个方面存在必然联系。首先是使用了犯罪支配必不可少的要素——“责任前提条件”，这在今天仍然是流行的观点。Hegler 认为，完整的犯罪支配是指既没有发生错误也没有受强迫。最重要的是，Hegler 所提出的概念与现在犯罪支配理论关于间接正犯的原理是一致的。[①]

2. 结果的支配可能性理论

直到 1932 年，Bruns 才在其著作中《对构成要件理论的批评》一文中第一次根据犯罪支配理论对正犯和共犯予以有效区分。他当然是从另一个角度出发。他的基本思想是，正犯一在故意或者过失行为中一至少以犯罪支配的可能性为前提。照 Bruns 的理解，这样的犯罪支配可能性的含义是指，某行为通常可能导致某种结果的发生。因此，正犯以犯罪支配的可能性为基础，这种可能性从一开始就包含在行为之中。以此标准，可以解决著名的“校园案”的难题。在该案中，某人将流浪者赶到雷雨之中，此人被闪电击中而死，从一开始正犯就被排除在外。[②] 在此，对犯罪支配的思考运用了被引入刑法的相当性理论。这种解释直到今天也被认为是犯罪支配理论的代表。该理论给出了准确区分正犯、教唆犯和帮助犯的基

---

① ［德］Hegler, Die Merkmale des Berbrechens, in: ZStW; Bd, 36, 1915, s. 184 ~ 232.

② ［德］Hermann Bruns, Kritik der Lehre vom Tatbestand, Ludwig Röhrscheid, Bonn, 1932, s. 71.

本思想和一个在今天仍然适用的犯罪支配的基本含义。[①]

Bruns 的犯罪支配可能性，很显然是依附相当理论而发展出来的，他主要用来说明正犯的客观可归责性，对共犯和正犯的分界效果，是附带产生的。真正以犯罪支配中的支配概念，来解决正犯与共犯的分界问题，是在此之后才开始提出来的“意思支配理论”。[②]

3．意思支配理论

意思支配理论的支持者主要有 Lobe 和 Weber，他们着重从行为的主观面来对犯罪支配理论进行诠释。Lobe 对帝国法院的正犯意思理论进行了批评，并进一步指出，对正犯来说，重要的不仅仅是出于正犯自己犯罪的意思，而且，意思的实现必须在正犯的支配下完成，是意思控制和引导意思实现的过程。因此，正犯通过主客观的双重因素来确定。共犯则对意图引起犯罪结果的实行行为不存在支配，其实行行为由他人的意思所引起或者控制。[③]

1935 年，Weber 运用犯罪支配的观念来补强前述的主观理论，主张正犯的构成是以犯罪支配的意思，实施犯罪行为。如前所见，犯罪支配概念的发展最早并非以直线的方向进行，只是由于偶然或者某种潜在趋势的缘故，包括上述这些人在内的法学学者不约而同地在各自的研究范畴中使用了犯罪支配这个名词，这些概念有的是解决罪责的问题，也有属于当今共犯理论的领域，这样的发展一直到 Welzel 之后才有转变。[④]

---

① ［德］Roxin, Täterschaft und Tatherrschaft, 8. Aufl., De Gruyter Recht, Belin, 2005, s. 62.

② 许玉秀：《当代刑法思潮》，中国民主法制出版社 2005 年版，第 575 页。

③ ［德］Adolf Lobe, Einführung in den allgemeinen Teil des Strafgesetzbuches, De Gruyter Recht, Belin, 1933, s. 123.

④ 徐伟群：《不作为犯之共犯形态》，台湾辅仁大学 1994 年硕士学位论文，第 101 页。

4. 目的支配理论

（1）主观化的目的支配理论

主观化的目的支配理论以 Welzel 为代表，而 Welzel 的犯罪支配理论以目的行为理论为基础而建立。目的行为理论把人的行为的本质作为目的的追求活动来把握，从而在行为中不可避免地包括意思内容，目的性则是行为的核心。根据 Welzel 的观点，自然现象对因果的演变是盲目的，只不过是根据因果的演变而形成，人则根据所认识的因果的演变而行动，就是说人基于因果的知识，在一定范围内预见其行动可能有的结果，为此设定种种目标，为达成此目标，能够有计划地统制其行动。① 如果将目的行为理论贯彻到共同犯罪当中，将行为的重点放在目的性上，就可得出倾向于主观理论的犯罪支配理论。

首先，共同正犯的特征的重心更多地转移到了共同实行的意志。Welzel 明确指出，客观上纯粹的准备或者帮助都可能成立正犯，只要行为人可以被视为分担了共同的行为决意。也就是说，他和其他人一样，存在不附条件的实现意志（unbedingte Verwirklichungswille）。Welzel 的观点和联邦最高法院的判例是一致的，即使是客观上只是参与了程度极轻的犯罪实行，也能承认犯罪支配而足以构成正犯。② 区别仅仅在于，含混的正犯意志的概念被正犯必须分担正犯决意所取代。客观上共同实行的不足必须通过主观上共同实行的犯罪意志来补偿。显然，Welzel 的犯罪支配理论比较接近故意说（Dolustheorie），他所提出的正犯不附条件的实现意志，和故意说所主张的正犯不承认有支配自己的意志存在是一样的。而故意说给共犯所确立的标准是“行为的实施听任正犯决定”，和“不附条件的实现意志”也是相同的。Welzel 描述的犯罪支配理论是

---

① 马克昌：《比较刑法原理》，武汉大学出版社 2002 年版，第 167 页。

② ［德］Hans Welzel, Das deutsche Strafrecht, 7. Aufl., De Gruyter Recht, Belin, 1960, s. 98.

故意说的进一步发展。①

此外，Welzel 从根本上否认“正犯背后的正犯”存在的可能性，针对教唆犯，他认为促使实施犯罪行为的人，并不能因为具有正犯意志而成立正犯。②

针对过失犯，Welzel 企图用“法所要求的目的性”的观念来说明。认为在社会生活中，为了避免某种法益的被侵害，法律常常要求人们依某种目的性而行动，而行为人竟违反这种法律要求，未为某种“目的操控”，以至于发生一定的法益侵害的结果。不实施为了避免侵害法益所必要的目的操控，就是过失犯的本质。③ 因此，不能说过失犯对构成要件结果有目的性的因果统制（目的的统制力）。所以过失犯欠缺“目的的行为支配”（finale Tatherrschaft）而无正犯与共犯区别之问题，凡因不注意之行为惹起构成要件结果者皆为正犯。④

综合 Welzel 之见解，其认为正犯之成立应当具备四个要件：即目的的事实支配；客观之行为人条件；主观之行为人条件以及亲自实现犯罪事实。如此四项条件有所欠缺，则充其量仅能成立共犯，也就是共犯系参与主行为，而非实现主行为的一种参与类型。⑤

总之，Welzel 从目的行为理论的立场，对犯罪支配理论进行了深入的说明。他的贡献是，从行为的目的性出发，建构了相对完整

---

① ［德］Roxin, Täterschaft und Tatherrschaft, 8. Aufl., De Gruyter Recht, Belin, 2005, s. 68.

② ［德］Roxin, Täterschaft und Tatherrschaft, 8. Aufl., De Gruyter Recht, Belin, 2005, s. 69.

③ 马克昌：《比较刑法原理》，武汉大学出版社 2002 年版，第 168 页。

④ 陈子平：《论正犯与共犯之概念》，《政大法学评论》第 48 期，第 134 页。

⑤ 柯耀程：《变动中的刑法思想》，中国政法大学出版社 2003 年版，第 164 页。

的犯罪支配理论。虽然与主观说当中的故意理论比较接近，所不同的是，Welzel 对正犯与共犯的区分确立了更加明确的标准。并在一定程度上设置了客观的限制，在这个层面上，超越了主观说。但是，该理论与之前的关于犯罪支配的理论一样，过于重视主观因素在区分正犯和共犯上的作用，而且，理论也不够精致化，比如界定正犯和教唆犯的标准并不完全统一。但不可否认，他的理论是犯罪支配理论继续发展的垫脚石。

（2）客观化的目的支配理论

前述犯罪支配理论大都存在较强的主观色彩，Maurach 和 Gallas 便在上述理论的基础上，将犯罪支配理论向客观化推进。

①Maurach 的犯罪支配理论

Maurach 仍然以目的行为理论作为建构犯罪支配理论的基础，但是已经在很大程度上将其客观化，在很多地方，都与 Welzel 的观点存在不同。

Maurach 认为，犯罪支配的要素在于行为人对于符合构成要件的事实的有目的性的操控，即出于故意而掌控（In – den – Hand – Halten）符合构成要件的事实。能够通过自己的意志阻止或者推动共同结果的实现。这里的结果是涵盖在故意里面的，客观的类型。它不仅仅由纯粹的意志支配决定，而且是意志涵盖的行为类型。并认为，一个思想上的共同正犯并不能明显地被排除，但是要与教唆和精神上的帮助在事实上予以明确区分，因此，共同正犯是指，即使没有直接实施，但是管理和控制整个行为流程；教唆犯的行为贡献在于促成还没有决定实施的行为，而帮助犯则是加功于行为决意的强化，且结果不在其掌控之下。①

对于间接正犯，Maurach 认为，间接正犯之所以是正犯，是因为它并非引起并加功于他人的犯罪行为，而是实施自己具有责任的

① ［德］Maurach, Deutsches Strafrecht Allgemeiner Teil, 4. Aufl., C. F. Müller, Heidelberg, 1971, s. 659.

行为。在德国旧刑法总则中．并没有间接正犯的规定，判例则有限制间接正犯而扩大教唆犯成立范围的倾向，对此，Maurach 指出，“实际上，即使法律恣意的规定，也无法缩小间接正犯确定的范围。间接正犯是刑法的‘核心领域’之一”，从而明确地肯定间接正犯的存在。Maurach 指出，间接正犯是正犯而不是共犯，所以间接正犯与正犯适用同一的基准，即必须具有行为支配。[①] 其原因在于，Maurach 坚持了贯彻犯罪支配的标准，即使是被利用者是故意的乃至有责的，也认为幕后者具有支配力的可能，因此甚至承认有“正犯背后的正犯”这种间接正犯的类型的存在。[②]

进一步来说，他确定的标准——通过具有完整犯罪性的工具可构成间接正犯的可能性被排除——有利于解决一个易变的观点，即不是对正犯工具的规范评价，而是确立事实上的力量对比关系。当然，Maurach 是从责任的角度进行解释的，而它应该从规范的角度被思考，以具有完整犯罪性的工具为手段，幕后者同时也掌控了整个事实过程。[③]

对于 Welzel 在犯罪支配理论中提出的附加的正犯的标准——客观的和主观的行为人要素，Maurach 并不将它们视为正犯概念的独立要素。他只是附带地指出，在身份犯和亲手犯的场合，正犯成立的适当范围应当被限制。[④]

与 Welzel 的犯罪支配理论相比，Maurach 的犯罪支配理论更加纯粹和完善。已经摆脱了主观说中故意理论的阴影，能够结合客观

---

① 陈家林：《行为支配论及其评价》，于志刚主编：《刑法问题与争鸣》（第二辑），中国方正出版社 2000 年版，第 357 页。

② ［德］Roxin, Täterschaft und Tatherrschaft, 8. Aufl., De Gruyter Recht, Belin, 2005, s. 69 ~ 70.

③ ［德］Roxin, Täterschaft und Tatherrschaft, 8. Aufl., De Gruyter Recht, Belin, 2005, s. 71.

④ ［德］Maurach, Deutsches Strafrecht Allgemeiner Teil, 4. Aufl., C. F. Müller, Heidelberg, 1953, s. 516.

行为把握犯罪支配理论。而且，他还扬弃了共同正犯必须以外在的加工行为为前提的观点，将犯罪支配理论大大地向前推进了。

但是，Maurach 关于犯罪支配理论的主要观点受到了批判，其核心观点“阻止或者推动共同结果的实现”受到了 Jakobs 的批驳，认为这种标准有时候过于宽泛，有时过于严格；有些必要的共犯如果拒绝提供帮助（甚至是非共犯通过法定的举报行为都有可能）阻碍犯罪行为，反之，在多数人存在分工的情形下，当中的个人往往并没有单独推动事件进行的能力。①

②Gallas 的犯罪支配理论

与 Welzel 以及 Maurach 不同，Gallas 以形式客观说作为其理论的出发点，并结合目的行为论、相当性理论和规范的支配概念（normative Herrschaftsbegriff）建构起犯罪支配理论体系。

Gallas 认为，形式客观说最终是正确的，正犯实施的是符合构成要件的行为，而与此同时，构成要件符合性也是区分正犯和共犯的标志。他将形式客观说和目的行为理论联系起来，一个人盗窃财物，在实质上可以归结为引起了所有权的转移。从这个角度也可确定盗窃的促成和帮助行为。若人们把盗窃行为视为一种受目的支配的行为，则这种行为具有不易混淆的特征，使之很容易和单纯的促成行为相区分。单独的盗窃行为和有他人帮助的盗窃行为有着不同的内涵。因此，就会有这样的结论出现：在行为犯的场合，正犯和共犯明显不是靠对结果的因果贡献，而是靠行为内容进行区分。②

此外，Gallas 还将他的“目的客观理论”和相当性的思考联系到一起，这就和 Bruns 与 Lange 的理论有了相似的基础。对于在因果流程上有重要偏差的、寄希望于富有的叔叔死于空难的情况，被

---

① ［德］Jakobs, Strafrecht Allgemeiner Teil die Grundlagen und die Zurechnungslehre Lehrbuch, 2. Aufl., Walter De Gruyter, Berlin, 1993, s. 612 ~ 613.

② ［德］Gallas. Die moderne Entwicklung der Begriffe Täterschaft und Teilnahme, in: Sonderheft der ZStW, 1957, s. 10 ~ 13.

排除在正犯之外。因为在这种情况下，不能说通过行为对事件的发生过程具有目的性的支配。Gallas 对修正的形式客观说的适用范围进行了思考，对现在已经建立的正犯概念进行缓和和扩张。如刑法第 212 条规定的结果犯（即故意杀人罪，笔者注），就要和行为犯不同对待——构成要件行为并不以目的性结果的引起为标志——教唆犯和帮助犯也是如此；第 212 条意义上的“杀人行为”仅仅是，“谁根据其计划而行事，将死亡结果的实现掌握在手中”，谁就是正犯。这个在结果犯中得到承认的标准，被 Gallas 运用到了如刑法第 242 条规定的行为犯中。尽管根据他的观点，仅仅靠是否有目的性的盗窃行为来区分其他的共犯形式。Gallas 在进一步的评论中，将非亲手引起的所有权的转移也视为盗窃行为，如果该引起行为具有犯罪支配。对间接正犯也应该作如是观，间接正犯支配了行为工具，应该被视为实行了构成要件行为。①

Gallas 的见解，尤其是他的规范性行为支配的论点，具有相当的重要性，甚至超过了行为支配本身。他所指出的，在法概念中不可或缺的评价因素，为已具主流地位的目的行为论带来反省，以往 Welzel 所主张的本体论似的“目的行为”概念暴露出它的缺点：这种自然概念似的“目的行为”或者行为支配，固然可以成功地描述人的行为在自然现象上的一面，但单纯的自然事实并不能说明行为在刑法上的不法内涵或者归责原理。②

就 Gallas 的理论而言，将犯罪支配理论客观化进行地更加彻底，同时，也大大丰富了犯罪支配理论的内涵。但他的缺陷仍然是未能为正犯和共犯的区分找到一个更加明晰的标准，和 Maurach 一样，因过于强调对行为的掌控，也无法说明共同正犯的情况，而所

---

① ［德］Gallas. Die moderne Entwicklung der Begriffe Täterschaft und Teilnahme, in: Sonderheft der ZStW, 1957, s. 15.

② 徐伟群：《不作为犯之共犯形态》，台湾辅仁大学 1994 年硕士学位论文，第 107 页。

谓对行为的掌控无非是支配的另一种表达方式而已。

5. 对一元犯罪支配理论的整体评价

虽然一元犯罪支配理论似乎比较凌乱，但是仍然有迹可循。从一开始，它就被视为行为人的主体特征，这种主观化的倾向直到 Welzel 的目的支配理论都没有被完全清除。Hegler 对犯罪支配的理解，似乎更多是对行为人意志自由的重新解读。意思支配说和目的支配说的共同之处是将过于主观的犯罪支配理论在一定程度上客观化。但是既然强调了主观上意思或者目的的支配，那么，客观行为，或者说构成要件行为在区分正犯和共犯的位置又在哪里呢？或者说，主观上的意思或者目的支配和客观上的行为存在冲突时，如何解决？如果以意思或者目的为主，那么将犯罪支配理论客观化的做法就仅仅是虚晃一枪的理论游戏。如果遵从客观行为来区分正犯和共犯，意思支配或者说目的支配的彻底性就得不到维持。这一冲突在 Gallas 的理论中的体现最为明显，早期主张犯罪支配理论的学者永远也逃离不了这样的理论怪圈。

此外，需要单独探讨的是 Bruns 的理论，他的结果的支配的可能性与相当性理论有千丝万缕的关系，这正好说明他对犯罪支配的理解与其他学者存在区别，他认为通常可能导致某种结果的发生时，就具有支配的可能性，其实已经走向了客观归责理论，或者说是从实行行为的危险性角度来区分正犯和共犯。这种支配可能性的观念，并不见得比日本学者所主张的“基本构成要件的现实性危险”来得高明，同时，他所主张的犯罪支配的观点正好又缺乏主观因素的影响。

Bruns 的理论和早期其他几位学者的理论形成了奇妙的互补关系。这样的学说史若是不催生出功能性的犯罪支配理论，才会让人觉得不可理解。

（二）功能性的犯罪支配理论

犯罪支配理论能有今天的地位，与功能性的犯罪支配理论的提出密不可分，而功能性犯罪支配理论的形成，要归功于 Roxin 教授，他在 1963 年出版的《正犯与犯罪支配》一书中，对犯罪支配理论的历史发展和内涵予以条分缕析，并采各家之长，建立了自己的系统理论。在接下来的探讨中，主要介绍 Roxin 的学说。

Roxin 认为，正犯是共犯理论的重点，所以，他以之为基础建立他的犯罪支配理论框架。他认为，正犯是具体行为事实中的核心人物（Zentralgestalt），是犯罪过程中的关键人物（Schlüsselfigur）。并认为这不是正犯含义的重新诠释，而是一个形式的标准，一个方法论上的出发点。核心人物的概念，一方面是作区分之用的标准的法律价值观念；另一方面也是一个明确的先于法律的区分标准。[①] 由此，从立法者的分类来看，实行者是犯罪过程中的中心和关键人物，教唆和帮助游离在中心之外，这是 Roxin 犯罪支配理论的出发点。

据此，Roxin 确立了三种不同的正犯体系，即支配犯（Herrschaftsdelikte）、义务犯（Pflichtdelikte）和自手犯（Die Eigenh？ndige Delikt）。[②] 而犯罪支配理论仅仅是针对支配犯，对于义务犯和自手犯没有适用犯罪支配理论的必要和可能。因为义务犯以义务的违反作为构成正犯的必要条件，行为人一旦违反义务，则即使对于事实没有支配力，也成立正犯，而对行为具有支配力但是没有义务的人不可能构成正犯。而亲手犯以亲手实施行为作为成立正犯的必要条件，是否构成正犯完全由行为是否亲手实施来决定，实施人即使不具备犯罪支配仍然以正犯对待。以下主要对 Roxin 的犯罪支配理论的主要内容加以介绍。

1. 犯罪支配以及支配类型

(1) 犯罪支配的特征

对于犯罪支配的基本特征，Roxin 从三个方面进行了说明，他

---

① ［德］Roxin, Täterschaft und Tatherrschaft, 8. Aufl., De Gruyter Recht, Belin, 2005, s. 25 ~ 26.

② ［德］Roxin, Täterschaft und Tatherrschaft, 8. Aufl., De Gruyter Recht, Belin, 2005, s. 527, 352, 399.

认为犯罪支配是一个不确定的、混合的和开放的概念。

首先，对于不确定性。Roxin 认为，最开始对犯罪支配概念的运用就是基于这样的思考，放弃了综合性的思考，对于谁具有犯罪支配的问题，都是通过对行为事实的整体观察之后，个别地决定。许多犯罪支配的著名代表理论尽管不断地运用了犯罪支配的概念，但是仍没有说明它的内涵。例如，Welzel 在其最开始的著作中根本没有说明正犯的概念，只认为犯罪支配是“将自己的意思决定有目的地实现”，而这同样适用于教唆犯，且在疑难案例中无法找到区分的解决方案。同样，Gallas 也只是表达了法律上模糊的一面，他认为，“正犯必须被规定成能够适用于这样的情况，即只要显示出对犯罪有控制，就把对构成要件结果的引起当做自己的作品。此种实用性的规定能说明犯罪支配这样的关键性的概念。”假如人们意识到，在这样的概念中，客观和主观的要素混合在一起，是一个同时从目的和价值角度进行观察的结果。此处犯罪支配更多的是在他自己的概念元素下的重新表达。就具体的案例来说，Gallas 的解释也是不清楚的，他主张：“如果某人设立了死亡结果发生的条件，此时杀人行为还没有开始，更确切地说，开始实施了掌控死亡结果的计划”才算开始。更深入地来看，这只是将支配的观念用另一个字眼来说明。①

而联邦最高法院所呈现的也是不确定的正犯理论的面貌，判断标准前后不一且盲目。一再出现的表达方式是，正犯应该在所有事实情况的基础上进行评价。而在无数个事实情况中，哪一种情况应该被纳入观察点，哪一种规则被用来进行评价，很大程度上由法官来决定。像“支配”、“利益”、“意思从属”、“外在的行为贡献”等前后一致的标准仅仅被视为判断的基础，而不能确定的是，哪一个在具体的案例中应该具有优先性，是否还有其他的适合的观察角

① ［德］Roxin, Täterschaft und Tatherrschaft, 8. Aufl., De Gruyter Recht, Belin, 2005, s. 109.

度存在。所以，一个法官在这样的法院判决中只能凭感觉来确定正犯，然后在对他来说数不清的标准中选出一个来证明其标准的正当性。①

因此，Roxin 认为犯罪支配是一个不确定的概念，为了确定正犯的概念，应该认为：第一，没有一个概念可以适应犯罪支配变化的内涵，在一个共同犯罪行为中谁是正犯、谁是教唆犯和帮助犯，在过去、现在和将来应该在同样的原则下被评价。所以就应该主张建立一个不确定的、适应各种变化情况的正犯概念。第二，也不存在现成的有效因子来界定正犯的概念。正犯必定和社会的既有事实联系在一起，然而，此路径仅仅只是得出我们一开始方法论上所考虑过的事实：正犯概念即具体行为事实中的核心人物，这样一种在本体论和目的论上合致的观点。第三，因为缺乏必要的内容，就如同在此所确立的核心角色作为指导方针这样的空洞形式一样，具有规范作用的原则对于犯罪支配概念是没有意义的。②

其次，对于混合性，Roxin 也进行了说明。他认为，获得一个清楚实在的犯罪支配的概念的捷径就是将它理解成混合的概念。诸多的共犯理论，直到现在兴起的占优势地位的犯罪支配理论，都在寻求一个尽可能精确、明晰的，且在每一种场合都可以立即加以运用的区分概念。这些不同的观点或多或少以此为基础：特别是过去四分之一世纪的受自然实证主义影响的富有成效的观念，人们能够且必须是让人文科学范围内的概念构成适应尽可能精确的自然科学；即使回归到启蒙时代，这也是适当的和可能的，法官基于法的安定性的要求，要将自动涵摄（Subsumtionsautomaten）限制在无漏洞的、对所有的情况都可以提供解决方案的规范系统上。这在今

---

① ［德］Roxin, Täterschaft und Tatherrschaft, 8. Aufl., De Gruyter Recht, Belin, 2005, s. 110.

② ［德］Roxin, Täterschaft und Tatherrschaft, 8. Aufl., De Gruyter Recht, Belin, 2005, s. 116～117.

天属于法学方法论的共同知识财富，这样的目标是可期待的，并值得向往。而现在的对正犯的探讨过于简化，缺乏具体的混合性的要素，并有丧失法学概念上的实质内容的危险。应该提倡一个针对不同情况的混合的概念。①

最后，犯罪支配还是一个开放的概念。对于具有混合性的犯罪支配概念的界定只能根据前述观点的缺陷展开，首先，这在技术层面上适用于对一个精确的概念的定义，通说通过对属（genus proximum，des höheren Gattungsbegriffes）加种差（differentia specifica，des artbildenden Unterschiedes）的说明，去确定一个概念的含义。根据这个规则，能够通过形式客观说定义正犯，即引起符合构成要件的结果，且该结果是行为人亲手引起的。但是，以同样的要素来区分生活中的各种共犯形式过于抽象，有脱离现实的危险，开放的犯罪支配概念应该得到承认。开放性的犯罪支配的概念有利于各种事实的定型化，比抽象的定义更接近生活现实，此外，还比之前那些充满争议的正犯概念更加精确。对正犯概念的描述并不是从形式上划界，这最终是不可能实现的。其次，现有的关于共犯的一系列的观点，让一个概括性的整体评价成为可能，另一方面，犯罪支配的无规律性使相互关联的统一解决方式不具备现实性。②

所以，Roxin 在针对单独正犯、间接正犯和共同正犯分别提出了行为支配（Handlungsherrschfat）、意思支配（Willenherrschaft）和功能支配（funktionelle Tatherrschft）三种类型。

（2）犯罪支配的类型

①行为支配

根据行为支配，谁非强制性的、在社会通常的方式下独立于其

---

① ［德］Roxin，Täterschaft und Tatherrschaft，8. Aufl.，De Gruyter Recht，Belin，2005，s. 119 ~ 122.

② ［德］Roxin，Täterschaft und Tatherrschaft，8. Aufl.，De Gruyter Recht，Belin，2005，s. 123 ~ 125.

他人而实施了所有的构成要件要素，谁就是正犯。这也是正犯的原型，是对核心角色最清楚的表达。[①] 如果是自由地实施了所有构成要件要素，当然可以肯定正犯的成立，若是不自由地实现，对正犯也没有影响。Roxin 最开始的观点是，即使是整个构成要件是亲自且故意地实现，但是一人是在另一人的强制之下或者面临即将存在的危险状况时，仍然可以肯定正犯的成立，因为正犯和责任是两个问题。[②] 之后又强调，某人在强制状态下（德国现行刑法第 35 条）或者在一个无责任的禁止错误的情况下实施了一个行为，对犯罪过程的支配和他的正犯性没有影响。他是一个无责任的正犯，但是仍然是正犯，当然很有可能有一个幕后人物强迫他实行犯罪行为或者引起他的禁止错误，间接正犯得以产生。但是没有理由就此影响到直接实行犯的犯罪支配。[③]

同时可能存在的问题是，当行为人没有实现整个构成要件，但是实施了其中的要素时，是否在所有的情况下都存在犯罪支配，这个问题很少被探讨。Maurach 对此明显表示肯定，他说："当构成要件要素被实现时，纯粹的帮助故意不可能存在，谁实现了构成要件要素，毫无疑问，谁就根据法律对犯罪支配的设想而行为：该行为杀死了那个人。" Welzel 持相同的看法，某人"以共同计划为基

---

① ［德］Roxin, Täterschaft und Tatherrschaft, 8. Aufl., De Gruyter Recht, Belin, 2005, s. 127.

② ［德］Roxin, Täterschaft und Tatherrschaft, 8. Aufl., De Gruyter Recht, Belin, 2005, s. 131 ~ 133.

③ ［德］Roxin, Strafrecht Allgemeiner Teil, Band Ⅱ, 4. Aufl., C. H. Beck, 2006, s. 22.

础，决心实施在技术意义[①]（technischen sinne）上的实行行为。”而 Mezger 和 Schönke/Schröder 则认为，正犯必须实施全部构成要件要素。是否实施一部分构成要件要素就足够了，Roxin 对此的观点是，对共同参与者的犯罪支配来说，认为必须实施构成要件的任意一个要素的观点有些太过了。无疑，在这样的场合，经常存在实施行为的正犯，因为行为情状（Tatumstand）的实现通过事实，与法律规定的有严格限制的行为表征（Tatbild）的实行联系在一起。人们不能否认核心角色的存在和共同正犯的实质。立法者的原意是从整体上并没有考虑去设立合适的构成要件区分正犯和共犯，而只是完整地规定了正犯的构成要件。立法者认为，所有的构成要件要素对于界定单独犯是重要的，而对共犯则不是如此。[②] 而他在之后的论述中却认为，如果一个人没有实现全部的构成要件，而只是独自实现了一部分时，还不是直接正犯。因为单一犯罪中某个行为的实现还不是直接支配的构成要件实现的全过程。如果在抢劫行为中没有使用暴力，而仅仅是拿走财物，只是一个盗窃罪的直接正犯，而不是一个抢劫犯。当然，如果另一个人约定实施暴力，就成立共同正犯（根据功能性的支配，笔者注），所以在结果上同直接评价成正犯是一样的。[③]

---

① 对于技术意义的含义，可以结合以下观点来理解。法官考虑受裁判之个案的具体情况，对建构的新法律规则或例外规则再作进一步的解释，形成“个案规范”（Fallnormen），这才是真正的裁判（Entscheidungsnorm），有学者称之为“技术意义的法条”（der Rechtssatz im technischen Sinne）。参见舒国滢：《法律原则适用的困境———方法论视角的四个追问》，《苏州大学学报》2005 年第 1 期，第 32 页。

② ［德］Roxin, Täterschaft und Tatherrschaft, 8. Aufl., De Gruyter Recht, Belin, 2005, s. 137 ~ 138.

③ ［德］Roxin, Strafrecht Allgemeiner Teil, Band Ⅱ, 4. Aufl., C. H. Beck, 2006, s. 22.

②意志支配

在 Roxin 的犯罪支配理论中，着墨最多的就是意志支配。对于没有亲自实施犯罪构成要件行为的人，是否可以按照正犯来处理。根据形式的客观说，这种“间接”的犯罪是“不真正”的或者是“伪”正犯，因为随着限制从属性原则的引入，这种情况就属于教唆犯了。相反，对于扩张的理论则很容易将这种情况归入正犯，但这样最终会倒向单一的正犯概念。Roxin 认为，在这种情况下，以 Heglers 的优势理论为基础的犯罪支配理论可以用来解决这一问题。这种犯罪支配要和前述的行为支配区分开来。在此幕后人物没有实施实行行为，其正犯性以被他支配的工具为基础，这种情况被称为正犯的“意志支配”。①

Roxin 对于间接正犯的不同情况，对意志支配进行了分类，包括基于强制、基于错误、利用无责任能力人或者未成年人、基于组织权力机构等。

A. 基于强制的意志支配

Roxin 探讨了“强制性紧急避险”（Nötigungsnotstand）的教学案例、属于紧急避险的特殊情况，之后便是超法规的阻却责任的紧急避险、与紧急避险相似的情况以及违法的有约束力的命令。

首先，对于强制性的紧急避险，只要从整体上承认间接正犯，就应该将此种情况归入。根据法律，当我们在一个强制性的紧急避险的情况下，寻求根据行为过程得到的核心角色时，对行为流程的掌控就非常符合幕后人物的标准。这里是一个双重的完整的犯罪支配，一个是根据行为，另一个是根据意志。而对于意志支配，要注意和意志影响区分开来。意志支配和意志影响不能等同，不是每一个或多或少对最终决定有影响的都对行为有支配。因为教唆犯和帮助犯也可以有这样的影响，唆使行为和建议行为同样也是存在的。

---

① ［德］Roxin, Täterschaft und Tatherrschaft, 8. Aufl., De Gruyter Recht, Belin, 2005, s. 141 ~ 142.

所以，犯罪支配只能这样来理解，它必须被限制在这样的情况，行为是否应该开始，关键的和最后的决定取决于幕后人物。对于非间接正犯的情况，行为人对行为可以自由决定。只是对直接正犯起到或多或少的强化作用时，不存在法律意义上的支配，因为责任在于实行。谁对其他人产生这样一种影响，根据法律其责任是独立的，谁就可以被视为存在意志支配。①

其次，在通常情况下，因为行为不是通过某个人，而是通过强制性的情况下强制事由引起，不存在间接正犯的问题。但是在特殊的情况下，仍然需要对犯罪支配的观点进行检验。

其一是故意引起符合紧急避险的情况。即某人故意地让其他人陷入紧急避险的情况，以这种方式操纵他人实施犯罪行为。如他引起了一艘船的下沉，借此挑拨两名乘客，让其中一位把体质较弱的另一位赶下只能承载一人的木板，从而造成其死亡。间接正犯在这里是得到承认的，这种情况非常接近“强制性的紧急避险”，无论如何，幕后人物控制了行为过程，在他人自由意志受到限制的情况下引起了直接行为的实施，立法者因为幕后人物的决定免除行为人的责任。幕后人物具有意志支配。②

其二是造成或者促进存在的紧急状况，某人利用不是其造成的紧急状况，想要通过陷入危难的他人引起自己希望的结果，并由此劝诱或者帮助他人。可将典型的“Karneades”案例作一点改变：一个沉船遇难者靠一块木板活命，且这块木板只能承载他一个人，一个局外人让第二个遇难者将第一个人赶下木板，或者帮助第二个人获得武器。在这个案例中，犯罪支配理论得出什么样的解决方案都是有争议的。Gallas 认为应该构成间接正犯，而 Welzel、Maura-

---

① ［德］Roxin, Täterschaft und Tatherrschaft, 8. Aufl., De Gruyter Recht, Belin, 2005, s. 144 ~ 148.

② ［德］Roxin, Täterschaft und Tatherrschaft, 8. Aufl., De Gruyter Recht, Belin, 2005, s. 149.

ch、Bockelmann 则持相反的主张。Roxin 则是折中的见解，他将这种情况又细分为对紧急避险人的要求和改变了紧急避险人的有利状况这两种情况。对于第一种情况，不存在犯罪支配，因为在这种情况下，行为人不存在法律上的自由决定的可能性，刑法上的责任不是因为幕后人物的意志支配而减轻，而是因为外部情况的强制，并不从属于幕后人物的要求的操控。在第二种情况下，局外人与紧急状况的产生无关，而使某人在以其他人生命为代价的前提下获得安全成为可能，他提供一把手枪给某人支配，让另一个本来没有危险的人被某人击毙。这个案例值得特别对待，因为其行为对外在的情况并不是没有意义的。幕后人物让媒介（Tatmittler）处于这样的危险中，是选择实施符合构成要件的行为还是自己承受损害，通过利用已经存在的危险状况将媒介置于这样的选择机会面前。在此与前面处理过的案例存在重大差别，因此必须要讨论局外人的犯罪支配。与上述案例不同的是，在这里存在意志支配，因为局外人将直接的行为带入这样的情况下，对局外人的决定而言，不存在独立的刑法上的责任，而一个违法的杀人行为又被促成了。①

其三是超法规的阻却责任的紧急避险，这样的事实情况可以归入这种类型。二战后很多人被雇用来执行所谓的安乐死的程序，精神病院的医生为了挽救其他人，加功于一些针对精神有疾病的人违法杀害行为，若是没有他们的加功，所有的人都会被处死。或者，当有人在如下的情况下没有接受指令：一个火车职工避免了一次本会导致无数的人死亡危险的碰撞，他重新调整了道岔，火车被引向旁边的铁轨上，而正如这位职工所预见的，更少的人被压死了。对于超法规的阻却责任的紧急避险，又可以分为两种情况：一是故意引起超法规的阻却责任事由，二是引起或者帮助超法规阻却责任事由的行为。对于前一种情况，行为人受到良心的召唤和由自卫本能

---

① ［德］Roxin, Täterschaft und Tatherrschaft, 8. Aufl., De Gruyter Recht, Belin, 2005, s. 151 ~ 152.

产生的意志强制可以同等看待。所以，幕后人物谈不上有心理意义上的意志支配，而当人们让意志支配和法律上的责任一致时，可以认为幕后人物构成间接正犯。立法者免除直接行为人的责任，不是基于心理上的考虑，而是因为他尊重行为人源于社会伦理的自由决定。因为幕后人物引起这种危急状况，这种刑法结果上的免除应该归于行为人，幕后人物具有意志支配，应承担责任。对于后一种情况，局外人没有引起冲突的局面，而是促进或者帮助紧急避险人。不论幕后人物实施什么行为，需要做决定的情况都是一样且不可避免，所以谈不上有意志支配。①

其四是与紧急避险相似的情况。又可以细分为三种情况：第一种情况是类似于紧急避险的精神上的影响，比如 A 唆使很容易受影响的、在性和心理上都完全被强制的妇女 B 杀害她的丈夫，否则将抛弃她。Maurach、Nowakowski、Lange、Uthman 都认为这种情况存在犯罪支配，Welzel 和 Gallas 则持相反的观点。Roxin 认为，幕后人物的支配仅仅在于最后的权威性的决定取决于他。在上述案例中，法律意义上自由的自我决定和实行的意志支配是存在的，所以应当否认间接正犯的成立，而只是成立教唆犯。第二种情况是自我伤害或者自杀的强制性紧急避险，是否一个不作为人或者其他人，促使陷入错误的人、存在精神疾病的人、年幼者或者其他与他关系特别亲密的人自杀，作为一个杀人罪的犯罪支配来看待，存在不同的观点。Roxin 的观点是，当某人因死亡威胁而被迫自杀时，不存在可供选择的自由的替代方案。因为两条路都通向死亡，无论哪一条都不更具威慑性，他可以自由选择其中一条。当以其亲属的死亡作为威胁时，他将道德看得更重，而这可能降低其品格，这种行为可以归结为对一个犯罪的心理上的支配。此外，Roxin 还指出，当我们试图根据在其他有关强制性的案例有效的标准，为大量

---

① ［德］Roxin, Täterschaft und Tatherrschaft, 8. Aufl., De Gruyter Recht, Belin, 2005, s. 153 ~ 155.

的未解决的问题寻求一个合适的解决办法时，我们必须以此为出发点，即根据刑法第240条所规定的“恐吓”（Nötigung）来评价[①]，幕后人物无论如何都不构成犯罪支配。比如有这样的情况，A通过一个犯罪行为的告发、婚外情、社会丑闻的泄露或者经济上的损失威胁B，如果B不自杀，这都肯定会引起处于上述任何一种情况下的B自杀。但是，这种最终的法律意义上的意志支配取决于行为人。因此，肯定可以得出这样的事实，当强制指向一个符合构成要件的行为时，违法的威胁行为从整体上都是有责的。我们完全可以将以上所有和紧急避险相似的、而又不以刑法第52条和第54条为前提条件的情况，从间接正犯的范围中排除出去，而不需要特殊的说明。进一步来说，不仅刑法第240条不能给出确立犯罪支配的标准，而且超出了刑法第52条所规定的“造成某人精神上的绝望”或者在相似的情况中找出幕后人物成立间接正犯的理由，都应该被否定。所以，只有涉及刑法第52条时，对自杀的威胁才以幕后人物的意志支配为基础。[②] 第三种情况是通过第三者的被强制的合法的行为引起结果。教学上的案例是，A唆使X，这个他想要除掉的人，用一把刀去袭击C，而C将通过合法的正当防卫杀死X，果真如此。Roxin提出，在这种情况下是否存在真正的强制的情况？A强制X袭击C的可能性有多大？是否如A所预期的？在正当防卫中杀死了X，或者不是C而是正当防卫人D杀死了X呢？尽管两者都不具备刑法第52、第54条所规定的免责的强制，能够说A对C或者D的行为具有犯罪支配吗？在此，只有这样的思考是有帮助的，我们在以上所创设的理论，没有这些支配犯罪理论从整体上必

---

① 德国刑法第240条规定，行为人违法地使用暴力或者通过带有明显害恶的威胁恐吓某人作为、忍受或者不作为的，处三年以下的自由刑或者金钱刑。

② ［德］Roxin, Täterschaft und Tatherrschaft, 8. Aufl., De Gruyter Recht, Belin, 2005, s. 158～163.

将导致荒谬的结果：即支配的概念不应该仅仅在心理标准上被运用，其在法律上的根据是，把总是当做其作品的决定归责于幕后人物，行为人因为幕后人物所引起的状态，他自己所实施的行为被免责。所以，尽管提出了上述疑问，犯罪支配还是能够被承认。①

最后是违法的有约束力的命令。对这个问题仍然存在对立的观点。Roxin 的观点是，从现在得到充分承认的归责原则可以得出，当立法者要求下级执行命令并免除其刑法上的责任，可以认为在命令中存在权威的决定，故在这个过程中存在意志支配。②

B. 基于错误的意志支配

a. 无故意且无责任或者无意识过失的错误

此处分为两种情况：一种是无故意且无责任的错误，一种是无意识过失的错误。

第一种情况所举的通常的例子是：A 请求 B，打开房屋里的任意一个楼层的灯，B 毫无怀疑的这样做了，而正如 A 所预料的，导致了远处一个定时炸弹的爆炸，引起了一个人的死亡。或者 A 建议要去美国旅游的 B 乘坐固定的飞机，因为他知道飞机会在途中坠毁。第一个案例是引起外在的损害，第二个案例是引起自己的死亡。在这两个案例中，现在一致的观点是，存在一个谋杀的间接正犯。这种犯罪支配理论的基础与前面所说的强制性情况下的犯罪支配有明显的区别。主要体现在受骗人没有支配整个事态且盲目的行为，且幕后人物没有像强制性支配那样支配实行行为。但是仍然可以肯定犯罪支配的成立。首先，在这里不存在基于受骗人的犯罪支配，正如前面已经指出的，行为支配，需要自己亲自实施所有的犯罪事实，而且要求实行的故意。其次，也不存在基于幕后人物的对

---

① ［德］Roxin, Täterschaft und Tatherrschaft, 8. Aufl., De Gruyter Recht, Belin, 2005, s. 163～168.

② ［德］Roxin, Täterschaft und Tatherrschaft, 8. Aufl., De Gruyter Recht, Belin, 2005, s. 169.

受骗人的“人的支配”。因为幕后人物根本无法控制受骗人是否开灯或者利用飞机。最后，在这里的意志支配的标准是，因果流程的目的的优势决定。[①]

第二种情况与上面提到的犯罪支配的问题没有什么不同。很明显，立法者认为过失是可罚的，行为工具对结果也是有责的。但是这种归责以事实为基础，与幕后人物的意志支配是不相干的。无意识的过失行为涉及的法的无价值的部分，正好是这样的行为事实，即合理注意的缺乏这一结果，成为幕后人物计划中控制的条件因素。过失的部分并没有排除幕后人物的犯罪支配，而是正好相反，犯罪支配需要过失的存在。因为没有行为工具的过失，间接正犯就不能支配行为的过程。[②]

b. 受骗人存在有意识过失

对于该问题，Roxin 前后存在不同的观点，他在其法学名著《正犯与犯罪支配》中持如下见解：

当故意的唆使或者帮助一个有意识的过失行为时，关于犯罪支配的问题就产生了变化。在这里，幕后人物的犯罪支配在于，他将他人当做一种盲目的因果流程的行为工具。有意识过失地实现构成要件的人不符合这样的前提条件。他像幕后人物一样认识到了结果发生的可能性，从这一点来说，他根本不是盲目地实施行为，也不是在错误的影响下实施行为。因此，他可以根据自己对可能实现的构成要件的考虑，自主地决定是否遵从第三人的行为要求。鉴于此，怎么能够说幕后人物存在犯罪支配？所以，对于这种情况，需要单独探讨。Roxin 的观点是，如果行为人和幕后人物对结果发生可能存在一致的认识，则不可能构成间接正犯，而可能构成共犯。

---

① ［德］Roxin, Täterschaft und Tatherrschaft, 8. Aufl., De Gruyter Recht, Belin, 2005, s. 170 ~ 178.

② ［德］Roxin, Täterschaft und Tatherrschaft, 8. Aufl., De Gruyter Recht, Belin, 2005, s. 179.

即当行为人和幕后人物对事实情形的理解相同，且智力程度也不存在区别时，行为人的实行行为以任意一人的“情绪上的”（emotionaler）观点为基础，或者因为他在道义上更少受谴责的观念而只是存在有认识的过失，而幕后人物则被评价为故意，这种情况不足以构成间接正犯。因为幕前人物最终实施了行为且具有犯罪支配。唆使和帮助人对因果流程的估计并不比直接行为人强，不能以控制直接行为人精神的方式控制该事实。①

因此，是实行行为人，而不是幕后人物掌控了行为流程。在这种情况下，局外人——因为他更不关心结果，或者故意让结果发生——而应当承担更重大的责任，他故意让行为实现，也不能获得对事实的支配。当构成要件的实现是幕后人物行为的直接的第一的目标时，应该认为幕后人物具有直接故意②，因此对结果发生的估计不可能和幕前人物相同，因此认为存在犯罪支配是有争议的。一个人极端不希望结果的发生，而另一个人对结果的发生是欢迎的，而共同实现了犯罪支配，这是不可能的。③

因此，可以得出重要的结论：根据刑法故意犯罪的范围来评价，局外人在一个有意识过失的行为中成立共犯的可能性，根据犯罪支配理论的立场，不再被否定。这种缺乏一个故意的主行为的情况对此也没有影响。因为人们要么将情绪上的事实（这种情绪上的事实包含故意乃至构成要件目的）只是系统地归于责任的范畴，这样就存在一个符合构成要件且违法的主行为，毫无疑问，共犯是成立的。要么认为，如 Jescheck 近来（1962 年，笔者注）所说的，将责任要素也视为不法因素。即使这样，结果也没有什么不同，因

---

① ［德］Roxin, Täterschaft und Tatherrschaft, 8. Aufl., De Gruyter Recht, Belin, 2005, s. 180～189.

② 德国刑法理论中的直接故意是行为人确信结果会发生，笔者注。

③ ［德］Roxin, Täterschaft und Tatherrschaft, 8. Aufl., De Gruyter Recht, Belin, 2005, s. 190.

为当这里正犯的必要条件——无犯罪支配但加功于结果的引起，对于局外人来说是存在的，直接正犯个人不法要素的缺乏不能排除幕后人物的刑事可罚性。①

但是到这一步，针对有意识的过失中的实行行为，到底是构成间接正犯还是构成共犯仍然没有得到回答，因为我们假设的前提条件是，幕前人物和幕后人物在“知”的方面是相同的，只是对事实的情绪上，一个是有意识的过失，一个是故意。那么，对于可期待的因果流程，幕后人物的了解更多且将要利用该因果流程时，就值得考虑了。例如，幕后人物想实现一个直接行为人不期望的附随结果，便对行为人说风险很小，尽管他知道结果注定会出现。当行为人保持对结果发生可能性的认识，在幕后人物的欺骗下草率地相信结果不会出现，这种情况下肯定就比有意识的过失行为具有更优越的认识。这时，就会有这样的问题：到底是应该构成教唆犯还是构成间接正犯。Roxin 认为至少该问题和故意与过失的界限无关，与因果关系和目的性的界限无关。但是至少，当某人，举例来说，设想 50% 的结果的发生可能性，且绝对认真地将构成要件的实现计算（rechnen）在内，则根据任何一个理论都是存在间接故意(dolus eventualis)，他就不能作为间接正犯来对待。②

但是，在 Roxin 所撰写的《德国刑法学总论》一书中，他改变了他的立场，认为当实行者存在有意识的过失时，也应当承认引起或者利用无故意的错误的间接正犯。这种犯罪支配当然不是很明显，因为在有意识的过失的场合，行为工具不是“盲目地”引起结果，而是看到了结果发生的可能性。在这种情况下，幕后人物一般来说更多地被视为一个直接的实行者，在其中，他知道一个结果

① ［德］Roxin, Täterschaft und Tatherrschaft, 8. Aufl., De Gruyter Recht, Belin, 2005, s. 190.

② ［德］Roxin, Täterschaft und Tatherrschaft, 8. Aufl., De Gruyter Recht, Belin, 2005, s. 192 ~ 193.

的出现是确定的或者很有可能，而行为人则只是认为具有一般的可能性。对幕后人物来说，更多的认知引起了对结果的支配，而行为人则认为这种结果不可能发生。当幕后人物和实行行为人各自看待相同的事物时，幕后人物希望或者接受一个结果，实行行为人认为可以避免结果，这就符合了间接正犯的标准。因为当某人轻易地信赖一个好的结果的时候，他就缺乏阻碍的动机（Hemmungsmotiv），犯罪支配利用了这样的缺陷，追求结果的发生或者至少接受结果发生的可能性。① 同时必须注意到，正犯和构成要件相关，所以在同一个行为中，对于一个构成要件可能构成间接正犯，而对于另一个构成要件则构成纯粹的教唆犯。如在“BGHST 30，363”中，被告人唆使两个人去抢劫并给了他们可以麻醉被害人的所谓的安眠药，而实际上是可以致死的氯化氢。在此，被告在作为工具的正犯中开始推进谋杀的计划，而仅仅提出了针对抢劫和身体伤害的教唆。这个问题偶尔存在这样的争议，这里针对已知犯罪提供了充足的阻碍动机，所以，幕后人物针对谋杀缺乏犯罪支配。然而这并不正确，因为就谋杀来说，比其他犯罪存在更大的阻碍程度，直接行为如我们的事实所显示的，以没有意识到事实而开始，所以，谋杀行为的实行独自由幕后人物支配。②

c. 受骗人缺乏违法性认识

缺乏违法性认识又可以分为纯正的禁止错误和正当化事由客观前提条件的错误。

对于纯正的禁止错误，③ Roxin 认为这种情况下存在两个层级

---

① ［德］Roxin, Strafrecht Allgemeiner Teil, Band Ⅱ, 4. Aufl., C. H. Beck, 2006, s. 30 ~ 31.

② ［德］Roxin, Strafrecht Allgemeiner Teil, Band Ⅱ, 4. Aufl., C. H. Beck, 2006, s. 31.

③ ［德］Roxin, Täterschaft und Tatherrschaft, 8. Aufl., De Gruyter Recht, Belin, 2005, s. 199 ~ 205.

的犯罪支配，第一层级的犯罪支配以认识到客观的行为状态便足够了，即不法的必要条件，正犯不需要认识到行为的社会意义和价值违反（Wertwidrigkeit），第二层级或者最高级别的犯罪支配在于，行为人此外还要认识到构成要件的意义，也就是说其行为的社会危害或者实质违法性。当直接正犯仅仅是第一层级，而幕后人物具有第二层级的犯罪支配时，可以认为成立间接正犯。当直接行为人和幕后人物都是同样具有第一层级或者第二层级的犯罪支配时，只是构成共犯。而直接正犯是否或者在何种程度上因禁止的错误是免责的，并不必然为幕后人物成立间接正犯确立决定性的标准。人们虽然会说，至少正犯的价值违反对他来说是不可预知时，禁止的错误不可避免，于是就建立了这样的归责，一个免除责任的错误使可预知的幕后人物成为高一级的犯罪支配的载体。但是这一原理不能反过来运用，一个责任减轻或者完全责任的禁止错误并不总是以此为前提：对行为人来说，其行为的社会意义变得很清楚，可归责性也在于可非难的不正当的价值感。毕竟，一个禁止性错误的更多的可非难性通常来源于此，正犯实施了实质性不法的行为是清楚的，因为他本可以清楚地意识到，可以更轻松地避免错误。

对于正当化事由客观前提条件的错误，代表性的观点提出了一个更广意义的结论：引起或者利用他人的一个正当化事由客观前提事实的错误，幕后人物在所有的情况下都是间接正犯。一个人使另一个人相信，在灌木丛后面躲着的那位正用武器对准他，并借此唆使他人在假想正犯防卫的情况下开枪，谁在此方面利用了认识到武器威胁状态的错误，谁就总可以构成间接正犯。人们认为这是排除不具备故意的构成要件错误，所以基于之前的探讨得出了这样的结论。当如 Welzel、Maurach、Niese 等认为这种情况是禁止的错误时，认为构成间接正犯的结论没有改变。因为，这种“禁止的错误”是免责的，在这种情况下，行为人无法获得对行为社会危害的认识。一个明了事实的幕后人物可以根据意思上的优越决定权而实现意志支配，使自己成为这个过程中的核心角色。在此基础上，

Roxin 进一步指出，不能承认刑法上对错误问题的处理会对正犯和共犯的区分产生影响。错误理论和共犯理论是不同的问题，不能混为一谈。①

但是，Roxin 在《德国刑法学总论》中进行了重新的总结，现在几乎一致的看法是，在法律上没有错误的幕后人物若引起不可避免的禁止错误，就成立间接正犯。因为在这种情况下实行行为人没有责任，而且不可能获得一个阻碍行为实施的不法认识。而对于可以避免的禁止错误，原则上也可构成间接正犯，因为在这种情况下，幕后人物排除了（一般来说决定了）阻碍，而让行为人缺乏对禁止性的认识或者对禁止性的怀疑。②

d. 行为人对责任阻却事由的前提条件存在错误

比较典型的案例是，A 在一次海难中靠 Karneades 之板求生，而 B 射杀了他，为了用那块板子来阻止水流进来。实际上不符合紧急避险的条件，因为救援两人的船已经在路上了。在这样的过程中，如果看到上述情况的幕后人物 C，在一个其他人不可能达到的山崖上，可以看到已经开过来的救援船，以不同的方式进行加功：他可以引起 B 的任何一个对于紧急状况的错误，基于更多的认知而主张，B 所等待的救援船还不在视野之内；或者他不影响 B 的错误的形成，而是积极鼓励 B 为了活命而射杀 A；又或者他既不引起错误的行为决定，也不促进 B 射杀 A，而是给了 B 他自己的手枪。这种情况和之前所讨论的强制性的紧急避险极为相似，但是也有不同的地方，在前面，紧急状况是现实存在的，而在这里，认为紧急状况存在的心理上的状况是一样的，但是在紧急状况情况下的犯罪支配不是存在心理现象，决定的时间点问题被排除在外了。所以，

---

① ［德］Roxin，Täterschaft und Tatherrschaft，8. Aufl.，De Gruyter Recht，Belin，2005，s. 205～208.

② ［德］Roxin，Strafrecht Allgemeiner Teil，Band Ⅱ，4. Aufl.，C. H. Beck，2006，s. 31～37.

就不能适用基于心理强制的意志支配。而应该适用第三级的犯罪支配理论，也就是说，当真正存在紧急状况的时候，只能成立教唆犯。与此相对，如同我们前述的案例，幕后人物 C 和行为人 B 存在相同层级的认识，认为救援船还没有到来，局外人也只能作为共犯被起诉。而只有当幕后人物将事实过程掌握在手，在此就是在关键事实上存在更优越的认知时，才可能存在犯罪支配。①

e. 行为人的行为符合构成要件、违法且有责

这又分为两类，第一类是具体行为意义的错误，第二类是风险错误。

在具体的行为意义错误中，又可以分为对象错误以及相似的情况、影响犯罪的重大的行为前提条件错误和加重条件错误。对象错误的例子是，A 埋伏在一条路上，当他的目标 B 出现时，就射杀他，C 与 A 结伴。正如他所料想的，他的死敌 D 靠近时，A 把他当做了 B 进行了射杀。影响犯罪的重大的行为前提条件错误的例子是，A 知道 B 嫉妒心强，出于伤害自己的仇敌 C 的目的，欺骗 B 说 C 和 B 的妻子有通奸行为，A 同时建议 B 将 C 狠狠地打一顿，B 遵照 A 的建议行事。加重条件错误的司法上的判例是，1945 年 4 月 12 日，当美国军队进驻到 A 所居住的地方，被告唆使进行一次以逮捕和杀害警察队的头目 L 为目的的军事巡逻。理由是 L 杀害了很多外来劳工。被告想基于对当时环境的滥用，在没有经过正当的程序，没有考察其辩解的真实性的情况下，让 L 死亡。他获得了成功，美国士兵没有听信 L 的无罪保证，仅仅因为被告的陈述就杀害了 L。该行为的事实构造和第二种情况的区别仅仅在于，被告构成谋杀罪，直接行为人的错误排除了谋杀的资格而只剩下刑法第 212 条的故意杀人罪，而幕后人物因为更卑劣的动机而构成刑法第 211 条的谋杀罪。对于对象错误，Roxin 认为构成要件是具体的

---

① ［德］Roxin, Täterschaft und Tatherrschaft, 8. Aufl., De Gruyter Recht, Belin, 2005, s. 208 ~ 211.

概念形象，犯罪支配应该根据具体的情况去评价，在对间接正犯的评价应该防止超出具体的构成要件，所以可以成立间接正犯。而在重大的行为前提条件错误下，Roxin 则否认了间接正犯的成立，而认为只是成立教唆犯，因为在这种情况下，实行伤害行为的行为人和幕后人物对行为的认识是一样的，在这里只存在一个动机错误。而在加重条件错误的场合，Roxin 则认为该错误影响到了直接行为人的行为在法律上的评价，所以，根据之前的分析，幕后人物成立谋杀罪的间接正犯。①

风险错误的例子是，A 和 B 在搜寻一栋房子的阁楼的时候，发现了一枚炸弹，这枚炸弹自从战争期间就卡在那里。A 不想让上面的房子处于危险之中，想要立即将它从顶楼上的窗户扔到花园里，但是害怕炸弹因为撞击而爆炸，伤害到在那工作的房客 C。B 在战争中成为了一位炸弹专家，打消了他的顾虑，以专家意见来提示他，爆炸不是这么容易的。实际上 B 知道，炸弹很有可能爆炸，C 将受伤或者死亡。因为他和 C 长时间不和，而想达到这样的结果。B 希望 A 以为危险很小，而实施直接的行为，他可以以这种方式逃避责任。结果计划成功。A，保持着对结果发生的具体可能性的认识，错误地估计了风险，因此实施了行为，引起了 C 的死亡。在这个案例中判断 A 到底是出于故意还是过失是一个难题，但是在 Roxin 的理论中，直接行为人到底是出于故意还是过失对间接正犯和教唆犯之间的区分没有影响。在这里可以得出，幕后人物 B 能够比 A 更清楚地认识到因果流程的实质，然而他并没有改变这种错误，最后实现了构成要件，且是违法和有责的。间接正犯因此可以成立。②

---

① ［德］Roxin, Täterschaft und Tatherrschaft, 8. Aufl., De Gruyter Recht, Belin, 2005, s. 212 ~ 220.

② ［德］Roxin, Täterschaft und Tatherrschaft, 8. Aufl., De Gruyter Recht, Belin, 2005, s. 220 ~ 221.

f. 不符合构成要件或者合法的受骗人

这里主要是通过错误引起他人的自杀和利用合法的行为工具，典型的例子是诉讼诈骗或者造成无辜的人承担刑责。对于前者，Roxin 进行了区别对待，如果是行为人自杀时只是单纯的动机错误，而幕后人物构成教唆犯；如果自杀时根本不知道是在自杀，那么幕后人物构成间接正犯。对于后者，Roxin 则肯定了间接正犯的成立。①

C. 利用无责任能力人或者未成年人

a. 直接行为人无责任能力或者限制责任能力

直接行为人是无责任能力的情况可分为实施犯罪和自我损害(Selbstschädigung)。如果是在智力范围上有欠缺，即行为人在实施犯罪之时，没有认识到行为是不被允许的，那么，能够认识到的第三者存在犯罪支配，同样，其类型是他的共同加功，这种情况和禁止的错误存在交叉，在禁止的错误那里适用的规则在这里也可以适用。在这里以此为出发点，即在刑法第 51 条第 1 款中的正犯的缺乏认识与实质的违法以及行为的价值违反相关。虽然某人完全知道他实施了不对的行为，但是因为智力上的欠缺，而认识不到行为的形式违法性的情况几乎是不可能的。当这种情况出现时，行为根据刑法第 51 条第 1 款，无论如何都不是免责的，因为立法者会期待每一个认识到行为的社会危害的人不实施该行为。所以，在这种情况下，直接行为人无责任，而幕后人物存在犯罪支配。如果是在意志范围上有欠缺，与其说对于行为人来说缺乏阻碍可能(Hemmungsvermögen)，行为决意不能被看做他的作品，不如说行为人在意志形成（Willensbildung）上是不自由的，因为他不能控制自己，所以被局外人支配，可以成立间接正犯。对于自我损害，特别是典型的自杀行为，不可归责的原因是相似的评判标准，在这里也

① ［德］Roxin, Täterschaft und Tatherrschaft, 8. Aufl., De Gruyter Recht, Belin, 2005, s. 221 ~ 231.

要区分缺乏认识和缺乏阻碍可能性。人们不能自由地排除行为被禁止的可能性的认识，因为不论自杀违法与否，无论如何也不包含构成要件的不法。相应地，就取决于是否从不可归责性可以认识到自己生命存在的道德和社会价值。所以必须注意，不可归责可能性的缺乏绝对不能用来确定所有的行为（仅仅在真正的精神病时才有可能），而必须总是和具体的行为相关联。应该是这样，当某人决心实施针对法益主体的其他犯罪行为，是不罚的，而自杀相反被认为必须归责。但是也有例外：如果他在其中是为了实施相关的证件伪造，一个简单的盗窃的归责能够被承认。人们考虑到这些，一般会认为：一个人让另一个人的自我损害成为可能或者发生，而只要另一个人缺乏对行为的道德和社会意义的认识，每个间接正犯都是可罚的。某人当给某人提出一个自杀的建议时，是间接正犯，即使被害者清楚行为的意义和范围。在缺乏阻碍可能的情况下，他人自我损害的情况又有所不同，如果在这种情况下给他人自杀的建议，即使他人对自杀的意义和范围都能清楚地认识。相应地，当行为人完整地认识到死亡的结果而在病痛的折磨下自杀，他是独自产生了行为决意，而局外人在某方面实施了帮助时，只能成立不可罚的共犯。但一种情况下间接正犯是可能的，即若不是幕后人物的帮助，行为人就没有自杀的机会，这种情况在精神病院完全有可能出现。①

在直接行为人是限制责任能力时，也是类似的标准，如果行为人对行为被禁止的认识有所减弱时，幕后人物可以构成间接正犯，而如果行为人能够完整地认识行为人的意义，而只是依据这种认识行为的能力有相当程度的减弱时，幕后人物仅仅成立共犯。此时，只有当行为人能作出法律上不予归责的意志决定时，行为才可以看

---

① ［德］Roxin, Täterschaft und Tatherrschaft, 8. Aufl., De Gruyter Recht, Belin, 2005, s. 233～237.

成幕后人物的意志作品，他才有犯罪支配的可能。[①]

b. 直接行为人是幼儿或者少年[②]

这也可以分为实施犯罪和自我损害。如果是幼儿实施犯罪，在任何情况下，引起该行为的幕后人物在任何时候都是间接正犯，利用少年时，只有该少年依照德国少年法院法第3条的规定不负刑事责任时，幕后人物才可能成立间接正犯。Roxin认为刑法之所为不处罚幼儿或者少年，是因为他们不能对行为不法有成熟的理解且根据这种认识而行为。即使幼儿和不受处罚的少年能够理解不法，但是不能够根据对不法的认识而行为。在引起或者使这样的行为成为可能时，幕后人物应该构成间接正犯。在这种情况下，局外人虽然不比行为人有更多的认识，但是不能违抗幕后人物对行为的促成，行为人在意志形成（Willensbildung）上必定是不自由的，因此存在具有控制力的意志支配。不同的是，如果一个刑法上没有达到年龄的或者不成熟的人已经独立地形成了行为决意，而他人对此有所促进，没有它行为的实施也是可能的，就只能构成纯粹的帮助犯。[③]

如果共同加功于幼儿或者少年的自我损害，特别是未成年人自杀，从整体上认为构成犯罪支配，只不过是理由不一，Roxin同样是从意志形成的角度认为是可以构成间接正犯。[④]

D. 基于组织权力机构

从以上的研究可以看出，意志支配大致上包括强制和错误。各

---

① [德] Roxin, Täterschaft und Tatherrschaft, 8. Aufl., De Gruyter Recht, Belin, 2005, s. 237 ~ 238.

② 这里的少年是指14~18周岁之间的未成年人，而幼儿是指14周岁以下的未成年人。

③ [德] Roxin, Täterschaft und Tatherrschaft, 8. Aufl., De Gruyter Recht, Belin, 2005, s. 238 ~ 239.

④ [德] Roxin, Täterschaft und Tatherrschaft, 8. Aufl., De Gruyter Recht, Belin, 2005, s. 240 ~ 241.

种各样的不同的形式都可以被这两种形式所包含。但是这并没有穷尽所有的意志支配的类型。首先需要讨论的就是根据组织权力机构的支配。在战后，出现了大量这样的案例，幕后人物是一个国家的机构，是一个人的组织（Apparat），通过它可以实施犯罪，而不必让犯罪的实现取决于实行人的独立决定。这种情况既不属于强制的犯罪支配类型，也不属于错误的犯罪支配类型。

其中比较有代表性的案例是，效忠于军事独裁政权的情报局长A，为了除去经常在海外著文中批评独裁政权的作家B，于是对情报局中负责暗杀的C中校下达暗杀B的命令。C获得命令后派遣其成员D和E到美国执行暗杀计划，半个月后，B在晨跑返家途中，被D和E杀害。根据Roxin的主张，A和C可以根据组织支配理论，构成间接正犯。这种情况存在互换性，直接行为人可以无条件地互换，而让幕后人物监督行为的实现并支配行为过程。在组织机构的驱动装置中，直接行为人只是可以替换的“齿轮”。这并不能改变亲手实施行为造成他人死亡的，是可罚的直接正犯。在权力操纵地位的指挥官仍然是间接正犯，因为犯罪的实施与教唆不同，在教唆中犯罪是否实施取决于直接正犯。实行的直接正犯和幕后的间接正犯以不同的前提为根据，一个基于自己的行为，一个基于组织的操控。①

③功能支配

功能支配是针对共同正犯而言的，德国刑法的规定，多人共同实施一个行为，每个人都作为正犯处罚。这是刑法关于共同正犯的规定，也是功能支配理论的法律依据。共同正犯的结构和直接正犯与间接正犯都有区别，共同正犯对于构成要件的实现是通过分工实现的（Arbeitsteilige Ausführung）。共同正犯的犯罪支配来自犯罪实行中的作用；某人接受了一个任务，该任务对犯罪计划的实现是非

① ［德］Roxin, Strafrecht Allgemeiner Teil, Band Ⅱ, 4. Aufl., C. H. Beck, 2006, s. 47.

常重要的，而他通过他的部分行为使得对整个过程的支配成为可能。例如，两个银行抢劫犯以这样的方式分配行为，A 用手枪威胁银行工作人员，而 B 则搬保险柜，一个只是完成了威胁行为，而另一个只是完成了获取财物的行为。然而，每一个人通过自己的行为贡献支配了整个过程。如果 A 没有对工作人员实施威胁，或者 B 没有盗窃保险箱，行为都会失败。两者都有不可取代的作用，这让他们有了共同的支配，任何一个人可能通过拒绝自己分得的那一部分而让犯罪计划失败。这就是 Roxin 所说的功能支配。① 据此，Roxin 得出功能支配三个核心的前提条件，第一是有共同的犯罪计划，第二是有共同的实行，第三是在实行阶段作出了重要的贡献。

A. 共同的犯罪计划

德国刑法第 25 条第 2 款要求实施犯罪的“共同性”（Gemeinschaftlichkeit）以共同正犯的意思一致为前提。除此之外，犯罪支配理论是根据分工要素，通过犯罪计划，各自在犯罪中发挥的作用可以被确定下来。所以，如果针对同一目标的犯罪人相互不知情时，不构成共同正犯。当两个偷猎者相互独立地针对一个护林人射击时，不是共同正犯，而是同时正犯。同时，单方面的共同分工也是不够的，如 A 击倒了一个警察，该警察威胁说要逮捕入室盗窃的 B，而 B 对这个重要的行为贡献根本不知情，A 不成立共同正犯，而是帮助犯。同时，犯罪计划不需要共同制定和完成，且在为行为作准备之时或者之后形成，甚至是默许亦可。而完整的犯罪计划也不是必须的，当其中的一个共同行为人单独进一步实施行为时，可以认为在此时共同的行为已经结束了。而超出了共同正犯的范围的部分，也不能视为共同的计划。②

---

① ［德］Roxin，Strafrecht Allgemeiner Teil，Band Ⅱ，4. Aufl.，C. H. Beck，2006，s. 77 ~ 78.

② ［德］Roxin，Strafrecht Allgemeiner Teil，Band Ⅱ，4. Aufl.，C. H. Beck，2006，s. 78 ~ 80.

B. 共同的实行

在实行阶段基于分工的共同加功是共同正犯具备犯罪支配的必要前提。否则，就不可能支配构成要件的实现，共同正犯的必要条件就不具备。只有当一个人在实行中发挥了共同形成性（mitgestaltende）的作用，才可能构成共同支配。若一个人在准备阶段作出了重要的行为贡献，但是让另一个人单独实行，让行为的实现不在自己掌握之中，从直接正犯的角度来看，不是犯罪支配。需要在实行阶段发挥实质性作用并不意味着不同的共同实行犯的共同实现的部分是同等的。更确切地说，从实行阶段着手开始直到行为结束，在此期间不同共同正犯的行为可以相互衔接。一个共同抢劫行为可能出现这种情况：A 把被害人打倒而 B 拿走他的现金，如果是根据一个共同的犯罪计划，这就是抢劫罪的共同正犯。同样，在引起结果的现场这一条件在共同犯罪中也是必要的。①

C. 在实行阶段作出了重要的贡献

在实行阶段的行为贡献是相当重要的，共同正犯以此为基础。由此也可以得出共同正犯是功能性的犯罪支配：只有当某人在实行中发挥作用，计划的成功取决于他时，他才能够共同支配犯罪的过程。一个对共同正犯来说实质的共同加功首先是，对犯罪意义重大的实行行为被分配给多人：如一个人控制被害人，另一个人实施了强奸行为或者获取财物的行为。但是，共同正犯并不以符合构成要件的实行行为为基础，只要行为对构成要件的实现是重要的就足够了：某人控制了被害人，由此其他人可以无障碍地打被害人耳光，就是一个身体伤害的共同正犯；某人在望风者的保护下入室盗窃，就是盗窃罪的共同正犯。如果行为贡献对犯罪的成功是无关的或者不重要，而只是很小程度地促进了犯罪，则是帮助犯：首先是鼓舞或者激励的话语（在故意伤害或者性侵害中），又比如微不足道的

---

① ［德］Roxin, Strafrecht Allgemeiner Teil, Band Ⅱ, 4. Aufl., C. H. Beck, 2006, s. 81 ~ 82.

事实贡献（如在入室盗窃中提供饮料或者在伪造中提供吸墨水纸）。①

重要的是，行为贡献的重要性应该是在事前而不是事后来评价，某人在他的行为贡献上发挥了重要的作用，就算是共同加功，在事后也可能被认为是不必要的。A 和一个拳击手 B 共同实施一个盗窃行为，以便被物主发现时能够起到保护作用，最后没有被发现，B 只是起到了次要的帮助作用，B 仍然是共同正犯；因为他所处的位置对计划及其实施都很重要。同样地，当某人望风时，这样的一个角色在当前的情况下是必需的，即使无人出现，也是正犯。只有当望风者处在一个被排挤的位置，而望风在犯罪计划中实际上也是无关紧要时，才是帮助犯。单独的共同正犯的行为贡献也不需要有必要的因果联系。共同正犯的贡献在整体上和结果有因果关系就足够了。②

2. 对功能性犯罪支配理论的评析

以上对 Roxin 的犯罪支配理论作了相对详尽的介绍，该理论对德国理论所造成的影响毋庸置疑，但是也受到了不少学者的反对。

第一，犯罪支配理论缺乏规范的基础。Volker Haas 指出，Roxin 将价值论作为区分正犯和共犯的原则早就受到了指责，他原则上反对对归责原则的合乎实际的理解，即主行为人的自我归责并不妨碍共犯的归责，所以这里的标准从一开始就没有限制归责的效果，区分的意义从一开始就应该被阐明。因此，在 Roxin 的理论中，犯罪支配概念在不法理论中缺乏有效整合。这种整合仅仅在参与形式整体上与不法要素相关时才能实现。该分类让作为行为无价值组成要素的犯罪支配问题不能得到解决，即正犯和共犯的区别在

---

① ［德］Roxin, Strafrecht Allgemeiner Teil, Band Ⅱ, 4. Aufl., C. H. Beck, 2006, s. 87.

② ［德］Roxin, Strafrecht Allgemeiner Teil, Band Ⅱ, 4. Aufl., C. H. Beck, 2006, s. 88.

于是否要以共犯行为无价值的份量和质量为根据。在文献上，真正的自然主义的现象学的概念形成受到了 Roxin 设计的犯罪支配理论的批评。Roxin 的理论基础可能在于，目的行为理论（人们从他对道德观念的解释可能性曾经预见到）能够这样被理解，好像有完整地解释刑事责任的可能性。通过目的行为对犯罪事实的控制是这种观点——从正犯的角度来看法益侵害并非偶然——的基础。这种理论的根基仍然是责任原则。然而，共犯的刑事责任在责任原则上应该与正犯一致。因此问题就是，源自目的行为理论的犯罪支配理论怎样能够根据其来历，为在规范上区分正犯和共犯发挥作用。①

第二，犯罪支配理论在客观上缺乏与行为的关联。Freund 认为，尽管所有的犯罪支配概念都对构成要件相关性进行了说明，但是对各自犯罪构成要件的有说服力的分类到目前为止并不成功，也不可能。以相关的主观要素为基础的犯罪支配概念不属于客观的构成要件。此外，根据支配理论问题能够提出这样的问题，只有当涉及到支配的对象时，行为才被准确地界定。只要这些都不发生，犯罪支配概念就是一顶魔术帽，实际上任意的一个结果都可能出现。另一方面，行为的性质也说明，附带的犯罪支配的需要缺乏根据。② 正因为如此，犯罪支配理论就没有了固定的标准，甚至可能走向主观说。

第三，从构成要件的观点来看，根据亲手性对构成要件进行区分是有问题的，Roxin 的实质的构成要件实现理论在逻辑上和法律体系的一致性上都存在问题。需要解释的是，Roxin 在构成要件的实质实现概念之下所理解的内容，应该与他的亲手实行概念是并列的。一个人要么实现了构成要件，要么没有。违法行为人的行为要么属

① Volker Haas, Kritik der Tatherrschaftslehre, ZStw 119, 2007, Heft 3, 2009, s. 523 ~ 524.

② Freud, Strafrecht allgemeiner Teil: Personale Straftatlehre, Springer, Berlin, 2009, s. 383.

于构成要件要素，要么不是。很难去理解，亲手性如何和构成要件实现的方式联系起来。也许 Roxin 是指，如果存在犯罪支配，那些没有亲手实施行为的人的行为同样实现了构成要件。若是这样去理解这种看法，即刑法分则的构成要件同时也表述了犯罪过程中核心角色的规定，犯罪支配的标准正好是构成要件行为。Schilling 得出了这样的推论："根据他自己的建立在贡献上（Beitrag）的犯罪支配，直接单独正犯、间接正犯和共同正犯实现的是同一个构成要件。"其他参与者的行为只是作为纯粹的因果因素出现。其他参与者是因果历程上的一部分，该因果流程将自己的行为和针对所有参与者都一致的结果联系在一起。然而，间接正犯和共同正犯就分解成了一种单独正犯（Einzeltäterschaft）。就会存在这样的假设，单独的共同正犯的行为贡献必定不能为各自的构成要件要素实现提供因果性，构成要件行为存在于行为约定本身，准确地说，在于对自己的行为贡献的允诺。这种观点当然在逻辑上和法律体系上站不住脚。在逻辑上站不住脚的原因是，行为约定的内容正好就是行为实行。但行为约定却不是行为实行的一部分。此外，这种观点在法律体系上也是存在问题的，因为在与刑法第 30 条第 2 款相适应的未遂的共同正犯（versuchten Mittäterschaft）与刑法第 22 条、第 25 条第 2 款相适应的共同正犯中的未遂（Versuch in Mittäterschaft）之间①，适当的法律

---

① 德国刑法第 30 条第 1 款规定，故意教唆他人去实行重罪或者教唆他人去教唆另一人实行重罪，根据有关重罪的未遂的规定予以处罚。但是，其刑罚必须根据第 49 条第 1 款予以轻处。相应地第 23 条第 3 款的规定也适用。第 2 款规定：就实行重罪或者教唆另一人实行重罪，表示愿意、接受他人的请求或者与他人约定者，亦同。德国刑法第 22 条规定，行为人根据自己的设想，直接着手构成要件的实现的，是犯罪未遂。德国刑法第 25 条第 2 款规定，如果是多人共同实施犯罪行为，每个人都作为正犯处罚（共同正犯）。从上述规定的差异就可以看出"未遂的共同正犯"，大致是指就实行重罪表示同意、接受他人请求或者与他人约定。共同正犯中的未遂，是指直接着手实施客观构成要件行为，也就是我们通常所理解的犯罪未遂。

会作出严格的区分。结果就成了扩张的正犯概念，将纯粹为行为作准备的行为都包含进来，因此在与行为相联系的犯罪这一问题上，仅仅在语义上就注定是失败的。①

第四，缺乏行为归责的共同正犯责任问题的窘迫。Roxin 从整体上通过积极的尤其是消极的功能支配来解释共同正犯。积极的功能性犯罪支配，特别是 Rudolphi 所致力研究的功能性犯罪支配，描述了共同正犯的资格，即通过提供行为贡献对是否实现构成要件发挥决定性的作用。仍然需要解释的是，即当共同正犯中的每个人都只是支配自己的行为贡献时，积极的功能性支配针对自己的行为贡献就会存在局限。与之相对应的问题就是，为什么教唆犯不能对于主行为人的行为存在积极的犯罪支配？同时，即使不需要实现构成要件要素，Roxin 也将消极的功能性支配限定在犯罪实行阶段的行为贡献，这其实是自相矛盾的。一个犯罪的参与人在犯罪的准备阶段保证提供不可缺少的支持——例如在犯罪着手之前提供犯罪工具——鉴于是为犯罪作准备，能与在实行阶段保证共同加功犯罪产生同样的效果。②

第五，功能性犯罪支配存在标准模糊的问题。Schmidhäuse 认为犯罪支配理论和主观理论一样，均企图用单一的标准来决定正犯与从犯的界限。而使用犯罪支配这样的概念名词，使人以为可以让我们在具体判断时得到明确的解答，但事实上却并非如此。比如前述把风的案例，把风人通常都应该构成共同正犯，若是被排挤而去站一个并非必要的岗，则不成立共同正犯。这样把风人一会儿是正犯，一会儿是帮助犯，正好显示了犯罪支配是一个无法解决问题的词令，是一个无所不包的魔术公式，到最后还是等于按照个案来判

① Volker Haas, Kritik der Tatherrschaftslehre, ZStw 119, 2007, Heft 3, 2009, s. 529 ~ 530.

② Volker Haas, Kritik der Tatherrschaftslehre, ZStw 119, 2007, Heft 3, 2009, s. 531 ~ 534.

断。在许多时候，Roxin 的犯罪支配可以用正犯来代换，因为，我们所做的许多主客观因素的探讨，原来就是用来决定行为人应该构成正犯或者从犯。最后，行为支配思想会带来自我欺骗的危险：我们将无法确知在法律适用时，适用者事实上的判断标准在哪里。①

第六，并不能说明所有的情况。批评者认为，Roxin 的理论不能说明所谓的“附加的共同正犯”与“择一的共同正犯”，所谓附加的共同正犯，即不同的共同正犯者各自努力充足构成要件的情况。例如，20 人的共谋者计划实施暗杀，为了提高成功率，20 人决定同时发射，结果被害人中弹死亡。调查结果，被害人身中多弹，但仍有未射中的子弹。因此，每一个暗杀者，都有可能没有打中目标。附加的共同正犯是德国学者 Herzberg 提出来的共同正犯类型。他提出这种共同正犯分类就是为了批判 Roxin 的行为支配论。他认为，根据 Roxin 的理论，机能的行为支配就象齿轮一样互相咬合。为了不致失败，不能缺少任何一人。而附加的共同正犯的情况，即使某人不参加，结果也十分可能还是一样。Roxin 则对此反驳说，从事前来看，各人的行为具有相互依存关系，因而也存在机能的行为支配。但这种反驳意见并未为多数学者所接受。所谓择一的共同正犯，是指从最初开始行为人中就只有一人的行为能引起构成要件结果的情况。例如，A、B 两人共同计划杀人，分别埋伏在不同的小道的情况。被害人如果经过 A 所埋伏的道路，那么 A 就可以杀害被害人；反之，如果被害人从 B 埋伏的道路走，则 A 对 B 的杀害行为没有发挥共同作用，一般认为 A 也成为杀人罪的共同正犯。择一的共同正犯是德国学者 Rudolphi 提出的共同正犯分类类型，他提出这种分类也主要是为了批判 Roxin 的行为支配论。在 Rudolphi 看来，前者存在机能的行为支配，而后者不存在。因此机

① Schmidhäuser, Strafrecht Allgemeiner Teil, 3. Aufl, Mohr Siebeck, Tübingen, 1975, s. 162 ~ 168. 转引自徐伟群：《不作为犯之共犯形态》，台湾辅仁大学 1994 年硕士学位论文，第 119 页。

能的行为支配无法说明后者的正犯性。Roxin 则反驳说，没有必要对机能的行为支配作狭义的理解。根据事前判断，各人对犯罪计划的成功都发挥了本质的作用。当然，如果埋伏行为被评价为预备的话，那么就欠缺实行阶段这一要件，可以否定其共同正犯性。Roxin 的反驳意见仍然被学者们认为不够充分。[①]

总而言之，上述针对 Roxin 为代表的犯罪支配理论的批判首先从存在论和价值论的对立入手，认为 Roxin 的价值论的观点忽视了正犯和共犯区分的存在论基础，而正犯和共犯在责任原则上的独立性使得从价值论的角度来区分正犯和共犯是不可能的。后续的一系列批评都以此为基础。正因为缺乏存在论的基础，所以犯罪支配理论在很多时候脱离了行为本身，一是让犯罪支配的认定出现困难，因为需要依靠被支配的对象才能确立支配的内容；二是仅仅依靠共同约定之类和实行行为无关的因素就可以对正犯和共犯进行区分，而不是通过约定后实施的具体行为，更夸张的是，仅仅是因为允诺行为出现的时间点不同，评价就会迥然不同；三是会造成与立法的冲突，因为立法是以客观行为作为基础进行规定，如果忽略了这一点，冲突在所难免。除此之外，Roxin 的标准的模糊性和面临具体问题的适用难题也在一定程度上说明他体系的不完整性。从另外一个角度来看，作为各家区分理论的集大成者，Roxin 的犯罪支配理论体系有无与伦比的优越性，与此同时，各家理论的缺陷也在这个庞大的理论体系中阴魂不散。针对支配犯，Roxin 的行为支配理论基本上就是形式客观说的变体，意志支配理论则是主观说的发扬光大，而功能性支配理论则是暗自以必要性理论为前提，同时掺入了主观判断的组装品。

首先，对于行为支配，从 Roxin 的论述来看，所谓行为支配是指自己亲自实施符合构成要件的行为，如果是完全实现且其故意的

---

① 陈家林：《行为支配论及其评价》，载于志刚主编：《刑法问题与争鸣》（第二辑），中国方正出版社 2000 年版，第 357 页。

产生是不受约束的，当然是正犯，而如果只是实施构成要件的部分行为，同样也是正犯。如果故意的产生受到了约束，则要分清行为和责任的界限，仍然可以肯定正犯的成立。根据德国刑法第 25 条第 2 款的规定，如果多人共同实施犯罪行为，每个人都作为正犯来处罚。因此，部分实施构成要件行为的人被视为正犯是妥当的。但是后来 Roxin 却改变了自己的立场，认为根据行为支配不构成正犯，而应该转而根据功能性支配来确立其构成正犯。同时，如果仅仅是针对行为支配，主观说的主观意思，或者目的支配理论中“自己意志的实现”都不作为考虑标准。可以认为，行为支配是贯彻了形式客观说的立场。

只要在共犯的区分问题上不是采取纯粹的主观说，对于完全实现了构成要件的人，认定构成正犯完全没有问题。所以，比较关键的问题是，按照行为支配，部分实现了构成要件的是否成立正犯。一开始 Roxin 认为可以认定成正犯。但这样一来，行为支配和功能性的支配会出现交叉，其后果是行为支配、意志支配和功能支配分类方法就会瓦解（这样的分类应该以互斥为前提，否则就不具备科学性）。所以，Roxin 后来改变了主张，认为不能构成正犯，而只能依靠功能支配成立正犯。于是，分类的问题得到了解决，但是带来了新的难题。第一是理论的繁琐，拿 Roxin 所举的例子来说，在抢劫中只是获取他人财物的行为，根据行为支配理论只能成立盗窃罪的正犯，然后再根据功能支配，如果存在相互约定的话，就可以认定构成抢劫罪的共同正犯。之前关于盗窃罪正犯的认定是没有任何理论意义的，完全是多此一举。第二是行为支配被架空，功能性支配所要考虑的就是在没有完全实施构成要件的情况下，是否可以成立正犯。照 Roxin 的观点，大致上可以分为两类：一类是完全没有实现构成要件要素，另一类是实现了部分构成要件要素。从 Roxin 关于功能性支配的论述，考虑的一个主要因素是在实行阶段实现了重大的贡献，如果说部分实现了构成要件要素的是可以视为实现了重大贡献的话，完全实现了构成要件要素的，更可以认定为实现了重大的贡献。功能性的支配完全可以包括行为支配。得出这样的结论并不奇怪，共同犯罪和单独犯罪不同，是两人以上共同实现构成要件，所以，如果是共同犯罪中一人如同单独犯罪一样，完全实现了构成要件，按照正犯来处理是理所当然的。而如果其中一人只是实行了部分构成要件，则需要寻求其成为正犯的理论依据。从逻辑上来看，部分构成要件要素的实现和全部构成要件要素的实现只是程度问题，为实现部分构成要件要素成立正犯所需求的理论依据肯定可以涵盖完全实现了构成要件的情形，如果不能涵盖，就是理论本身有问题。所以，不论 Roxin 将部分实现构成要件要素的行为划归为行为支配还是功能支配，都逃不开自相矛盾的命运，因为，它们本来就是一体。

其次，Roxin 隆重介绍的意志支配是他对正犯理论最重大的贡献。Roxin 对于存在强制性的意志支配的核心观点是行为最终是由谁来决定，相对应的就是，幕前的工具没有选择的可能。如果幕后人物造成了工具不可选择的局面，或者改变了不可选择的多人之间的强弱对比关系，则存在犯罪支配，否则就不存在。对于存在错误的情况，Roxin 实际上存在以优越的认知来判断间接正犯是否成立，只不过是到了后期，改变了之前将过失一分为二的局面，认为在有意识的过失的情况下，因为存在阻碍动机，统统存在犯罪支配，这就突破了原来单纯的认知标准。对于无责任能力、限制责任能力以及幼儿和未成年人，Roxin 是从意志形成的角度来判断间接正犯是否成立。而针对组织支配，Roxin 的贡献则主要从被支配人的可替代性来说明意志支配的存在。从整体来看，Roxin 关于意志支配主要是从意志和认识两个方面来说明的。如果在意志上可以控制幕前的工具，就可以认为存在意志支配，如果意志上不可支配，则可以从认识的优越性上来考虑支配的可能性。但是 Roxin 早期关于认识优越性的观点在面临有意识的过失时出现了困难，在幕后人物和幕前工具存在同样程度的认识时，犯罪支配就被否定了。但这样的结论太过离经叛道，而且根本不具有可操作性，判断一个有意识过失的行为人的认识程度和幕后人物是否相同，简直是不可能完成的任务，所以，这种观点后来被是否有阻碍动机所取代，在禁止性错误的场合也存在同样的问题。甚至，我们可以大胆地推论，所有关于优越认识的情况，都可以被障碍动机所取代。因为存在优越认识，就可以让幕前的工具形成阻碍动机，而存在阻碍动机，却不一定有优越认识，这也是 Roxin 在部分问题上改变当初的观点，在部分问题上保持原有结论的原因。同时，所谓的阻碍动机，已经不是优越认识的问题，而是上升到了意志的领域，所谓阻碍（在德文中有压制的意思），是从意志上排除了幕前人物实施合法行为的可能性，那不是意志又是什么？如此，Roxin 所建立的意志支配的不同类型其实又有了同一的标准。Roxin 对原有主观说的改造绝不是乏善可陈，但也不能说是脱胎换骨。

第三，Roxin 对于功能性的支配，大致可以理解成在存在行为计划的前提下，有共同的实行行为，而且在实行阶段具有重要行为贡献，才可以认为成立共同正犯。其中比较重要的是在实行阶段有重要的行为贡献。Roxin 的观点是："只有当某人在实行中发挥作用，计划的成功取决于他时，他才能够共同支配犯罪的过程。"这里其实隐约就有"必要性理论"的影子，特别是结合他对望风行为的论述，这一点就体现得更加明显。需要强调的是望风的角色是必需的，则是正犯，而当望风在犯罪计划中无关紧要时，则有成立帮助犯的可能。对于犯罪来说是必需的就是共同正犯，不是必需的就是帮助犯，这是必要性理论的典型观点。所以前述对"必要性理论"的批评完全可以适用于功能性的犯罪支配。同时 Roxin 所理解的必要性在于事前的评价，而不是事后的判断。这样的判断方法产生的后果就是，共同犯罪人在犯罪中实际发挥的作用对认定正犯的意义被消解了。根据 Roxin 所举的例子，为了防止被物主发现而能够起到保护作用而参与盗窃的拳击手，事实上起到了次要的帮助作用时，仍然成立共同正犯。必要性判断完全根据约定来确定，而只要这种约定是在实行阶段就足够。首先是有学者所指出的，将预备行为阶段的约定和实行阶段的约定作完全不同的对待，找不到合理的理由。而且在事前根据行为约定的内容来判断行为贡献是否重要，而不考虑实际过程中所起的作用，难免有主观说的嫌疑。进而言之，在犯罪过程中各人的角色和地位可能会发生变化，如果在计划中只是约定起次要作用的人作出了重大的行为贡献，这时候，评价成正犯应该无可厚非，但是严格遵循事前判断的原则，根本不能成立正犯。所以事前判断的标准没有办法贯彻到底。何况，即使根据 Roxin 的论述，根据他所处的位置对计划和实施的重要性来判定正犯的存立，也应该是在整个过程中，而不仅仅是在约定之时。虽然 Roxin 的本意也许是从客观上来建立功能犯罪支配理论，但最终仍是“必要性理论”和“主观理论”结合的产物。难怪有人会说，功能性的观点，原本是作为一种判断构成要件行为的实质标准，但是这个实质标准并没有使“形式的”构成要件更具体，反倒是一个更空泛的概念。如今在共犯理论中除了犯罪支配理论之外，没有其他理论，并不是理论的发展促成理论内涵有实质性的改变，而是因为理论发展中的各种观点，都可以纳入这个标识之下，标识之下仍可以各说各话之故。①

三、对折中理论的分析

折中理论可谓是前述的客观理论和主观理论的结合，这样的结合是否具有合理性，是首先需要讨论的问题。从以上的分析可以看出，纯粹的主观理论脱离了客观行为这一根本基础，客观理论只是强调自己对行为的支配，而忽略了意志对行为实施的影响，都有失片面。大致可以认为，如同每个犯罪行为都是由客观要素和主观要素组成的意义统一体那样，对于以法定构成要件为基础的正犯和共犯，只能通过一个客观和主观方面相结合的标准，才可将它们适当

① 许玉秀：《当代刑法思潮》，中国民主法制出版社 2005 年版，第 581 页。

地相互区分。[①] 但是需要注意的是，虽然正犯和共犯的区分需要通过一个客观方面和主观方面结合的标准，但每个犯罪行为都是由主观要素和客观要素所组成的意义统一体，这是从犯罪成立角度来说的。而共犯和正犯的区分，是在成立犯罪之后才讨论的问题，在讨论是正犯还是共犯之前，共同犯罪中的每个人就已经同时具备了客观要素和主观要素。而之后正犯和共犯的区分，并不要求在任何情况下都要求同时考虑主观要素和客观要素，这与犯罪行为是主观要素和客观要素共同组成并不矛盾。甚至可以说，同时考虑主客观要素的区分标准是不合理的。在主观因素和客观因素都可以得出正犯的结论时，不论是使用主观标准还是使用客观标准，结论都是一样的。当主观得出的结论和客观不一致的时候，所谓综合主观标准和客观标准的综合标准根本无用武之地。所以，综合判断的标准首先应该有一个优先次序，或者是针对不同的情况各自从主观上或者客观上判断。上述实质的实行行为理论要么实际上采取了单一的区分标准（如构成要件危险性说），要么是在主观说和客观说中犹疑不定（如重要作用说）。有学者提出过比较精当的批评：首先，在认定标准上殊难有一确定之认定标准，其认定标准事中都游离于主观及客观之间，究竟何时应以主观理论、何时应以客观理论之观点为基准，并不明确，如此易流于恣意的判断。其次，在方法学上亦有漏洞，基本上，整合必须建立在一致性的共同基础上，然而，主观理论与客观理论间，却找不出此一共同的基础，二者可谓“水火不容”。如此的整合，不禁令人怀疑，究竟整合主观及客观理论的基础何在？要如何在主观和客观上加以整合？此似乎是毫无交集的整合关系，其整合似乎仅取决于偶然而已。或许此种整合系对于参

---

① ［德］Wessels, Strafrecht Allgemeiner Teil – Die straftat und ihr Aufbau, 33, Aufl., C. F. Müller Verlag, Heidelberg, 1998, s. 174.

与者之个别行为，做主观及客观的双面观察罢了！[①] 犯罪支配理论虽然也存在缺陷，但在这一点上，做得比较成功。

德、日刑法理论在共犯界限问题上虽然呈现完全不同的面貌，但也具有不少共性。德国以 Roxin 为代表的犯罪支配理论将间接正犯完全包容，而日本学者则往往在间接正犯之外探讨间接正犯的正犯性根据。从 Roxin 的论述来看，到后期，间接正犯的比较重要的判断标准是阻碍动机。而在日本学者的相关论述中，也有类似的规范性障碍的观点，也有从利用人对被利用人进行支配的角度来探讨的见解。而这些，与意志支配已经相当接近。同时，行为支配可以认为就是形式客观说，功能性支配则主要是形式客观说的实质化，同时也具有主观的特征。这两者结合起来，就和实质的实行行为说形成了对应关系。虽然他们在具体问题的观点上有所不同，但是从整体上来看，看似区别很大的德国和日本的折中说也并没有渐行渐远。

折中说共同的问题是，没有对单独犯的构成要件和共同犯罪的构成要件区别对待，没有找到有效的分类方法，让不同的标准可以适用于不同的分类（犯罪支配理论虽然进行了积极的尝试，但是仍有不少欠缺），没有处理好客观要素或者主观要素在判断中的关系。折中说确立的原则是，单凭客观要素或者主观要素，已经无法解决所有的共犯区分问题，未来正犯和共犯的区分问题就是如何对它们进行整合，让不同的犯罪类型都找到有效的区分方法。所以需要把握的有以下几个方面：一是正犯和共犯区分的关键点在哪里；二是确立区分的关键点之后，如何进一步确立区分的标准；三是如何对不同的区分标准进行排序，使之各自发挥作用，又不相互冲突。

---

① 柯耀程：《变动中的刑法思想》，中国政法大学出版社 2003 年版，第 163 页。

第四节　正犯与共犯区分标准再整理

一、确立正犯的标准

对于正犯与共犯的区分，其实就是为正犯的确立寻求标准。对于正犯，通常的理解是实施了犯罪构成要件的人，这一在单独犯中几乎普遍适用的标准到了共同犯罪中，可以发挥的作用极其有限。有学者认为，其解决途径一是对构成要件进行实质化的解释，一是根据因果关系来思考。实质化运作的要素就是“法益侵害结果”。以法益为中心的实质思考有两个着力点：一是谁操纵、支配法益受害的因果流程，另一个是将构成要件类型加以分类。之所以分类构成要件类型，因为在罪刑法定原则之下，无论如何不能脱离构成要件而探讨谁是正犯，而且法益是建构构成要件类型的核心要素，法益的种类和侵害法益的方式是构成要件的两大建构要素，因此以法益为中心的实质思考，会借由分类构成要件进而确定正犯类型；之所以追究谁操纵、支配因果流程，因为无论区分正犯与否，在数人共同犯罪时，会有加功程度不同因而规则程度不同的情形。但最根本的原因，则是“实现构成要件的法益侵害”表示符合法定构成要件的侵害方法，才是决定法益受害的力量，掌握这种力量而侵害法益的人，便是正犯。①

这样的理解大致上把握住了正犯的本质，但是不够准确、全面。既然犯罪论体系是以构成要件为中心，那么实施了构成要件行为的肯定是正犯，这也就是形式客观说的内容。但是相当一部分共同犯罪中的行为人都没有单独的实现构成要件，这与共同犯罪的特征是密不可分的。共同犯罪所强调的是两人共同实现一个构成要

---

① 许玉秀：《当代刑法思潮》，中国民主法制出版社 2005 年版，第 581 页。

件，如果每个人的行为都只是构成要件实现的必要条件、而非充分条件的话，每个单个的行为都不足以完全符合构成要件，甚至可能根本不是构成要件行为，比如在故意杀人罪中抱住被害人让其不能反抗的行为。而即使实质的理解，单单抱住他人的行为是不能理解成有构成要件实现的危险的行为，而必须和另一人的杀人行为联系在一起才能理解成有构成要件实现的危险，这就是将两个人的行为合并看待了。而讨论的前提是单个人的行为是否符合构成要件，所以，这样的观测点是有问题的。而且，在这种情况下，任何一方的行为都谈不上操控、支配了因果流程。因为是两个人共同操控、支配了因果流程。所以构成要件解释的实质化、对因果流程的操控和支配，都是以单独犯罪为蓝本而衍生出来的理论。在共同犯罪的情况下，特别是在某些共同正犯的情况下，构成要件解释的实质化在方法论上存在问题。在任何一方都没有办法单方面操控、支配因果流程时，对正犯的认定需要寻求其他的标准。

所以，对于独自实现了构成要件乃至部分实现构成要件的人，是正犯①；对于因果关系有控制力的人，也是正犯；既没有独自实现构成要件，对因果流程也没有控制力时，需要从共犯人之间的地位来判断正犯的存在。

如果结合犯罪的客观面和主观面，就可以发现，在客观面上，有可能完全实现了构成要件，有可能实施了部分构成要件行为，有可能根本没有实施构成要件行为，这三种情况都有成立正犯的可

---

① 一般认为，实施了符合构成要件的行为也可以认为对因果关系有控制力，但是因为对因果关系有控制力是在无法根据符合构成要件这一根本的标准来判定之后，所产生的辅助标准，有单列的必要。而且，在有些情况下，也只能根据实现构成要件来判断是否是共同正犯，单个的行为人对因果关系是否有控制力，根本无法证明。比如在附加的共同正犯的情形下，多人一起实施谋杀，为了提高成功率，决定同时发射，结果被害人中弹身亡，而有的子弹没有射中。这时候，不能判定谁对行为因果关系具有支配力，但是可以从实行了构成要件行为的角度，来肯定正犯的成立。

能，所以从是否控制了因果流程无法得出准确的结论，其判断标准主要是从构成要件的实现和行为人之间的地位。在主观面上是控制了因果关系，要么是没有，而对因果关系的控制应存在意志支配来判断。而且，从客观面和从主观面的判断并行不悖，而非相互排斥。在成立共同犯罪的基础上，首先应从主观面来判断是否控制了因果流程或者说意志支配，然后从客观面来考察是否是正犯，最终得出正犯的成立范围。[①] 之所以一反从客观到主观的常规认定模式，是因为在正犯和共犯的区分问题上，是在共同犯罪已经成立的基础上进一步划分，不是犯罪认定上的判断，不需要遵照从客观到主观的判断流程；而且，从主观上判断是否是正犯，只存在意志支配这一重判断，而在客观面上，考虑的因素除了行为人和行为之间的关系以外，还要考察行为人在共同犯罪中的地位，而这种地位上的考虑，需要在排除了意志支配的前提下才有意义。因为存在意志支配的情况下，拥有意志支配的人处于优势地位，而这种优势地位又并不能排除没有优势地位且没有实施构成要件行为的行为人的正犯性。而连部分构成要件行为都没有实施、且不具备意志支配的人，只能从和其他不具备意志支配的人关系上来判断正犯性。如果不先行将具有优势地位的意志支配排除，很容易造成主观面和客观面判断的混淆，让主客观面分别判断的计划落空。

（一）从主观面判断

从主观说的发展历史来看，比较有代表性的故意说主要从帮助犯听命于正犯，即行为完成与否取决于正犯来界定正犯。这种观点被 Welzel 的目的支配理论进一步发扬光大，而到了 Roxin 那里，则进行了一定的修正，他以 Heglers 的优势理论为基础，放宽了意志支配的范围。若从主观面的因素来分析，这样的发展脉络不难理解。一个人的主观心态大致可以分为认识因素和意志因素，早期故

---

① 请注意，这并不是所谓的综合判断，而是主客观分别或者说轮流判断。

意理论、甚至 Welzel 的目的支配理论，都主要从意志因素方面来为正犯提供依据，但是“听任他人决定”之类的字眼将正犯和共犯的区别过于绝对化，无法适应变幻多端的现实，难道在具体案件事实中就只存在听任决定或者自己决定吗？所以，Roxin 在此基础上加入了认识因素的判断因素，这样就不是简单地听任正犯决定了，而是认为存在优越认知的时候，也承认意志支配的存在。但是，如果与无认识的过失和间接故意的区分相类比，就会发现，即使是同时考虑认识因素和意志因素，在区分上都会遇到难题，何况仅仅考虑认知因素来认定意志支配？同时，正如前面所指出的，认知上的优越性最终还是可以转换成对他人的行为是否可以形成阻碍动机。所以，认识因素只是判断是否存在意志支配的重要参考因素，而不是决定因素。

从主观面判断共犯是否能成立正犯，无非针对认识因素或者意志因素，而按照我国的通说，如果不采取构成要件符合、违法和有责的体系，那么，很多情况根本不可能构成共犯，而只是单纯的间接正犯。所以，阻却责任的紧急避险，直接行为人无故意的情况，利用合法的工具、直接行为者存在责任阻却事由前提条件的错误，利用不满 14 周岁的未成年人、无责任能力人等情形都没有探讨的价值。而只有直接行为人实施的是符合构成要件、违法且有责的行为时，才可能构成共同犯罪，而存在正犯和共犯区分的问题。首先，从意志因素的角度，应从听任他人决定的角度来判断正犯，换言之，应该是从行为人自己能够决定他人行为的角度来确定正犯。但需要具体分析，比如组织机构，行为人的意志可以说受到组织机构的控制，其行为是听任组织机构决定，幕后人物可以构成正犯，在组织机构以外的情况也是如此。其次，从认识因素的角度，则根据是否存在阻碍动机来决定，如果优越的认知能够确立阻碍动机，则也可以构成正犯。这种阻碍动机可能是因具有优越认识人所引起的，直接行为人对更严重犯罪的无认识，也可能是直接行为人对行为对象的误认，而且这种误认是违背直接行为人意愿的。具体问题，将在下文中正犯和教唆犯的界限部分进一步探讨。

（二）从客观面判断

从客观面判断则存在多重标准。首先看行为人是否独立地实现了所有的构成要件，如果在共同犯罪中，有行为人如同单独正犯一般，独立地实现了所有的构成要件，那么无疑可以视为正犯。值得注意的是，一般可以认为，分担了一部分实行行为的是正犯。从德、日的立法和理论来看，都是严格执行了这一标准。这也是部分行为全部责任的体现。但是，这样的规定不能说明所有的情况，比如前述在共同故意杀人中抱住被害人的行为人，理所当然应该按照正犯来处理，但按照上述规则，无法得出正确的结论。在每个人的行为都是犯罪的必要条件且非充分条件时，若真正贯彻部分行为全部责任的原则，考察的要点应该是每个人在共同犯罪中的地位。如前所述，共同犯罪是两人以上共同实现一个构成要件。将均是犯罪完成的必要条件的个别行为强行分开来看，也许是实现了部分构成要件，也许不是。在实现了部分构成要件的时候，可以认定成正犯；在没有实现构成要件的时候，不一定就不是正犯。更重要的是，在每个人的行为均是必要条件时，如果分开来看，其实是人为地将不可分割的行为强行拆分，这种拆分针对复行为犯也许还有一定意义，但是对于绝大多数单行为犯来说是不合适的。所以，既然是部分行为全部责任，既然强行拆分不能说明所有的情况，而此时每一个人的行为都不能单独实现构成要件，每一个人都不能单独地控制因果进程，正犯的确立需要从共犯人之间的关系着手。

所以，判断的流程是，首先把和单独正犯相同的、完全地实施了构成要件行为的人当做正犯来对待。之后，对于实现了部分构成要件的也可以视为正犯，这是基于部分行为全部责任而得出的结论。剩下的就是连部分构成要件都没有实现的人。此时，就不能从实现构成要件的角度来说明，需要从共犯之间的关系着手。对于完全没有实现构成要件的人，要么和完全地实施了构成要件的行为人形成共犯关系，要么和部分实现了构成要件的人形成共犯关系。对于前者，又可分为两种情况：一种是完全实现了构成要件的行为是犯罪实现的充分条件，比如附加的正犯的情况，此时，没有实现构成要件的人只能认定成共犯，因为其行为对犯罪的完成是可有可无的；另一种是完全实现了构成要件的行为是犯罪实现的必要但非充分条件，比如故意杀人罪，一人刺杀，另一人负责抱住被害人。刺杀行为可谓完全实现了构成要件行为，但是并非犯罪实现的充分条件，非要另一个人对被害人的控制行为才可以实现。又比如一人转移被害人的注意力，另一人趁机投毒，缺乏转移注意力的行为，另一人的投毒行为就无法成功。这时候，就需要将共犯人之间的地位进行比较，看是否存在相互补充、相互配合的平等关系。这种相互补充、相互配合的平等关系首先要考虑的就是是否为犯罪实现所必需，而且，不考虑主体之间体格、技能上的差异，行为人之间具有可互换性。如果存在这样的关系，就应认定为正犯。对于部分完成构成要件的行为，判断步骤与此相似，部分完成构成要件的，必定要和另一个部分完成构成要件的行为结合成一个整体。① 然后需要讨论的就是这个整体和非构成要件行为之间的关系，判断流程和一人单独实现了构成要件的情形类似，不再重复说明。

二、无身份者能否成为真正身份犯的共同正犯②

在真正身份犯中，不具备身份的人到底是否能够构成正犯，存在较大争议。可以分为肯定说、否定说和折中说。

---

① 值得注意的是，部分实现构成要件的不可能一个非构成要件行为结合成一个整体，因为非构成要件行为永远不可能是构成要件行为，它和部分构成要件结合之后仍然只能是部分构成要件，而不足以成为一个完整的构成要件行为。

② 亲手犯和不作为犯是否有单列的必要，值得探讨，这里从通说，仅从真正身份犯的角度进行探讨。

1. 肯定说

肯定说在日本是通说，但论证的角度各有不同。西原春夫认为，既然共同正犯的成立并不以共同实行为必要，而是也包含着对犯罪实现起到重要作用的场合，将之作为共同正犯来处罚就是妥当的。平野龙一则认为，既然无身份者也可以利用有身份者来侵害真正身份犯的保护法益，那么无身份者也可以构成真正身份犯的共同正犯。[①] 我国也有学者支持肯定说，"只要基于共同的意思联络，基于共同实行某个具体犯罪的构成要件的实行行为的意思，即使实施了实行行为的一部分，就足以构成共同正犯，并不要求实施构成要件的全部行为。因为共同正犯与正犯不同，共同正犯的主体是二人以上，二个以上的行为人在完成犯罪上，完全可以做到互相配合，互相利用对方的行为或举动完成共同的犯罪，没有必要都将犯罪的实行行为实施完毕。特别在犯罪的实行行为系复合行为的犯罪中，数个行为人完全可以互相利用，分别实施不同的行为。例如，在抢劫罪中，一人实施暴力、胁迫或者其他的行为，另一人实施强行劫取他人财物的行为；在受贿罪中，国家工作人员实施利用其职务上的行为并为他人谋利益，由非国家工作人员收受他人的财物的情况。孤立地看，每个具体的行为人的行为都不符合犯罪的实行行为，都不可能构成犯罪。这样显然不合理。只要全面地看待各个行为人的共同行为，将其共同行为纳入一个整体来看待，整个犯罪构

① 参见江溯：《共犯与身份》，载《刑事法评论》（第 15 卷），中国政法大学出版社 2004 年版，第 226 页。法益侵害角度的观点对台湾地区的学者也有影响，如花满堂也认为，台湾地区特别不从违法义务着眼，而系采法益侵害的角度所致。参见花满堂：《论不能犯、违法性错误、共犯与身份之修正》，载《司法周刊》第 1288 期，第 15 页。

成的实行行为就是完整的。”[1] 我国台湾地区支持肯定说的也大有人在。例如，许玉秀从因果关系的支配对此进行说明，认为就身份犯构成要件需要身份关系作为界定依据而言，对因果流程的支配，可以理解为规范的支配，则决定归责的基础，可以认为是规范意义的因果关系，但是如果认为正犯的因果支配，必须是现实的支配，而不是可能的支配，则物理上操纵因果流程的人，能够具备正犯，尤其是作为犯罪基本的归责基础，那么借由与有身份的人共同实施犯罪，自然能够填补欠缺身份的漏洞，而满足身份犯的构成要件要求，成为身份犯的共同正犯。[2] 而比较有代表性的观点是，无身份之人遇有身份之人共同实施因身份而成立之犯罪者，例如普通人与公务员分受贿赂之类，按犯罪以一定身份为成立要件者，无此身份之人在理论上原不得成立该项犯罪行为，然事实上无身份之人与有身份之人共同实施因身份而成立之犯罪亦属常见，又不得不与其他正犯同其处罚，故刑法上对于无身份之共同正犯，殊有特设规定之

---

① 李邦友：《评“非国家工作人员不能构成受贿罪的共犯”》，载《法学评论》2002 年第 3 期，第 142 页。相似观点可参见赵廷光：《中国刑法原理》（各论卷），武汉大学出版社 1992 年版，第 515 页。另张明楷教授曾指出，在强奸罪中，妇女能够实施暴力、胁迫手段，而这正是强奸罪的实行行为的一部分，这就表明，妇女可以直接实施属于强奸犯罪构成客观要件的某种行为。进而言之，由于妇女可以成为强奸罪的实行犯，所以当妇女为男子实行强奸而实施暴力胁迫等行为时，妇女与该男子构成共同实行犯。参见张明楷：《浅论强奸罪的主体》，载《法学评论》1988 年第 5 期，第 58 页。所以很多人认为他支持肯定说，但是，张教授在之后的论述中强调，强奸罪是疑似身份犯，而不是真正的身份犯，因为妇女也可以成为强奸罪的正犯（共同正犯与间接正犯）。参见张明楷：《刑法学》，法律出版社 2007 年版，第 131 页。从上述论述似可以看出，张教授认为无身份的人不能构成真正身份犯的正犯。

② 许玉秀：《刑法第三十一条的拟制共同正犯欠缺理论基础?》，载《台湾本土法学杂志》第 135 页。

必要。[①]

2. 否定说

除了前述的 Roxin 以外，德国学者多认为在真正身份犯的情况下，不具备身份的人不可能构成正犯。“如果不具备资格的人（Extraneus）在负有特定义务之人（Intraneus）的促使下，实施了符合构成要件的行为，虽然在这种情况下存在对行为过程的支配，但因为缺乏必要的资格，不是正犯。然而，根据一般原则，负有特定义务之人在此不能因为教唆而承担责任；教唆的成立以他人是正犯为前提。为了弥补这一可罚性的漏洞，主流观点也赞同将负有特定义务之人视为间接正犯的权宜之计。”[②] 日本学者团藤重光则从实行行为定型性的角度指出，就真正身份犯而言，因为不具有身份者的行为缺少作为真正身份犯实行行为的类型，所以不能说是共同实行。[③]

我国也有学者持类似的主张，如陈兴良教授认为，具有特定身份的人与没有特定身份的人之所以不能构成法律要求犯罪主体具有特定身份的犯罪的共同实行犯，就在于没有特定身份的人不可能实施法律要求犯罪主体具有特定身份的犯罪的实行行为。因为身份是犯罪主体的构成要素之一，身份决定着犯罪主体的性质，身份尤其是法定身份总是和犯罪主体的权利与义务联系在一起的，法律在赋予其一定身份的同时，必然加诸一定的权利、义务，而且身份对犯罪行为的性质具有决定意义。[④] 有学者提出：“结合我国目前的犯

---

① 韩忠谟:《刑法原理》，中国政法大学出版社 2002 年版，第 224 页。

② [德] Stratenwerth, Strafrecht Allgmeiner Teil I – Die Straftat, 4. Aufl., Carl Hezmanns Verlag KG, Köln, Berlin, Bonn, München, 2000, s. 307.

③ 参见 [日] 青木清相:《刑法第 65 条和共同正犯》，载《日本大学法学研究所法学纪要》第 2 卷，第 9 ~ 28 页。转引自陈家林:《共同正犯研究》，武汉大学出版社 2004 年版，第 301 页。

④ 陈兴良:《共同犯罪论》，中国人民大学出版社 2006 年版，第 318 页。

罪构成理论，应当说否定说的主张是科学的……特定犯罪的实行行为应当与该特定犯罪的行为主体要求是一致的，不能从表面上看，非身份者好像可以实施作为纯正身份犯中的部分实行行为，实际上该实行行为只有特定的有身份者实施才属于该特定犯罪的实行行为，超出此范围就不再是特定犯罪意义上的实行行为。纯正身份犯的本质乃在于，行为人根据其身份而承担了一定的义务，身份的连带性不能超越纯正身份犯的本质。不能将自然意义上行为的共同等同于法律意义上的实行行为的共同。而对共同犯罪中实行行为的评价应当是规范意义、法律意义的，而不能是自然意义上的。”① 我国台湾地区学者持否定说的大有人在。如林山田认为，在纯正特别犯中，无行为主体资格者因欠缺创设刑法意义的条件，故无法与具有行为主体资格共同实施犯罪，而构成共同正犯。由于刑法对于纯正特别犯的非难基础，系在于行为人具有特定资格，故行为人若无该特定资格，即影响刑法对于行为人的评价，倘若刑法对于两种截然不同评价的无资格者与有资格者，作出同为正犯的评价，使两者同其刑罚，则显有不妥。② 甚至从罪刑法定原则出发，认为无犯罪当无刑罚，无身份者加功于有身份者，本质上如不能成立身份犯之共同正犯，倘立法者无合理之理由，而“拟制”其得成共同正犯，而科以正犯之刑，实已抵触宪法平等原则之要求，而有违宪之虞。③

---

① 阴建峰、周加海：《同犯罪适用中疑难问题研究》，吉林人民出版社2001年版，第48～49页。

② 林山田：《对“共犯”刑章之刑法修正的检讨》，载《月旦法学杂志》2006年第8期，第170页。相似有：因特别犯之行为主体资格系属犯罪成立的基本条件，亦为形成犯罪行为不法内涵的共同决定要件。故具有此一资格者，其不但被当做犯罪成立之基本条件，同时也是决定不法内涵的基础，倘不具此种特定主体资格者，根本尚无由成立此种犯罪的任何一种正犯形式。柯耀程：《刑法的思与辩》，中国人民大学出版社，第145页。

③ 靳宗立：《刑法之传承与变革》，五南图书出版公司2007年版，第267页。

3. 折中说

我国有不少学者持折中说，马克昌先生认为：“在实际上，某些真正身份犯，无身份者并非不能实施部分实行行为，在这种情况下，完全否认无身份与有身份者构成共同实行犯的可能性，似与法律规定和实际情况不合。因而我们主张，无身份者与有身份者能否构成真正身份犯的共同实行犯，应当根据具体情况区别对待。凡无身份者能够参与真正身份犯的部分实行行为的，可以与有身份者构成共同实行犯；凡无身份者根本不能参与真正身份犯的实行行为的，即不能与有身份者构成共同实行犯。”①

4. 评析及结论

肯定说的论证方向大致有四：一是从侵害法益的角度来判断。二是从构成要件行为的侧面来求证，如果从形式上理解，那么就是实现了部分构成要件的行为，如果从实质上把握，就是对构成要件的实现发挥了重要作用。三是从对因果关系的控制来论证。四是从法律拟制的视角来主张。但是，从法益侵害的角度根本说明不了问题，可以侵害法益并不代表可以构成正犯，拟制说是指本来不是正犯，而通过法定的方式拟制而成正犯，正好说明从本质上真正身份犯不能构成正犯。同样没有说明问题。而从因果关系来说明也只是为了证明立法拟制的合理性而已。所以，真正能够说明无身份人能

① 马克昌：《犯罪通论》，武汉大学出版社 1999 年版，第 582 ~ 583 页。赵秉志教授亦持相同观点，认为对无特定身份可否与有特定身份者构成共同实行犯的问题，一概否定或者肯定的主张都值得商榷，而应当区分特殊主体犯罪的实行行为的性质，予以不同的对待。某些要求特殊主体的犯罪的实行行为，从其性质上看，不可能有其他无特定身份者与有特定身份者实施，在此种犯罪构成的情况下，无特定身份者就不可能与有特定身份者构成共同实行犯。另一些要求特殊主体的犯罪的实行行为，从其性质上看可以由无特定身份者与有特定身份者共同实施，此种犯罪情况下，应当承认无特定身份者可与有特定身份者构成共同实行犯。参见赵秉志：《犯罪主体论》，中国人民大学出版社 1989 年版，第 297 页。

够构成正犯的，也就是构成要件的角度了，而从构成要件的角度来说明回避了一个核心的问题，就是身份在构成要件中的意义，而这是真正身份犯是否能构成正犯的核心所在。而折中说也是从构成要件的角度来说明是否可以构成正犯，所以在下文中再具体探讨。

否定说的理由大致可以分为三类：一是认为身份犯的非难基础在于其特定资格，没有身份的人就不存在非难的基础。所谓违反罪刑法定原则以及违宪也是这种观点的进一步延伸。二是从身份与义务相关联的角度来说明，但论述侧重点有所不同。三是从实行行为的定型性来论证。首先，第一种观点可以说道出了上述争议的症结所在，如果认为身份是正犯资格的基础，那么，不具备特定身份的人就不可能构成正犯。否则，不具备特定身份的人也可以实施部分实行行为，那么，不具备特定身份的人就可能构成正犯。而为什么身份是非难的基础，往往都需要从赋予行为人身份上的理由来寻求，自然会引入身份和义务之间关系的探讨，所以，第二种观点可以视为第一种观点的进一步延伸。第三种观点将身份作为实行行为的前提，无身份则无法成立实行行为。两相对照，就可以发现，否定说要么从身份和人的关系着手，要么从身份和行为的关系切入。而无论如何，这两种论证角度针对单独正犯是完全适用的，其软肋在于忽视了共同正犯的特殊性。

折中说的主要理由以行为人是否可以实行部分行为论据，其实和肯定说如出一辙。如果身份犯包括亲手犯和不作为犯等，则折中说是合理的，但在理由上需要进一步补充。首先，从共同正犯的性质来看，共同正犯即使是“正犯”，也并非是“本来的正犯形态”，而只能是“扩张的正犯形态”，只有在其共同正犯者之间的互动中才能把握共同正犯现象。如果说共同正犯是与单独正犯相同意义上的正犯，那么恐怕不能认为无身份者可以成立身份犯的共同正犯。但是，即使共同正犯是第一次的责任类型，但是在构成要件该当事实的共同惹起这个意义上，它乃是单独正犯的扩张形态，是共犯的一种。因此，与欠缺身份的人参与到有身份者的犯罪之中成立教唆犯和帮助犯一样，应当认为身份的存在并非共同正犯成立所必不可少的条件。换言之，如果单独不能成为正犯的人与有身份的人一起，共同惹起构成要件该当事实可能的话，那么无身份者就可以成立共同正犯。① 进一步而言，从单独正犯成立的条件来看，成立犯罪的每一个条件都有同等意义，都只是构成犯罪的一个要素而已，并没有单独突出身份的必要。如果共同正犯特别强调具有一定身份者才能构成正犯，那么是不是同样可以强调行为的重要性，实施了所有客观行为的才是正犯，若果真如此，共犯界限理论其实根本不需要存在，因为只有实施了所有构成要件的才可以构成正犯，形式客观说就已经足够。持否定说的学者将共同犯罪的整体构成要件与各共犯人的单独构成要件混淆，将单独正犯和共同正犯混为一谈，自然得不出正确的结论。其实，不论是身份犯还是非身份犯，都只要符合共同犯罪的整体构成要件就足够，至于到底是正犯还是共犯，只是在成立犯罪之后的划分方式而已。实现了所有构成要件行为的是正犯，实现了部分构成要件的也可能是正犯，操控了因果关系的是正犯，此种正犯的认定，已经脱离了整体构成要件的探讨，其实已经与身份无关。因为，身份是为了确立整体构成要件的成立，而不是确立修正的构成要件的成立。

所以，真正身份犯根本不需要以身份为依据，确立单独的标准，而应该与非真正身份犯同等看待。只不过有些真正身份犯从性质上就排除了不具备身份者成立正犯的可能，比如某些亲手犯，如背叛国家罪、脱逃罪，又如某些真正不作为犯，如遗弃罪、丢失枪支不报罪等。而即使这些特殊的犯罪，也可以适用上述正犯和共犯区分的标准。

---

① ［日］山口厚：《刑法总论》，有斐阁 2001 年版，第 336、284 页。转引自江溯：《共犯与身份》，载《刑事法评论》（第 15 卷），中国政法大学出版社 2004 年版，第 226 页。

第四章　作用分类法下共犯界限的基本理论

我国刑法根据作用分类法，分别规定了主犯、从犯、胁从犯，本章将结合立法的规定，分别对主犯、从犯和胁从犯的范围进行探讨。

第一节　主犯的范围

我国刑法第 26 条第 1 款规定："组织、领导犯罪集团进行犯罪活动的或者在共同犯罪中起主要作用的，是主犯。"根据这一规定，可以将主犯分为两类：一类是组织、领导犯罪集团进行犯罪活动的（可称为第一类主犯），另一类是在共同犯罪中起主要作用的（可称为第二类主犯）。但是，根据相同的立法，因主犯和首要分子的关系存在不同理解，产生了两分法和三分法的不同分类方式。[①] 其中两分法和刑法第 26 条规定的分类相同[②]，而三分法认为，主犯可以分为集团犯罪中的首要分子、聚众犯罪中的首要分子以及在共同犯罪中起主要作用的首要分子。[③] 所以，在具体讨论主

---

① 当然，还存在其他的分类，但那样的分类不是基于法律的规定，与两分法和三分法之间的争议属于不同层次的问题，故应分开探讨。

② 参见马克昌：《犯罪通论》，武汉大学出版社 1999 年版，第 565 页；张明楷：《刑法学》，法律出版社 2007 年版，第 356 页。

③ 参见何秉松：《刑法教科书》，中国法制出版社 1997 年版，第 389 页；陈兴良：《共同犯罪论》，中国人民大学出版社 2006 版，第 171 页。

犯的范围之前，需要明确主犯和首要分子之间的关系。

一、首要分子和主犯的关系

刑法第 97 条规定：“本法所称首要分子，是指在犯罪集团或者聚众犯罪中起组织、策划、指挥作用的犯罪分子。”由此，首要分子也可以分为两类：一类是在犯罪集团中起组织、策划、指挥作用的犯罪分子，一类是在聚众犯罪中起组织、策划、指挥作用的犯罪分子。以下将分别探讨这两类首要分子和主犯的关系。

（一）犯罪集团中首要分子与主犯的关系

犯罪集团中首要分子与主犯的关系，需要从立法的沿革来理解。我国 1979 年刑法第 23 条第 1 款对主犯的规定是：“组织、领导犯罪集团进行犯罪活动的或者在共同犯罪中起主要作用的，是主犯。”该条第 2 款关于主犯的处罚规定是：“主犯，除本法分则已有规定的以外，应当从重处罚。”其中并没有首要分子的规定。但犯罪集团是有组织的犯罪，有组织就必然有首要分子存在。认定首要分子，是确定犯罪集团的重要方式。犯罪集团的首要分子，是指在该集团中起组织、策划、指挥作用的犯罪分子。由于犯罪集团的首要分子主观恶性深、人身危险性大，其行为的社会危害性也很大，因而是共同犯罪的主犯，应从严惩处。① 正是因为这样的原因，1997 年刑法修订时，在对犯罪集团作出了规定的同时，增加了首要分子的规定。对首要分子的规定首先出现在单行刑事法律中，如《关于惩治走私罪的补充规定》第 4 条第 2 款规定：“二人以上共同走私的，按照个人走私货物、物品的价额及其在犯罪中的作用，分别处罚。对走私集团的首要分子，按照集团走私货物、物品的总价额处罚；对其他共同走私犯罪中的主犯，情节严重的，按照共同走私货物、物品的总价额处罚。”《关于惩治贪污罪贿赂罪

---

① 敬大力、王洪祥主编：《刑法修订要论》，法律出版社 1997 年版，第 66～67 页。

的补充规定》第 2 条第 2 款规定："2 人以上共同贪污的，按照个人所得数额及其在犯罪中的作用，分别处罚。对贪污集团的首要分子，按照集团贪污的总数额处罚；对其他共同贪污犯罪中的主犯，情节严重的，按照共同贪污的总数额处罚。"在刑法修订的过程中，将这些规定中不符合共同犯罪、不符合共犯原理的因素剔除，制定出统一的负担刑事责任范围的原则，这便是 1997 年刑法在共犯的处罚的规定中引入首要分子的由来，而既然引入了首要分子的概念，就需要对首要分子进行界定，从而便有了刑法第 97 条。

关于犯罪集团中的首要分子与刑法总则主犯的关系，刑法学界一般认为二者是等同的，即犯罪集团中的首要分子是主犯，犯罪集团中的主犯就是犯罪集团中的首要分子。[①] 但是也有持异议者，该学者的主要观点是，凡是只要直接适用刑法分则的有关条款就能正确、准确定罪量刑的共同犯罪人，就不应进行主犯、从犯等共同犯罪人的划分，以免造成适用法律的复杂化甚至错误，这时也就无需去确定首要分子与主犯是否存在从属关系。而我国共同犯罪分为必要的共同犯罪和任意的共同犯罪，对于必要的共同犯罪来说，则只要直接适用刑法分则有关条款的规定，就能正确、准确地定罪和量刑，因而，其共同犯罪人无需分为主犯、从犯等，它的首要分子与主犯也就不存在从属关系，因为这时"主犯"这个属概念不存在。这样，刑法总则中关于共同犯罪人种类的划分，实际上是仅仅针对任意共同犯罪的共同犯罪人的，对于必要共同犯罪的共同犯罪人来说，就不应适用刑法总则中关于共同犯罪人种类划分的规定。所以，必要的共同犯罪无共同犯罪人的分类，也即无主犯、从犯等之分。对于集团犯罪，应分为两种情况，其中，对极少数刑法分则明文规定为集团犯罪的，其首要分子也不存在是否为主犯的问题；而

---

① 参见马克昌：《犯罪通论》，武汉大学出版社 1999 年版，第 566 页。高铭暄、赵秉志：《新中国刑法学研究的历程》，中国方正出版社 1999 年版，第 27 页；张明楷：《刑法学》，法律出版社 2007 年版，第 356 页。

对于其他的集团犯罪，其首要分子一定是主犯。[①]

认为第一类主犯和第一类首要分子不是等同关系的说法不具备说服力。从总则和分则的关系来看，总则规定犯罪与刑罚的一般原则、原理，分则规定具体的犯罪及其法定刑。所以，总的来说，总则规定与分则规定大体上是一般与特殊、抽象与具体的关系。同时，因为总则是共通规定，所以，它一方面指导分则，另一方面也补充分则。由于分则是具体或特别规定，所以，它完全可能在总则要求之外另设特别或例外规定。[②] 对于共犯也是如此，如果分则存在特殊的规定，那么就依照分则的特别规定来处理，而不必援用总则的规定。对于聚众犯罪，刑法已经明文规定了首要分子的刑罚，在处罚上不需要援引总则关于主犯处罚的规定。但是，不管是必要的共同犯罪，还是任意的共同犯罪，都以刑法总则的规定为指导。所以，虽然刑法分则对于聚众犯罪存在规定，但是规定得并不完整，在分则没有规定的时候，就需要援用总则的规定来处理。如果认为分则中规定的必要的共同犯罪和总则的共犯规定无关，总则中共同犯罪对分则的指导意义就会在一定程度上丧失，甚至会遇到理论上难以解释的现象，比如在必要共同犯罪内部，虽然不能适用总则关于共犯的规定，处罚其他分则没有规定的参与行为；但在必要共犯外部，对必要共犯人进行教唆的行为人，理论上一般认为仍然可以构成教唆犯。[③] 如果认为必要共同犯罪中的首要分子和总则中的共犯没有关系，那么，就有可能出现只有教唆犯以及与主犯没有任何关系的首要分子并存的现象，而如果此时教唆犯被认定为从犯

---

① 石经海：《首要分子与主犯关系新论》，载《现代法学》2000 年第 6 期，第 123 ~ 124 页。

② 张明楷：《刑法分则的解释原理》，中国人民大学出版社 2004 年版，第 38 ~ 39 页。

③ 这是大陆法系国家通说，必要共犯和任意共犯之间关系并非本文探讨的重点，具体理由不再展开。

的话，甚至会存在无主犯的从犯，这样的结论让人难以接受。而且，当必要共同犯罪的首要分子是两人以上的时候，首要分子之间实际上是共同正犯的关系，若不根据共同正犯中的部分行为全部责任的法理，每个人都只是对自己的行为负责，而直接按照刑法分则的规定来处理的话，实际上是对犯罪人的放纵。所以，即使必要共同犯罪中对首要分子的处罚有单独的规定，即使在绝大多数情况下必要共犯直接按照刑法分则的规定来处理就足够了，但也不能就此认为它和总则中的主犯没有任何关系，对首要分子性质的认定和对首要分子的量刑不能混为一谈。

所以，通说的观点值得赞成，但因为组织、领导犯罪集团进行犯罪活动的主犯和在犯罪集团中起组织、策划、指挥作用的犯罪分子在表述上还是存在差异，这个问题需要进一步说明。刑法第 26 条第 3 款对第一类主犯的处罚是这样规定的："对组织、领导犯罪集团的首要分子，按照集团所犯的全部罪行处罚。"这就表明第一类主犯就是首要分子，而且是组织、领导犯罪集团的首要分子，同时不可能是聚众犯罪中的首要分子。如果不将"领导"和"策划、指挥"做等同理解，则要么是"领导"的范围大于"策划、指挥"，要么是"策划、指挥"的范围大于"领导"。如果是前者，那么犯罪集团的主犯的范围就会不限于首要分子，这直接和立法的规定相冲突。而如果是后者，其结论就是犯罪集团中的首要分子还不一定是第一类主犯，还有可能是第二类主犯，而同是"策划、指挥"，毫无根据地一分为二，一部分当做第一类主犯处理，一部分当做第二类主犯对待，显然不合理。更棘手的问题是，如果照此理解，根本找不到合适的区分标准。所以，"领导"等同于"策划、指挥"，同时，组织、领导犯罪集团的主犯和在犯罪集团起组织、策划、指挥作用的首要分子是等同关系。

姑且不论针对同等含义使用不同立法用语的立法技术问题，这样规定的意义在哪里，是值得探讨的。根据立法的规定，我们可以知道，组织、领导犯罪集团的，是主犯，而主犯，必须按照集团所犯的全部罪行处罚。根本不需要首要分子的概念就可以认定主犯，并确定刑罚。将第一类主犯归结为首要分子中的一类，然后再对这一类首要分子进行规定，明显是将具有相同内涵和外延的一个概念给予两个不同的名称，是典型的多余立法。如果首要分子是纯粹分则的概念，就不应该在总则关于主犯的处罚中出现首要分子的字眼。如果首要分子是总则和分则通用的概念，就要注意与其他概念之间的区分。不论从哪个角度来看，现行刑法的规定都难以自圆其说。将集团犯罪中的主犯称为首要分子完全没有必要，当首要分子所犯罪行是任意的共同犯罪时，按照主犯的规定来处理，当首要分子所犯罪行是必要的共同犯罪时，按照刑法分则的规定来认定。

（二）聚众犯罪中首要分子与主犯的关系

聚众犯罪中首要分子与主犯的关系，刑法学界的观点较多，主要存在以下几种观点①：

1. 独立主犯说。认为主犯有三种，包括犯罪集团的首要分子、聚众犯罪的首要分子和其他在共同犯罪中起主要作用的犯罪分子。②

2. 主犯说。认为聚众犯罪的首要分子均为主犯。理由是“聚

① 曾经有人认为，首要分子是第一类主犯，即认为：“主犯是指首要分子与主要实行犯……首要分子有两种：一种是犯罪集团中的组织者、策划者、指挥者……一种是在聚众犯罪中起组织、策划和指挥作用的犯罪分子。”参见梁世伟主编：《刑法学教程》，南京大学出版社1987年版，第206页。这是旧刑法时代的一种有代表性的观点，但是在新刑法时代对首要分子作出明确的规定之后，这种学说丧失了讨论价值，所以不再作为一种独立的观点加以探讨。同时，也有认为聚众犯罪中的首要分子与主犯无关。参见石经海：《首要分子与主犯关系新论》，载《现代法学》2000年第6期，第124页，这种观点在犯罪集团中的首要分子和第一类主犯的关系中已经作了具体的说明，就不再重复论证。

② 陈兴良：《共同犯罪论》，中国人民大学出版社2006版，第172页；何秉松：《刑法教科书》，中国法制出版社1997年版，第389页。

众犯罪”中的首要分子，是聚众犯罪的聚首，是犯罪的组织者、策划者和指挥者。其犯罪活动的性质表明他们在共同犯罪中起主要作用。因此属于主犯的范围，“按照刑法第26条第4款处罚”。[①]

3. 原则上第二类主犯说。其中又分为两种观点：一种观点认为，应该区分全部可罚的聚众犯罪（即参与违法活动的人均构成犯罪）、部分可罚的聚众犯罪（参与违法活动的人中只有首要分子和积极参加者构成犯罪，而一般参加者不构成犯罪）和个别可罚的聚众犯罪（只有聚众进行违法活动的首要分子才构成犯罪）。在全部可罚的聚众犯罪中和部分可罚的聚众犯罪中，首要分子是主犯，而在个别可罚的聚众犯罪中，如果首要分子只有一人，根本不是共同犯罪，也就不存在主犯问题。当首要分子有两人以上，则根据他们在共同犯罪中的作用区别主从犯。[②] 也就是说，首要分子可能是主犯，可能是单独犯罪人，甚至可能是从犯。另一种观点也认为在全部可罚和部分可罚的聚众犯罪中，首要分子是主犯，在个别可罚的聚众犯罪中，如果首要分子只有一人，则不是共同犯罪，不构成主犯，但是首要分子有两人以上时，不需要区分主从犯。即首要分子不可能是从犯。[③]

首先，独立主犯说存在问题，正如马克昌先生所主张，将聚众犯罪中的首要分子列为一种独立的主犯，是没有法律依据的。因为刑法第26条只规定了两种主犯，并未列举在聚众犯罪中起组织、策划、指挥作用的犯罪分子。并且聚众犯罪是必要的共同犯罪，而刑法第26条规定的是任意的共同犯罪。把必要的共同犯罪中的首

---

① 樊风林、周其华、陈兴良：《中国新刑法理论研究》，人民法院出版社1997年版，第204~205页。

② 刘艳红主编：《刑法学总论》，北京大学出版社2004年版，第216页。

③ 董邦俊：《刑法中的主犯研究》，载《现代法学》2003年第5期，第49页。

要分子与任意的共同犯罪中的主犯并列，这就将不同的共同犯罪种类混为一谈。① 其次，如原则上第二类主犯说的学者所主张，第二类主犯说无法说明一些特殊的聚众犯罪，如聚众扰乱公共场所秩序、交通秩序罪，只是处罚首要分子，在首要分子只有一人的时候，根本无法构成共同犯罪，更不存在主犯的问题。

原则上主犯说的观点值得支持，而其中认为首要分子也可以是从犯的观点存在问题。在个别可罚的聚众犯罪中，如果首要分子是两人以上，两个人的地位可能存在差别，这时候就需要根据首要分子的规定，以及总则中关于共同犯罪的规定来进行判断。如果首要分子可以是从犯，就是说在聚众犯罪中起到组织、策划和指挥作用的人，也可以是只在共同犯罪中起到次要或者辅助的作用，这让人难以理解。这些聚众犯罪只是因为社会危害性存在差异，而在处罚范围上有区别，而这并不会影响到首要分子的定性。部分学者也许是因为个别可罚的聚众犯罪只是处罚首要分子，所以其首要分子的社会危害比部分可罚或者全部可罚的聚众犯罪中的首要分子轻，就有成立从犯的可能。如果这种推论成立，就很有可能把很多轻罪的主犯当做从犯来处理。首要分子是就具体的犯罪来认定，而不是与其他的犯罪相比较而认定。聚众犯罪中的首要分子，就一定是在犯罪中起组织、策划、指挥作用的犯罪分子，而既然起了这些作用，就说明其在共同犯罪中也起了主要作用。虽然每个首要分子作用的大小仍可以进行比较，但是这只是主要作用程度大小的不同，不能因此而改变主要作用的认定。② 而且，从另一方面来说，从犯的作用也可能存在区别，如果认为个别可罚的聚众犯罪中，首要分子可以是从犯，那么为什么不能认定在部分可罚或者是全部可罚的聚众犯罪中的首要分子也可以是从犯？可见，认为首要分子可以是从犯

① 马克昌主编：《犯罪通论》，武汉大学出版社1999年版，第567页。

② 阴建峰、周加海主编：《共同犯罪适用中疑难问题研究》，吉林人民出版社2001年版，第280页。

的观点是经不起推敲的。大致上可以认为，构成共同犯罪的聚众犯罪中的首要分子是分则的概念，而主犯是总则的概念，两者有各自独立适用的范围，如果要在两者之间进行比较，可以认为此类首要分子是第二类主犯。

二、主犯范围的认定

（一）组织、领导犯罪集团进行犯罪活动的分子

结合刑法关于首要分子的规定，此类主犯即犯罪集团的首要分子。[①] 这种主犯只有在犯罪集团这种特殊形式的共同犯罪中才存在。这种主犯建立、领导犯罪集团，指挥犯罪集团进行犯罪活动，是犯罪集团的核心。没有这种主犯，就没有犯罪集团的成立，也就不会发生这种特殊形式的共同犯罪；犯罪集团的成员都听命于这种主犯的领导，在其指挥下进行有组织的犯罪活动。[②]

此种主犯的行为方式，有学者认为有三种，即“组织”、“策划”和“指挥”。“组织”主要指为首纠集他人组成犯罪集团，使集团成员固定或者基本固定。根据刑法第 97 条，“领导”即“策划”、指挥。“策划”主要是为犯罪集团的犯罪活动出谋划策，主持制定犯罪活动计划。“指挥”主要是指根据犯罪集团的计划，直接指使、安排集团成员的犯罪活动。犯罪集团的组织者通常也策划、指挥集团的犯罪活动，但有的也存在分工情况。只要从事上述活动之一的，便是首要分子，故犯罪集团中的首要分子既可以是一人，也可以不止一人。[③] 更多的学者认为“领导”和“策划”、

---

① 这就是通常所说的组织犯。但如果承认组织犯的概念，将使主犯、首要分子以及组织犯之间的关系更为复杂，且对主犯的认定并无实益，所以本书主张从立法规定出发来直接界定两类主犯的范围，而没有必要从组织犯的角度来说明。

② 马克昌：《犯罪通论》，武汉大学出版社 1999 年版，第 565 页。

③ 张明楷：《刑法学》，法律出版社 2007 年版，第 356 页。

"指挥"是并列关系。组织行为，即组建犯罪集团或者组合一般共同犯罪成员，是指将原来没有固定联系的分散的个人组合起来，根据一定的共同犯罪的目的和任务，采取一定的方式，建立起一个内部有一定分工和协作关系的犯罪集团或者一般共同犯罪群体。简单地说，就是为了二人或者多人共同犯罪，建立组织、发展组员、组合共同犯罪人的行为。领导行为是指率领并引导犯罪集团或者一般共同犯罪的成员实施犯罪的行为。实际上是为了共同犯罪所进行的一种领导和管理行为。其行为具体表现为：安排犯罪的预备、实施或者潜逃活动，分配犯罪任务，制定内部纪律，协调共同犯罪人之间关系，奖惩共同犯罪成员等。而策划行为是指对成立犯罪集团进行谋划，为犯罪集团或者一般共同犯罪制定犯罪计划，拟定具体方案，确定犯罪对象，选择犯罪方法等活动。从时间上看，主要是犯罪之前的出谋划策，也包括犯罪之后策划逃避惩罚的行为。"指挥"是指对犯罪集团或者一般共同犯罪成员发号施令，在实施犯罪活动的整个过程中进行部署、调度、示意或者指点，从而使共同犯罪活动在其控制之下得以进行的行为，如人员安排、路线的选择、时间的确定等。①

首先，将领导行为和策划行为、指挥行为并列并不合适，上述观点在说明领导行为、策划行为和指挥行为的时候，存在交叉的现象，如领导行为包括"安排犯罪的预备"，而策划则包括"制定犯罪计划，拟定具体方案，确定犯罪对象，选择犯罪方法等"，这些难道就不是安排犯罪的预备？而同时，领导行为中的"分配犯罪任务，制定内部纪律，协调共同犯罪人之间关系"与指挥行为中的"在实施犯罪活动的整个过程中进行部署、调度"很难区分，特别是举例说明的"人员安排"，难道就不是"分配犯罪任务"，而"路线的选择"就不属于"安排犯罪预备"？所以，领导行为和

---

① 吴光侠：《主犯论》，中国人民公安大学出版社 2007 年版，第 203 页。

策划、指挥行为根本无法截然分开。特别是从刑法的规定中就能够得出这两种行为是等同关系的情况下，就更没有区分的必要了。

其次，上述观点对领导行为的定位存在分歧，对组织行为、策划行为和指挥行为的理解则大同小异，而这并不代表该问题没有进一步研究的必要。对于组织、领导行为，可以分为必要的共同犯罪和任意的共同犯罪来讨论，对于必要的共同犯罪，可以举刑法第294 条规定的组织、领导、参加黑社会性质组织罪为例。对这种组织、领导行为已经被规定成了实行行为，就没有必要按照刑法总则关于共犯的规定来处理。但是，根据 2000 年 12 月 4 日最高人民法院《关于审理黑社会性质组织犯罪的案件具体应用法律若干问题的解释》第 3 条的规定："组织、领导、参加黑社会性质的组织又有其他犯罪行为的，根据刑法第二百九十四条第三款的规定，依照数罪并罚的规定处罚；对于黑社会性质组织的组织者、领导者，应当按照其所组织、领导的黑社会性质组织所犯的全部罪行处罚"。也就是说，实施了组织、领导黑社会性质组织本身的就构成犯罪，并按照组织、领导、参与黑社会性质组织罪论处，而进一步实施其他犯罪的则是数罪并罚。对于黑社会性质组织实施的其他犯罪，其组织者、领导者按照黑社会性质组织所实施的全部罪行处罚，实际上就是构成了第一类主犯。所以，这里的组织、领导行为有两层含义，一是组织、领导黑社会性质的组织本身，二是组织、领导黑社会性质组织实施其他犯罪。后一类行为才是刑法中所规定的第一类主犯的组织、领导行为。[①] 对于任意的共同犯罪，譬如盗窃罪，如果三人以上组成盗窃集团，即使符合犯罪集团的所有条件，单单的组织、领导盗窃集团本身的行为，即未进一步组织、领导该集团进行犯罪的，恐怕还不能构成刑法第 26 条所规定的主犯。如果

---

① 组织、领导黑社会性质组织的犯罪，并不完全是必要的共同犯罪，只是组织、领导、参加黑社会性质的组织罪是必要的共同犯罪而已。如果黑社会性质组织实施其他犯罪时，应该属于任意的共同犯罪。

结合最高人民法院《关于审理盗窃案件具体应用法律若干问题的解释》（1997年11月4日）第7条的规定，就更加明显。该解释规定，对盗窃集团的首要分子，“应当按照集团盗窃的总数额处罚”。

从以上分析可以得出，第一类主犯中的组织、领导行为，不是指组织、领导犯罪集团本身的行为，而是指组织、领导犯罪集团进行犯罪的行为。这一点，从刑法的规定也可以看出。刑法规定的是“组织、领导犯罪集团进行犯罪活动”，而不是组织、领导犯罪集团。如果拆开来看，就可以分为两种行为，一种是组织犯罪集团进行犯罪活动，一种是领导犯罪集团进行犯罪活动。所以，将组织行为仅仅解释为“为首纠集他人组成犯罪集团，使集团成员固定或者基本固定”是不合适的，因为主犯规定的重点不是组织犯罪集团本身，而是组织犯罪集团进行犯罪活动，所以组织行为至少不应该仅仅理解为对人的组织，而应该是组织人进行犯罪活动，即对犯罪人以及犯罪活动进行安排和部署。与此同时，领导行为，虽然根据立法的规定可以等同于策划行为和指挥行为，但既然策划、指挥行为可以合并为领导行为，第一类主犯中的领导行为就主要是指率领和引导犯罪活动的实施。进而言之，不论是刑法规定的组织行为，还是领导行为，都是指对犯罪集团整体犯罪的一种控制行为。而不能简单地把这种行为割裂开来，将一般意义上的预备行为、甚至设计犯罪后的逃跑路线的行为都包括进来，让刑法的规定根本起不到认定主犯的作用。所以，第一类主犯认定的要点有二，一是既要与犯罪集团相关，更要与犯罪行为相关；二是要强调对集团犯罪行为的控制作用，也就是整个犯罪集团犯罪行为的发动、进行和结束的整体进程都在其控制之下。而不能仅仅从形式上、字面上理解该规定。

（二）在共同犯罪中起主要作用的犯罪分子

在共同犯罪中起主要作用的犯罪分子，是指在犯罪集团中的首要分子以外的，对共同犯罪的实施起决定的或者重要作用的犯罪分子。如果结合对这类犯罪分子的刑罚规定，一般可以认为，这一类主犯又可以分为两类：一是在犯罪集团中虽不是首要分子，但是仍对犯罪起到主要作用的犯罪分子；二是在一般共同犯罪中起到主要作用的犯罪分子。对于犯罪集团中首要分子以外的主犯，有可能组织、指挥了犯罪集团中的部分犯罪，有可能积极参与了犯罪的实施。而对于在一般共同犯罪中起到主要作用的犯罪分子，有可能是在实施了共同犯罪中的实行行为，有可能是在犯罪中起到组织、指挥作用的，有可能是实施了教唆行为。

第一类主犯明确规定了何种行为构成主犯，而第二类主犯只是简单地说明起主要作用的是主犯，那么何谓主要作用，就是区分主犯和非主犯的关键。

1．认定第二类主犯的不同观点

（1）借助分工分类法进行认定

有学者根据分工分类法，区分了简单共同犯罪和复杂共同犯罪，而分别对可能构成主犯的情形进行了分析[①]。对于简单的共同犯罪，该论者认为应该采取以下方法认定主犯：①地位与角色分析法，即主犯是在共同犯罪中起到支配和主导地位，扮演主角角色的人。②主观与客观相结合分析法，即主犯是在共同犯罪中的主观故意形成和客观行为实施过程中起主要作用的人。③全过程分析法，即从共同犯罪人的实际参与程度来看，主犯是在犯罪的犯意产生、共同故意形成、犯罪准备、共同犯罪行为的实施、共同犯罪完成的罪前、罪中甚至罪后整个过程中起到主要作用的人。④原因力大小分析法，即主犯是共同犯罪中罪行较大、造成共同犯罪社会危害的主要原因的人。⑤犯罪利益分析法，即主犯一般是犯罪所得利益的主要拥有者，是占有违法犯罪所得的赃款、赃物的较大比例者。⑥比较和排除分析法，即主犯一般是与从犯相比较而言的，是排除

① 该论者的分析是针对所有的主犯，但除了组织犯以外，其他都是针对第二类主犯，所以是可以区分第二类主犯的代表性观点。

从犯（含胁从犯）以后的共同犯罪人[1]。而对于复杂共犯中的主犯，除了组织领导犯罪集团的以外，其他组织犯也都是主犯。教唆犯一般是主犯，而前述的简单共犯中的主犯分析法，尤其是地位和角色分析法、原因力大小分析法，也可以作为判断教唆犯作用的参考方法，重点应当从教唆行为方式的危害程度、对被教唆人的犯罪的心理原因力大小和教唆犯的主观恶性等方面，结合具体案情进行综合判断。而帮助犯则不可能是主犯。[2]

该论者将司法实践中的经验进行了细致的总结，具有一定的参考价值，但仍存在不少问题。首先，对于简单共同犯罪（也就是共同正犯）中主犯的认定，先要论证共同正犯的存在，帮助犯不可能是主犯的确立，也是要先界定何种情况下是帮助犯。而正犯与共犯的区分本身就是让人殚精竭虑的理论难题，将主犯的认定寄托在正犯与共犯已经进行严格区分的基础上几乎是不可能的，而且，正犯与共犯的区分对主犯的认定只是具有有限的参考作用，这样繁复的理论认定模式，不知道能够在多大程度上实现其效果。其次，对于简单共同正犯的认定，采取的六种方法中有部分方法存在重叠。例如，该论者在地位与角色分析法中提到了最先提出犯意，而在主观和客观分析法中同样提到，共同犯罪人的犯意产生对主犯的认定具有意义。又如，在主客观分析法中提到客观方面可以从对犯罪结果的原因力大小来把握客观行为，这就将原因力大小分析法几乎完全涵盖。有的方法并不是确立主犯的标准，而是判断主犯的前提，如全过程分析法就是如此，主犯的认定本身就是从犯罪开始到结束整个过程来判断。而有的方法自相矛盾，如犯罪利益分析法认为，通过犯罪获得较大利益者一般是主犯，并认为最高人民法院

---

① 吴光侠：《主犯论》，中国人民公安大学出版社 2007 年版，第 193 ~ 200 页。

② 吴光侠：《主犯论》，中国人民公安大学出版社 2007 年版，第 201 ~ 212 页。

2000年4月4日印发的《全国法院审理毒品犯罪案件工作座谈会纪要》也注意到这一方法，以为共同犯罪中起意贩毒、为主出资、毒品所有者以及其他起主要作用的是主犯。[①] 但这一会议纪要恰好是从实行犯罪的角度来说的，而并没有从犯罪获得利益的角度来说明。有的方法说明作用有限，如比较和排除方法认为，可以通过排除从犯（含胁从犯）以后的犯罪人来确立主犯。但是，如共同正犯是两人，如果能够认定其中一人起到的是次要作用的话，肯定可以从正面来确立另一人是主犯，因为主要作用和次要作用是对立的关系。如果共同正犯是三人，确立了其中一人是从犯，也不能确立其他两人就一定是主犯。而如果能够确立两人都是从犯，那就肯定可以从正面来确立主犯。所以主犯和从犯是一体两面的关系，所谓确立从犯容易，而确立主犯困难的情况是不存在的。要么都难以确定，要么都容易确定，不存在一难一易的问题，从反面来确立与同正面来确定没有差别。而且，从正面先确立主犯，然后再确立从犯，才是正确的逻辑顺序，因为主犯才是共同犯罪中的核心角色，而且，有可能根本没有从犯。

（2）根据主客观综合判定

根据主客观综合判断的观点，有将不同的要素分开进行判断的，有将主观和客观合并判断的。将不同要素分开判断的认为，以下几种情况可以是主犯：犯意的发起者、犯罪的纠集者、犯罪的指

① 吴光侠：《主犯论》，中国人民公安大学出版社2007年版，第199页。

挥者、犯罪的主要责任者、犯罪的重要实行者。[①] 这样的认定相对较为合理，对于发起犯意且参加实行的，往往是共同犯罪中的主犯；犯罪的纠集者和指挥者可以视为组织、指挥犯罪的人，同样也可以认为是主犯；在共同犯罪中具有一定职务的人，其职务的大小往往与刑事责任的大小有关，也可以认定为主犯；而犯罪的重要实行者是共同犯罪的积极参加者，或只是犯罪结果的主要致使者，通常也是主犯。但这种判断方式的不足之处在于，首先是将犯罪的主要责任者作为认定主犯的标准存在一定问题，因为到底是主要责任还是次要责任是认定为主犯或者从犯之后的问题，不能反过来通过是否是主要责任者来认证是否是主犯。其次，对于仅仅是发起犯意的，是犯罪的实行者但不是重要实行者的时候，是否可以成立主犯，则按照该说判断，难以得出结论。

也有学者主张将主客观判断同时进行，犯罪分子是否起主要作用，应从主客观方面进行综合判断：一方面考察犯罪分子对共同犯罪故意的形成起何种作用；另一方面要分析犯罪分子实施了哪些具体的犯罪行为，对结果的发生起了什么作用。[②] 这样的判断方法较为全面，但同样存在不明确的问题。当主客观不一致的时候，到底是根据主观面还是根据客观面来判断是一个问题，而且，这种判断模式只是把主要作用分解到主观方面和客观方面中，并没有进一步说明主要作用的含义，特别是在主观上将作用限制在对犯意形成的

---

① 陈兴良：《共同犯罪论》，中国人民大学出版社 2006 版，第 182 ~ 189 页。类似的观点有：根据上述主犯的种类，可以看出，集团犯罪中的骨干成员，虽在犯罪集团中不起组织、领导、策划、指挥作用，但是在集团犯罪中也起了相当大的作用，如积极参与犯罪，直接造成危害结果等；而其他一般共同犯罪中的主犯，一般是犯意的发起者、犯罪的纠集者、指挥者、主要实行者或主要危害结果的主要责任人。这些主犯，最根本的特征是在共同犯罪中起了主要作用，这也是认定主犯的唯一标准。参见阴建峰、周加海主编：《共同犯罪适用中疑难问题研究》，吉林人民出版社 2001 年版，第 281 页。

② 张明楷：《刑法学》，法律出版社 2007 年版，第 356 页。

作用上，有失片面。

另有学者认为，在认定主犯时，应综合考虑有关情况，如看实行犯罪前，是否主动邀约他人，是否积极出谋划策；在实行犯罪过程中，是否实施了主要行为；在实施犯罪后，是否控制、支配赃物等等。[①] 这也是一种整体判断的方法，与上一种学说类似。但如果各个标准得出的结论不一致时，综合判断就成为问题。同时，在实行犯罪中是否实施了主要行为中的“主要”没有加以说明。再次，实施犯罪后的控制、支配赃物是犯罪之后的行为，难以作为判断主犯的标准。

2. 第二类主犯的认定标准

从以上分析可以看出，上述观点将可能构成共犯的种种情况作了较为细致的总结，为主犯的研究拓展了思路，为司法实践确立了标准。但未能为主犯的认定找到统一的标准，未能更深入地说明主要作用的含义。

首先，主犯是对共同犯罪人的分类，所以，主要作用应该在犯罪的过程中来确立，事后的控制、分派赃物或者获取利益，都是犯罪实施完毕之后的行为，与犯罪过程无关，在此之前主犯就已经客观存在了，这种事后行为所起的作用顶多是反面验证主犯的判断是否合理[②]，不能作为判断第二类主犯的标准。其次，主要作用的判断应该是从主客观方面来判断，但不能简单地将两者结合起来综合判断。因为总会存在主客观不一致的情况，而这种时候将两者结合完全无法判断到底是不是主犯。而在犯罪过程中对犯罪的发展起到主要作用，其连接点无非是构成要件行为和对因果流程的控制。而我国共犯人的分类其实考虑更多的是对因果流程的控制，而不是构成要件行为。所以，主要作用的判断依据是对因果流程的控制，对

---

① 刘艳红主编：《刑法学总论》，北京大学出版社 2004 年版，第 216 页。

② 在很多时候还验证不了，因为有的犯罪可能是为了别人的利益。

因果流程具有控制力的，就是主犯。但同时在有些情况下，行为人根本没有办法凭一人之力控制因果流程，这时候，需要从以相同方式控制因果流程的数人的关系进行判断，如果是数人平等且具有自主性，则均可以视为对因果流程有控制，如果是从属的关系，则应当认为处于优势地位的人对因果流程具有控制。

因此，在犯罪集团中非首要分子，可能通过参与实施具体犯罪的构成要件行为从客观上对因果流程进行控制，也可能通过组织、指挥犯罪行为从意志上控制因果流程。其他起主要作用的犯罪分子，也同样可以通过客观行为，或者主观上的意志对因果流程进行控制。值得一提的是教唆犯，结合我国的立法实际和司法实践，应该认为，教唆犯通过对自主惹起他人的犯意而对整个犯罪过程具备控制力，所以原则上教唆犯是主犯；如果对于惹起犯意不具备控制力，则有可能构成从犯；如果非自主地惹起犯意，可能构成胁从犯。具体区分，将在下文探讨。

第二节　从犯的范围

一、确定从犯范围的不同学说

刑法第27条第1款规定："在共同犯罪中起次要作用或者辅助作用的，是从犯。"从立法的规定来看，可以分为在共同犯罪中起次要作用的犯罪分子和在共同犯罪中起主要作用的犯罪分子。通说认为，所谓共同犯罪中起次要作用，指虽然参与实行了某一犯罪构成客观要件的行为，但在共同犯罪活动中所起的作用比主犯小，主要表现为：在犯罪集团的首要分子领导下从事犯罪活动，罪恶不够重大或情节不够严重，或者在一般共同犯罪中虽然直接参加实行犯罪，所起的作用不大，行为没有造成严重危害后果等。而辅助作用也是次要作用，之所以特别提出辅助作用，是因为按照分工，在共同犯罪的分类中存在着帮助犯，如果说上述"次要作用"是指次要的实行犯，那么“辅助作用”即是指帮助犯。所以条文特别用“辅助作用”概括这种情况，以便全面理解“次要作用”的内涵。所谓辅助作用，指为共同犯罪人实行犯罪创造方便条件，帮助实行犯罪，而不直接参加实行犯罪构成客观要件的行为。[①] 除通说以外，比较有代表性的是陈兴良教授的观点，他认为对于起次要作用的从犯，需要从以下几个方面考虑：一是在共同犯罪中的地位。从犯在共同犯罪活动中处于从属的地位，尤其是在集团犯罪与聚众犯罪中，从犯听命于首要分子，一般不参与犯罪活动的策划，而是接受任务，从事某一方面的犯罪活动。二是实际参加犯罪的程度。从犯在共同犯罪中只是参与实施了一部分犯罪活动，因此在共同犯罪中不起主要作用。三是具体罪行的大小。具体罪行的大小可以从主观和客观两个方面加以分析：从主观上来说，对共同犯罪故意的形成起主要作用的，罪行较大，是主犯；从客观上来说，参与实施的犯罪行为对于共同犯罪的完成具有关键性作用的，罪行较大，是主犯，否则就是罪行较小，是从犯。四是对于犯罪结果所起的作用。虽然各共同犯罪人的行为与这种犯罪结果的发生都存在因果关系，但原因力的大小却是不同的，那些对犯罪结果所起的作用较小的人，是共同犯罪中的从犯；而对于起辅助作用的从犯的认定，则要把起辅助作用的帮助犯与实行犯加以区别，要把起辅助作用的帮助犯与教唆犯加以区别，要把起辅助作用的帮助犯与传授犯罪方法罪加以区别。[②]

很明显，上述观点并没有在从犯中给予教唆犯以位置，但从刑

---

① 高铭暄、马克昌主编：《刑法学》，北京大学出版社、高等教育出版社 2007 年版，第 190～191 页。

② 陈兴良：《共同犯罪论》，中国人民大学出版社 2006 年版，第 198～204 页。类似观点可参见阴建峰、周加海主编：《共同犯罪适用中疑难问题研究》，吉林人民出版社 2001 年版，第 284～286 页；张明楷：《刑法学》，法律出版社 2007 年版，第 359 页。

法的规定来看，教唆他人犯罪的，应当按照他在共同犯罪中所起的作用处罚，如果起次要作用，那么就应该归于从犯。正是因为教唆犯所可能具有的双重身份，以上学者针对次要的教唆犯进行了单独的论述。论述方式大概分为两种：一种是采取列举的方式，认为在少数情况下，教唆犯也可能在共同犯罪中起的作用是次要的，如教唆他人帮助别人犯罪，在教唆人的威胁下接受教唆，然后再去教唆他人犯罪等。① 另一种是结合教唆行为的特征来说明，认为要从教唆的犯罪事实、犯罪性质、犯罪情节以及危害程度进行考察。②

对于次要作用的理解，学术界的观点大同小异，对于教唆犯可以起到次要作用，也基本不存在争议。存在疑问的有两个问题：一是对次要教唆犯的定位。有观点认为，在共同犯罪中起次要作用的犯罪分子包括起次要作用的实行犯和教唆犯。③ 也有观点主张，法条中“次要”指的是次要的实行犯，而“辅助”应当不仅指一部分帮助犯，还应当包括一部分教唆犯。④ 二是帮助犯是否仅仅是从犯。有观点认为，在大多数情况下，帮助犯的帮助行为是起辅助作用的行为，可在少数情况下，一个帮助犯可能在一个案件中实施多种帮助行为，对诸帮助行为进行综合评价时，帮助犯可能在共同犯罪中起主要作用，因而应以主犯论处。⑤ 亦有人认为，对帮助犯进行量刑时，应当与教唆犯、正犯等按照分工形式所划分的共犯类型一样，根据其作用大小，分别划分为主犯、从犯、胁从犯，不应当将帮助犯与我国刑法中的从犯画上等号。⑥ 还有人把“帮助”和

---

① 马克昌：《犯罪通论》，武汉大学出版社 1999 年版，第 561 页。

② 陈兴良：《共同犯罪论》，中国人民大学出版社 2006 年版，第 240 ~ 242 页。

③ 马克昌主编：《刑法学》，高等教育出版社 2003 年版，第 173 页。

④ 陈家林：《共同正犯研究》，武汉大学出版社 2004 年版，第 95 页。

⑤ 参见张明楷著：《犯罪论原理》，武汉大学出版社 1991 年版，第 557 ~ 558 页。

⑥ 陈家林：《共同正犯研究》，武汉大学出版社 2004 年版，第 95 页。

“辅助”进行区分，提出“帮助”和“辅助”不同，辅助行为在共同犯罪中是起次要作用，但实施帮助行为的有时恰恰能起主要作用，是主犯。[1]

二、从犯范围的确立

首先，通说认定从犯的标准较为模糊。通说认为，从犯在犯罪集团的首要分子领导下从事犯罪活动，罪恶不够重大或情节不够严重，或者在一般共同犯罪中虽然直接参加实行犯罪，但所起的作用不大，行为没有造成严重危害后果等。而这一系列的标准，主要使用“罪恶不大”、“情节不严重”、“作用不大”等字眼来说明，而这些用语只是次要作用的同义语。唯一明确的标准是行为没有造成严重危害后果，但是这根本不足以认定共犯。对于辅助作用，则是从帮助犯的角度来说明的，而这样的论证方式的前提是能够合理地确立帮助犯，而帮助犯的确立绝非易事，况且，作用分工下的从犯需要借助分工分类法下的帮助犯来确立，在逻辑上就存在问题。陈兴良教授对于从犯的认定非常具体，直到今天都具有广泛的影响力，但在现在看来仍存在一定不足。他所说的在共同犯罪中的地位、实际参加犯罪的程度、具体罪行的大小以及对于犯罪结果所起的作用这四者之间存在交叉关系。在犯罪中的地位需要由客观或者主观来体现，对犯罪的参与程度是地位的体现之一，主观上通过意志支配犯罪也是犯罪地位的体现，而通过意志支配犯罪也就是控制了因果进程，直接反映为对危害结果的原因力；而同样，参与程度主要反映了客观行为对危害结果原因力的大小，具体罪行的大小无非也是从主客观两个方面来说明作用的大小，犯罪中的地位也需要从主客观两个方面来说明，对犯罪的参与程度至少反映了客观方面的罪行大小；同时，对于危害结果所起的作用大小实际是对因果流

---

① 参见梁世伟：《刑法学教程》，南京大学出版社 1987 年版，第 210 页。

程的支配程度，它与前三者也无法严格区分。特别是在这些因素存在冲突时，以何种标准为主来判断作用大小，该学说未能给出答案。除此之外，这种观点对于辅助作用的说明有些牵强，把起辅助作用的人和教唆犯以及实行犯相区分，在理论上过于繁琐。首先体现在区分的困难程度上，其次是即使区分清楚，再认定从犯过程也许并没有太大的价值，因为最终教唆犯和实行犯也有可能是从犯。同时，对教唆犯构成从犯的说明也略嫌笼统。首先，列举的方式对次要教唆犯的认定作用是有限的，而从教唆的犯罪事实、犯罪性质、犯罪情节以及危害程度进行考察也很难说确立了清晰的标准。因为就教唆犯来说，其主要行为是引起犯意，教唆的方式、教唆所针对的犯罪的性质、教唆的次数以及对教唆对象的影响程度，并不能为主要教唆犯和次要教唆犯提供有效的区分，因为教唆犯所实施的并不是实行行为，不能按照实行行为的模式来认定教唆行为的社会危害性。

对于教唆犯的定位以及帮助犯是否可以成为主犯的争议主要是因为立法的缺陷。主犯、从犯以及胁从犯的区分主要是以作用的大小来实现。而从犯中辅助作用的规定，原则上可以认为是针对帮助犯的。这一立法的初衷也许是为了明确帮助犯只能起到次要作用这一现实，有利于司法实践中的具体操作。① 但是正如上文所强调的，一方面，认定帮助犯为从犯都存在争议，更何况认定帮助犯也绝非易事。为了确立某个行为是帮助行为，就要将共同犯罪中的正犯、教唆犯以及帮助犯统统区分清楚。辅助作用的确立过程，实际上就是在分工分类法下的正犯、教唆犯以及帮助犯的确立过程。也许有学者会提出，根据形式客观说，只有实现构成要件行为的才是正犯，否则就是帮助犯。但是如本文前半部分所述，正犯和帮助犯

---

① 如果将刑法规定的起“次要作用”和“辅助作用”的从犯，理解成是从“作用”的角度对从犯进行分类，而不将“辅助作用”的规定和帮助犯联系起来，那么“次要作用”和“辅助作用”的规定就纯粹是同义重复了。

的区分依靠形式客观说是不可能实现的，形式客观说没能正确地理解共同犯罪的根本性质，实不足取。实质客观说以及之后的折中理论并不仅仅是为了让分工分类法下的正犯承载量刑的功能而做的妥协，而是符合共同犯罪性质的理论拓展。而且，更不可思议的是，即使将正犯、教唆犯以及帮助犯区分清楚了，正犯和教唆犯仍然可能是从犯。也就是，在确立了帮助犯之后，还需要进一步来判断正犯以及教唆犯是否构成从犯。不知道这种仅仅为了确立辅助作用而对正犯、教唆犯以及帮助犯所作的区分能有多大的意义。可以认为，考虑到立法的现状以及分界的需要，次要作用和辅助作用的区分并无实益，相反会增加判断上的困难。次要的教唆犯划归为次要作用还是辅助作用的类型不影响结果的认定，而对于帮助犯是否可以是主犯，对确立从犯来讲，并不是最重要的问题，因为作用分类法应该具有自己的独立性①。需要确立的关键是，如何确立判断次要作用的事实，以及判断的标准。所谓次要作用，一定是在犯罪过程中所起的作用，即从为犯罪作准备到犯罪完成整个阶段所起的作用。而次要作用，是相对主要作用而言，如果说主要作用是指行为对因果流程具有控制力，次要作用则主要是指行为对因果流程没有控制力。同时，为与胁从犯相区分，从犯实施犯罪同样应当具有自主性。主犯和从犯的区分，将在下文展开。

第三节　胁从犯的范围

一、胁从犯是否是独立的法定共犯人之争

在对胁从犯进行探讨前，首先要明确的是胁从犯是否是独立的法定犯罪人，通说持肯定态度，但仍有不少学者对此提出了质疑。

---

① 当然，抛开帮助犯的认定不谈，从帮助犯是否可以是主犯的角度来探讨作用分类法和分工分类法的关系还是颇有意义的。

（一）否定胁从犯是独立的法定共犯人的理由

1. 无立法依据

无论1979年刑法还是1997年刑法，都没有出现胁从犯这一称谓。1979年刑法第25条规定："被胁迫、被诱骗参加犯罪的，应当按照他的犯罪情节，比照从犯减轻处罚或者免除处罚。"1997年刑法第28条规定："对于被胁迫参加犯罪的，应当按照他的犯罪情节减轻处罚或者免除处罚。"刑法典对主犯、从犯的规定大不相同。1979年刑法第23条、第24条，1997年刑法第26条、第27条不仅出现了主犯、从犯的用语，而且还将其作为法定概念予以明确规定，这表明我国刑事立法从未将胁从犯作为与主犯、从犯相并列的一类独立共同犯罪人。对于胁从犯是与主犯、从犯相并列的一类共同犯罪人的观点，我国刑事立法是有所保留的。① 刑法第28条没有明确说明被胁迫参加犯罪的人对危害结果所起的作用是何种程度的作用，也没有将其对危害结果所起的作用限制在比从犯对危害结果所起的作用更小的范围内，因此，"通说"认为胁从犯对犯罪结果的发生起较小作用的观点，是缺乏理论根据的。②

根据刑法第28条"应当根据他的犯罪情节减轻处罚或者免除处罚"的规定，不能得出通说认为的对被胁迫参加犯罪的人的处罚比从犯轻的结论。作为犯罪情节之一的对危害结果所起作用的大小，只能分为主要作用和次要作用，主要作用和次要作用也是对被胁迫参加犯罪的人的处罚依据，较小作用对被胁迫参加犯罪的人的处罚，没有法律意义。具体地说，就是根据被胁迫参加犯罪的人是起主要作用还是起次要作用的不同情况以及其他情节，来决定对其是减轻处罚还是免除处罚。从第28条这一规定中，我们只能得出

---

① 刘骁军、刘培峰：《论胁从犯的几个问题》，载《中国刑事法杂志》2000年第4期，第24～25页。

② 郑厚勇：《一个根本不存在的共犯种类——胁从犯——胁从犯的刑法依据和政策依据质疑》，载《河北法学》2005年第4期，第141页。

对被胁迫参加犯罪的人根据其犯罪情节一定要减轻处罚或者免除处罚的结论，不能得出对被胁迫参加犯罪的人的处罚一定要比从犯轻的结论。①

2. 在理论上不合逻辑

形式逻辑学告诉我们，概念之间的关系多种多样，“主犯”与“从犯”在逻辑关系上是一对矛盾关系的概念，主犯的外延加上从犯的外延刚好等同于邻近属概念的外延之和，也就是“所有的共同犯罪人”的外延。换言之，主犯和从犯的外延已经周延了所有的共同犯罪人的外延，刑法中的胁从犯在共同犯罪中所起的客观作用没有定位，要么与主犯一致，要么与从犯一致，其法律性质应该定位于“主犯或从犯中被迫参加实施犯罪行为的共犯人”，他们只能寓于主犯或者从犯之中，而不能与主犯和从犯并列作为以作用大小为标准而进行分类的子概念，除非主犯与从犯的关系不是矛盾关系而是对立关系。②

3. 导致立法与司法的脱节

刑法理论人为地限定了“被迫犯”的客观特征，并称其为“胁从犯”是导致立法与司法脱节的根源。我国刑法理论人为地创制了所谓的胁从犯概念，无视刑法对被迫犯罪主观要件的单一限制性，在理论层面私自补充了客观作用较小的特征，与立法规定不符。其结果是：司法实践部门在适用法律时往往只依据法律的明文规定，对于胁从犯的认定常常是按照法律规定的“被胁迫参加犯罪的”主观特征，而不去考虑客观作用的参数，对于客观上起重要作用的“胁主犯”也往往认定为胁从犯而适用较轻的刑罚。之所以会出现这样的司法偏差，起因于理论界对被胁迫犯进行误导。

---

① 郑厚勇：《一个根本不存在的共犯种类——胁从犯——胁从犯的刑法依据和政策依据质疑》，载《河北法学》2005 年第 4 期，第 141 页。

② 张红昌：《胁从犯探讨》，载《台声·新视角》2005 年第 12 期，第 111 页。

我国刑法理论界将胁从犯界定在从犯的范围之内（有学者认为属于从犯之中被迫参加犯罪的特殊从犯，因而称作“胁从犯”），而使立法所隐含的被胁迫犯在客观上可能起主要作用，也可能跃入主犯的行列。于是便导致了理论、立法与司法的冲突：胁从犯究竟是仅指特殊的从犯，即被胁迫参加犯罪的胁从犯，还是也包括客观上起主要作用的被胁迫犯中的“胁主犯”？依据刑法规定，必然包含所谓的“胁主犯”，那么胁从犯的独立性又何在？[①]

（二）对否定说的评价

虽然胁从犯的立法规定确实存在不足之处，但是也不能就此否定胁从犯是独立的共犯种类，以上理由均不能成立。

1. 否定胁从犯是共犯的独立种类于法无据

刑法没有出现胁从犯的字眼并不代表否定胁从犯，而只是出于立法简洁需要的一种省略。相反，从立法沿革来看，胁从犯曾经比照从犯减轻或免除处罚，正好说明他是在从犯基础上被胁迫参与犯罪的一种形态。而且，立法并没有强调起次要作用，是因为根据刑法对共犯人种类的整体规定，被胁迫就只能起到次要作用（这一点将在下一章展开说明）。持否定说的学者提出，当被胁迫参加犯罪的人是对犯罪结果起主要作用的主犯，而减轻处罚时，其处罚结果可能比同案从犯轻（同案从犯比照主犯从轻处罚），可能比从犯重（同案从犯比照主犯免除处罚），也可能与同案从犯的处罚一样（同案从犯比照主犯减轻处罚）。[②] 而这样的逻辑是存在问题的，就如同我们说故意杀人罪侵犯的是人身权利，比侵犯财产权利的盗窃罪要重，这只是一个整体上的比较，或者是从法定刑的规定得出的结论，而不是根据具体的杀人的情形和具体的盗窃罪进行比较，否

① 赵微：《论胁从犯不是法定的独立共犯人》，载《中国刑事法杂志》2005 年第 2 期，第 25 页。

② 郑厚勇：《一个根本不存在的共犯种类——胁从犯——胁从犯的刑法依据和政策依据质疑》，载《河北法学》2005 年第 4 期，第 141 页。

则故意杀人罪和盗窃罪就无法区分轻重了。该论者在这里是混淆了立法规定的轻重程度和具体事实的轻重程度。而且，照此理解，一个被胁迫的、在共同犯罪中起到次要作用的人，其量刑情节有两个，一是应当从轻、减轻或者免除处罚，二是应当减轻或者免除处罚。而胁迫在很大程度上也只是反映了共犯人主观上所起作用的大小，立法上何必作出这样繁复的规定，而徒增司法实践上的烦恼呢？

2. 逻辑上的问题并不能否定胁从犯的存在

首先，主犯的外延加上从犯的外延固然等同于邻近属概念的外延之和，也就是“所有的共同犯罪人”的外延。但这并不妨碍立法者考虑到“胁迫”这一特殊的要素，将起到次要作用且受到胁迫的共犯人从共犯中独立出来，单独设立成胁从犯，处以更轻的刑罚。也就是说，胁从犯是在从犯下进一步细分，这在逻辑上基本上是合理的。

3. 立法和司法并未脱节

将胁从犯理解为被胁迫而起到次要作用的人，并不会引起立法和司法的脱节。胁从犯需要同时考虑胁迫和次要作用两个要素。如果在司法实践中仅仅考虑被胁迫而未考虑次要作用就定为胁从犯，是司法能力的问题，而不是立法与司法脱节的问题。

从解释论的角度，应该承认胁从犯的这一分类的存在，否则，在理论解释和司法实践上会遇到更大的障碍。而这并不代表在立法论上，胁从犯的规定就没有问题，胁从犯设置的问题主要是造成了理论上的冲突，被胁迫这一要素，其实也是作用大小的体现，而且是主观上作用大小的体现。将胁从犯单列成独立的共犯种类。可能存在的问题是，如果没有胁从犯的规定，对于某一个犯罪人，在逻辑上会出现这样的情况：如果不考虑胁迫的因素，可能构成主犯，但是考虑了胁迫的因素，可能就构成从犯。但若是按照现在刑法的规定，将胁迫这一因素单独考虑，只能构成被胁迫的主犯，连从犯都不能构成。因为不可能先将胁迫的因素考虑在内，认为构成从犯，然后，再因为他被胁迫，而进一步认定成胁从犯，这样就将胁迫这一个因素重复评价了。而如果认为从犯也可以是被胁迫的，那么，从犯和胁从犯都可以是受胁迫，两者将无法区分，当然，这一问题可以从解释论角度基本得到解决。

二、胁从犯范围的划定

胁从犯是指被胁迫参与犯罪的人，单从立法的规定来看，胁从犯的成立条件是被胁迫实施犯罪。而通说却认为，胁从犯的首要条件是是否受胁迫，其次是是否起到次要作用。

（一）对“胁迫”的界定

对于胁从犯中“胁迫”的概念，一般认为，是指由于各种原因而在精神上受到一定程度的威逼或者强制。在这种情况下，行为人没有完全丧失意志自由，因此仍应对其犯罪行为承担刑事责任。[①] 基于此，不同的学者对“胁迫”的认定提出了自己的看法，有观点认为，第一，判断外部威胁是否存在；第二，判断精神强制是否形成，首先要考察威胁程度与实现可能性，如果是根据自然规律不可能实现的威胁，不能认为形成了强制。其次，要考虑威胁者和受胁迫者的个人情况，每个受胁迫者的个人感受力存在差别，因此，同样的威胁就可能造成截然不同的效果，有些人可能受到精神强制，有些人则可能若无其事，因此要具体分析。再次，从客观背景来看，如果威胁不具备侵害的现实危险，就难以对人产生精神强制。最后，需要考虑被胁迫者实施犯罪的社会危害性，可以采取价值衡量的方法，将外部威胁同行为人实施犯罪的社会危害性进行对

---

① 高铭暄主编：《刑法学原理》（卷二），中国人民大学出版社 1993 年版，第 480 页。类似观点参见高铭暄、马克昌主编：《刑法学》，北京大学出版社、高等教育出版社 2007 年版，第 192 页。林亚刚：《论共同犯罪的若干问题——以共犯为中心》，载马克昌、莫洪宪主编：《中日共同犯罪比较研究》，武汉大学出版社 2003 年版，第 23 页。

比。如果前者的社会危害性大于或相当于后者，大致可以判断精神强制的成立；如果前者的社会危害性远小于后者，我们就不认为行为人受到了精神强制。①

另有观点强调，构成胁迫一是要具备胁迫行为，二是被胁迫者基于胁迫而陷入恐惧状态。首先，胁迫行为的具体表现为，胁迫的最高程度是以暴力相威胁。胁迫必须客观存在。胁迫指向的对象既可以是被胁迫者本人，又可以是其亲属或与其有紧密关系的人，还可以是陌生人。胁迫者既能以损害他人利益相威胁，又能以自损相关利益相威胁。威胁损害的利益包括非法利益和合法利益，如以揭发通奸行为作为威胁的手段，但通过实施犯罪行为获得的非法利益则不具有可胁迫性。胁迫不限于通过自己的力量实施，亦可借助第三者的力量实施。知情第三者应被胁迫者的要求而实施犯罪的，有承认胁从犯的余地。胁从犯的成立需要胁迫具有一定强度。而胁迫程度的轻重取决于胁迫手段、个体差异以及利益之间的衡量这些因素。其次，被胁迫者基于胁迫而陷于恐惧状态，而这种恐惧状态应该从行为人本人的角度来判断。②

以上两种观点的共同之处在于：均认为胁迫包括胁迫行为和被胁迫者陷于恐惧状态两个方面，不同点是对于胁迫行为和被胁迫者陷入恐惧状态的具体内容存在不同的理解。前一观点的不妥之处在于：第一，该论者认为，根据自然规律不可能实现的威胁，不能认为形成了强制。但既然自然规律上不能实现的威胁，根本不是现实的胁迫行为，同样，如果威胁不具备侵害的现实危险也不是现实的胁迫行为；第二，该论者一方面认为是否受到精神强制以行为人为准，但另一方面又认为将外部威胁同行为人实施犯罪的社会危害性

---

① 杜邈：《论胁从犯中“胁迫”之认定》，载《北京人民警察学院学报》2006 年第 6 期，第 23 ~ 24 页。

② 杨勤峰：《论胁从犯》，武汉大学法学院 2005 届硕士论文，第 9 ~ 19 页。

进行对比。如果前者的社会危害性大于或相当于后者，大致可以判断精神强制的成立。这其实是从客观上进行比较。最后，是否存在胁迫，还是需要看行为人因为胁迫而陷入恐惧状态。后一种观点的论述存在较大合理性，但仍有所不足。首先，威胁的利益恐怕不包括违法利益，若为了保护非法利益而实施犯罪，刑法还对其从宽处罚，不是刑法的双重漏洞吗？论者所举的通奸的例子，从胁从犯的角度，保护的应是名誉权。其次，对于胁迫的强度，既然存在个体差异，也就是说是同样的胁迫对于不同的人会产生不同的效果，那么这里的强度探讨就在某种程度上与被胁迫者是否陷入恐惧的标准混同了，对于陷入恐惧的标准若是采取主观说，胁迫的强度就应该以被胁迫者是否陷入恐惧为准。

所以，对于胁迫，需要具备两个条件：一是有真实的胁迫存在，胁迫是由本人或者第三人实现在所不问，胁迫的方式亦没有限制，胁迫针对的利益必定是被胁迫者，因为不论是针对被胁迫者、第三人、乃至胁迫者本人，必定针对被胁迫者存在利益，否则胁迫者不可能被胁迫，而被胁迫的利益应不具备非法性，否则刑法没有从宽处罚的理由。二是胁迫要使被胁迫者陷入恐惧为标准，这里应该结合一般人标准和行为人本人标准，因为刑法本身针对的对象就是一般人，而不是个别人，在一般人都可以陷入恐惧时，应该认为胁迫成立，而不需要考虑行为人是否真的产生了恐惧心理，否则，就是以行为人特殊的意志能力为前提，科以刑法本不存在的义务。当一般人在同等情况下可陷入恐惧时，应认为可构成胁从犯，到底是否使一般人陷入恐惧，应该以胁迫的手段、胁迫的利益大小等方面来考虑。在特殊的情况下，如果并未使一般人陷入恐惧，但是有证据证明能使被胁迫者陷入恐惧时，可以认为胁迫成立，因为当被胁迫者的意志能力比一般人要弱时，法律不能强人所难。当然，如果胁迫达到了让行为人丧失了自由意志的程度，就应该成立紧急避险，不作为犯罪处理。

（二）对次要作用的理解

通说认为，胁从犯成立的第二个条件是在犯罪过程中起次要作用。不同学者对作用大小的探讨往往针对实行犯、教唆犯、帮助犯分别论述。对于胁从犯是否可以是帮助犯，学者间的意见是一致的，而对于胁从犯是否可以是实行犯存在争议。有观点认为，胁从犯实施的共同犯罪行为，只能是帮助行为，而不可能是实行犯。[①]有观点则认为，胁从犯可能是共同犯罪的实行犯，也可能是共同犯罪的帮助犯。[②] 同样，对教唆犯可不可以是胁从犯，也存在争议。否定说认为，教唆犯在共同犯罪中一般处于主犯的地位，有时候也可能成为从犯，但决不会是胁从犯。[③] 肯定说则认为，教唆犯在少数情况下还可能是被胁迫而进行教唆，并且在共同犯罪中起次要作用，这时应按胁从犯的处罚原则进行处理。[④] 但是，对于次要作用的界定，不能从实行犯、教唆犯和帮助犯的角度来说明，而应该相对于主要作用理解。从刑法本身的规定来看，似乎可以认为，这里起到的次要作用和从犯中的次要作用可以做同等理解。但是，胁迫本身就可以被认为是起次要作用的因素之一，这使得胁从犯中次要作用的认定变得非常微妙。在此的初步见解是，如果胁迫达到了意志支配的程度，次要作用的认定就是不必要的了。因为，从我国认为次要实行犯可以是从犯的观点来看，共犯作用分类的主观主义倾向明显，在这样的立法模式下，如果在主观上听任他人决定，即使是客观上实施了构成要件行为，都应被认为是从犯，而如果达到意志支配的程度的胁迫，就更应该认定成起到次要作用了，在这样的

---

① 参见张尚鷟主编：《中华人民共和国刑法概论·总则部分》，法律出版社 1983 年版，第 196 页。

② 姜伟著：《犯罪形态通论》，法律出版社 1994 年版，第 267 页。

③ 罗建平、王元：《刑法基本知识》，教育科学出版社 1986 年版，第 10 页。

④ 魏东：《论教唆犯》，中国人民公安大学出版社 2002 年版，第 267 页。

情况下，胁迫和次要作用就合一了。而如果胁迫没有达到意志支配的程度，这时候就可以结合客观上是否起到了次要作用而构成胁从犯。具体的问题，将在下文胁从犯和主犯、从犯的区别中探讨。所以，胁从犯的成立条件，根据胁迫的程度可以分为两类：如果胁迫达到了意志支配程度，则胁从犯的成立条件只是看是否受胁迫；如果胁迫没有达到意志支配的程度，则胁从犯的成立条件是受胁迫和在胁迫之外起次要作用。从胁从犯的条件可以看出，胁从犯可以是实行犯、教唆犯或帮助犯。

第五章　共犯界限理论的再整理

我国刑法在规定主犯、从犯和胁从犯的基础上还单独规定了教唆犯，前者是作用分类法下的类别，后者是分工分类法下的形态。我国刑法学界几乎异口同声地认为分工分类法偏重定罪，作用分类法侧重量刑，导致分工分类法和作用分类法的关系一直未能厘清，作用分类法的作用被夸大，两重分类法被失当地推崇。这些问题都有进一步研究的必要。而根据我国刑法的规定，共犯的界限涉及主犯、从犯和胁从犯的界限，同时，因为认定教唆犯的需要，需要探讨教唆犯和正犯以及教唆犯和帮助犯的界限，而正犯和帮助犯的界限，因立法并无规定，故不在讨论之列。

第一节　共同犯罪人的分类

在存在教唆犯的立法规定的情况下，分工分类法和作用分类法之间的各自的作用、相互关系以及我国采取的共犯分类方式等问题，都是探讨我国立法模式下共犯界限的前置问题。

一、不同共同犯罪人分类方法的特点

对于作用分类法和分工分类法，我国刑法理论界主要关注的是它们之间的区别以及各自的优劣，但是因为没有对这两种分类法的联系作进一步的说明，导致在共犯界限的区分问题上未能长足发展。

（一）分工分类法的优劣分析

1. 关于分工分类法优劣的主要观点

分工分类法是以共同犯罪人的分工作为分类标准，这种分类法

的产生由来已久。早在 1810 年，《法国刑法典》就采用了这一分类，将共同犯罪人分为主犯与从犯，而从犯又包括教唆犯和实行犯。到目前为止，除了采取单一正犯体系的大陆法系国家以外，往往都以分工分类法作为区分共同犯罪人的标准。我国刑法通说认为，以分工为标准的分类，比较客观地反映了共同犯罪人在共同犯罪中从事什么样的活动，便于对共同犯罪人的行为定罪；但它没有揭示他们在共同犯罪活动中起了什么样的作用，不利于正确解释各自的刑事责任。①

有学者进一步指出，由于该分类法没有揭示各共同犯罪人在共同犯罪中起了什么样的作用，也没有再以作用分类法对共同犯罪人作分类，只能附带地解决各共同犯罪人的量刑问题，不利于正确解决各共同犯罪人的量刑问题。附带解决各共同犯罪人量刑的立法例，自身都存在明显的缺陷：一是以 1871 年《德国刑法典》为代表的立法例，教唆犯之刑以正犯之刑而决定，帮助犯采取得减主义。该立法例虽然合理地解决了帮助犯的量刑问题，但对正犯的量刑问题的解决则不够科学，而对教唆犯以正犯之刑处罚，所以教唆犯的量刑问题同样解决的不够科学。因为，在共同实行犯的情况下，各实行犯在共同犯罪中所起作用的大小有所不同，教唆犯在共同犯罪中的作用也存在这种差异，而该立法例却没有也不能对相关的共同犯罪人量刑的轻重加以区别，显然与罪刑相适应原则相悖。

① 参见高铭暄、马克昌主编：《刑法学》，北京大学出版社、高等教育出版社 2007 年版，第 188 页。类似见解参见张明楷：《刑法学》，法律出版社 2003 年版，第 337 页；何荣功：《共犯的分类与解释论纲》，载《法学评论》2005 年第 3 期，第 40 页；阴建峰、周加海主编：《共同犯罪适用中疑难问题研究》，吉林人民出版社 2001 年版，第 231 页。在观点上稍有区别的是陈兴良教授，他认为，分工分类法虽然对共同犯罪的量刑问题的解决不够圆满，但这种缺陷可以通过其他方法，例如规定处罚共同犯罪的一般原则等得到一定程度的弥补，因此不失为一种较为科学的共同犯罪人分类法。参见陈兴良：《刑法适用总论》（上），中国人民大学出版社 2006 年版，第 471 页。

二是以1960年《苏俄刑法典》为代表的立法例，对各共犯的处罚原则采取独立科刑制，即对组织犯、教唆犯、帮助犯的科刑不以实行犯为转移，而是按照各共同犯罪人各自犯罪的程度和性质独立处刑。该立法例虽然比上述立法例较合理地解决了各共同犯罪人的量刑问题，但它毕竟只是一般原则性的规定，这就必然导致各共同犯罪人在刑罚的最终分担上欠缺形式上的直观性，这与罪刑法定原则所要求的明确性原则相悖，不能不说是该立法例在量刑问题上存在的一大缺陷。①

2. 对上述观点的评说

在共同犯罪的理论中，对于分工分类的优劣，恐怕是理论争议最小的问题，但这并不代表该观点不存在问题。

（1）分工分类法定罪功能有限

有学者指出，刑法分则规定的是犯罪的实行行为，实施这种犯罪的人是正犯，对正犯可以直接按照刑法分则处罚。而教唆行为与帮助行为刑法分则没有规定，由刑法总则加以规定，使犯罪构成得以补充而具备。② 这里所说的定罪功能，是从决定犯罪的性质的角度来说的，也就是构成何种犯罪的问题。质言之，因为刑法分则规定了具体犯罪的实行行为，而分工分类法按照正犯（实行犯）、教唆犯和帮助犯进行划分，可以通过实施实行行为的正犯来界定犯罪的性质，这就是所谓的分工分类法的定罪功能。然而，这样的理解未能将整体定罪和个别定罪区别对待，未能将共同犯罪中的实行行为与单独犯罪中的实行行为加以区分，未能将共同犯罪的共同犯罪构成与每个共犯人的单独犯罪构成分开理解。就整体定罪来说，共同犯罪中的实行行为和单独犯罪中的实行行为不能等而视之，除非

---

① 郝守才：《共同犯罪人分类模式的比较与优化》，载《现代法学》2007年第5期，第60页。

② 陈兴良：《共同犯罪论》，中国人民大学出版社2006年版，第155页。

是共犯人一人独立实现了所有的构成要件，共同犯罪中的实行行为和单独犯罪才是一致的，这时候依靠正犯才可以界定犯罪的性质。在相当一部分情况下，每个共犯人只是部分地实现了构成要件，比如抢劫罪，甲实施暴力胁迫行为，乙实施获取财物的行为，不论是甲还是乙，单独都不符合完整的抢劫罪的构成要件，如果只是从甲的行为来认定犯罪的性质，故意伤害罪可能更合适，如果仅仅依据乙的行为来认定犯罪的性质，盗窃罪是更好的选择，所以，只能将甲和乙的行为合并来看，才能定性为抢劫罪。如果从共同犯罪构成和单独的修正的犯罪构成的角度来理解，可以更清楚地发现通说的问题。共同犯罪是数人共同实现一个犯罪构成，应该从整体犯罪构成的角度来理解共同犯罪的性质，也就是说，共同犯罪性质的确定，是将共同犯罪人的行为当做一个整体，来确定到底和刑法分则的哪一个犯罪构成相符。修正的犯罪构成在整体犯罪构成成立的前提下才能存在，不考虑整体的犯罪构成，而只从修正的犯罪构成来决定共同犯罪的性质，在逻辑上存在问题。作为共同犯罪整体的定罪问题，根本就与共犯人的分类无关，但确实与实行行为有关，但是这个实行行为是数个行为人构成实行行为的整体，而不是拆解开来的单个的部分的实行行为。

需要进一步论证的是身份犯的问题，在无身份者和有身份者共同实施犯罪时，根据什么来确定所共同实施犯罪的性质，如非国有公司的工作人员与国有公司委派到非国有公司从事公务的国家工作人员共同窃取该公司的财物时，应当如何定性，就存在诸多的观点：第一种学说是主犯认定说。有学者认为，内外勾结或两种以上身份者勾结实施的共同犯罪的性质，应由主犯实施的行为的性质确定。[①] 这一见解和司法解释是一致的。根据 2000 年 6 月 30 日最高人民法院《关于审理贪污、职务侵占案件如何认定共同犯罪几个

---

① 参见樊凤林、宋涛：《职务犯罪的法律对策及治理》，中国人民公安大学出版社 1994 年版，第 245 页。

问题的解释》，行为人与国家工作人员勾结，利用国家工作人员的职务便利，共同侵吞、窃取、骗取或者以其他手段非法占有公共财物的，以贪污罪共犯论处；行为人与公司、企业或者其他单位的人员勾结，利用公司、企业或者其他单位人员的职务便利，共同将该单位财物非法占为己有，数额较大的，以职务侵占罪共犯论处。公司、企业或者其他单位中，不具有国家工作人员身份的人与国家工作人员勾结，分别利用各自的职务便利，共同将本单位财物非法占为己有的，按照主犯的犯罪性质定罪。第二种学说是正犯行为性质决定说。即以正犯行为的犯罪性质确定共同犯罪的性质。在公司、企业或者其他单位中，不具有国家工作人员身份的甲与国家工作人员乙相互勾结，分别利用各自的职务便利，共同将本单位的财物非法占为己有时，甲与乙都同时触犯了贪污罪与职务侵占罪，应按贪污罪的共犯论处。因为一般公民与国家工作人员相勾结伙同贪污者，都成立贪污罪的共犯，不具有国家工作人员身份的公司、企业人员，更应与国家工作人员构成贪污罪的共犯。不过，如果将甲认定为贪污罪的从犯，导致对其处罚轻于职务侵占罪的正犯（主犯）时，则对甲认定为职务侵占罪的正犯（此时，甲与乙虽然是共犯，但罪名不同）。此外，如果甲与乙仅利用了国家工作人员乙的职务便利，也成立贪污罪的共犯。但是，如果甲与乙仅利用了甲的职务便利，则乙的国家工作人员身份没有意义，仅成立职务侵占罪的共犯。[①] 第三种学说是主职权行为决定说。该说主张，在一般情况下，应根据为主的职权行为认定共同犯罪的性质；在两种职权行为分不清主次的情况下，应采取就低不就高的原则来认定共同犯罪的性质。以贪污罪和职务侵占罪为例，在分不清国家工作人员与非国家工作人员的职权行为孰为主次的情况下，应认定两个行为人构成职务侵占罪的共犯，这种定罪对非国家工作人员是“对号入座”，对国家工作人员是“就低不就高”。这种定性方法既坚持了共同犯

① 参见张明楷：《刑法学》，法律出版社 2007 年版，第 350 ~ 351 页。

罪的整体性，又贯彻了有利于被告人的原则而注意了刑事责任的合理性。[①] 第四种学说是区别对待说。该说认为，具体应分不同情况加以讨论：①甲身份者与乙身份者只是各自利用本人的身份，且没有利用对方身份的，宜认定构成共同犯罪，但应分别定罪处罚。以上述《解释》所说情形为例，在这种情况下，应对国家工作人员和非国家工作人员分别按贪污罪和职务侵占罪论处；②甲身份者与乙身份者不仅利用了本人的身份，而且还相互利用了对方的身份的，宜按刑法重点保护的身份客体即重点打击的纯正身份犯来确定共同犯罪的性质，对各行为人按统一的罪名定罪处罚。至于各行为人在共同犯罪中是否主要利用了这种身份，则在此不问；③国家工作人员与非国家工作人员分别利用各自的身份，其中，国家工作人员又同时利用了非国家工作人员的身份，而非国家工作人员没有利用国家工作人员的身份的，应认定构成共同犯罪，但应分别定罪，即对国家工作人员定贪污罪，对非国家工作人员定职务侵占罪；④国家工作人员与非国家工作人员分别利用各自的身份，其中，非国家工作人员又同时利用了国家工作人员的身份，而国家工作人员没有利用非国家工作人员的身份的，应对他们统一按贪污罪论处。[②] 第五种学说是整体考察说。该说是指从整体上考察混合主体共同犯罪，只要各共同犯罪人具有共同的犯意，且他们之间有意思联络，其共同犯罪行为符合刑法分则所规定的纯正身份犯的犯罪构成，各共同犯罪人统一定罪，均以该纯正身份犯论处；否则以常人犯论处。该说进一步认为，只要在共同犯罪主体中存在一个身份者，便可承认共同犯罪主体为有身份者的共同犯罪主体，从而符合纯正身份犯的主体条件；只要存在有身份者的行为，无论这一行为的具体

---

① 参见赵秉志：《共犯与身份问题研究——以职务犯罪为视角》，载《中国法学》2004 年第 1 期，第 128 页。

② 参见狄世深：《行为人身份对共同犯罪定罪的影响评析》，载《法商研究》2004 年第 6 期，第 55 ~ 56 页。

表现方式是什么，从整体上来考察，混合主体共同犯罪行为便具备了纯正身份犯的行为要件。此外，该学说还认为，不论是从主观犯意还是侵害的客体来看，都符合纯正身份犯的要求。[①]

以上观点各有特色，但都存在一定不足。首先，对于只利用了国家工作人员身份的或者只利用了公司、企业和其他单位人员身份的，分别按照贪污罪与职务侵占罪来处理，需要讨论的是如果同时利用了国家工作人员身份和公司、企业和其他单位人员身份的应当如何定性。按照主犯定性，实际上是按照主犯所具有的身份定性，而当存在两个以上的主犯，而主犯的身份不一致时，主犯认定说就发挥不了作用了。其次，正犯行为性质决定说也存在同样的问题，当存在两个以上的实行犯[②]，且实行犯具有不同的身份时，仍然无法确定共同犯罪的性质。而如果认为依照有身份者的实行犯的实行行为来定罪，那么回归到主犯作用说，仍然可以认为，可以按照有身份的主犯来认定共同犯罪的性质，这至少在逻辑上没有问题。而不论按照只是实施了部分构成要件行为的有身份的行为人来界定犯罪的性质，还是按照起到主要作用的有身份的共犯人来界定共犯的性质，都存在问题。部分行为、或者部分作用怎么可能决定整体犯罪行为的性质呢？正因为如此，实行行为说将单个行为人的部分行为来决定整体犯罪的性质，会存在难以确立实行行为的问题，也会出现当一般主体的犯罪重于有身份要求的犯罪时，难以保证罪刑相适应的难题。实际上，按照主犯的性质来认定共同犯罪的性质与按照实行犯的性质来认定都存在同样的缺陷。不论是主从犯还是正犯、教唆犯和帮助犯都是在符合整体犯罪构成的前提下，也就是犯罪性质已经确立的情况下，所作的进一步探讨。如果认为根据主犯

---

① 参见徐留成：《混合主体共同犯罪定罪问题研究》，载《人民检察》2001年第9期，第56～57页。

② 按照本文的观点，在共同犯罪中，非身份犯也可以构成身份犯的实行犯。

或者正犯可以认定共同犯罪的性质，就颠倒了逻辑关系。再次，主职权行为决定说以职权的高低来决定共犯的性质，其本质观点就是认为职权高的起到了主要作用，而当职权相当时，或者说作用相当时，采取就高不就低的原则，确实避免了主犯决定说在存在两个以上的主犯时，难以说明共犯性质的难题。但是，仅仅因为认定上的困难，就采取有利被告的原则来处理，似乎不太妥当。复次，分别考察说所列举的四种情况可以归结为一点，只要存在对国家工作人员身份的利用，不论是有身份者利用，还是无身份者利用，国家工作人员统统成立贪污罪。而对于非国家工作人员，只有利用国家工作人员的身份的时候，才构成贪污罪，否则构成职务侵占罪。这种学说看似比较合理，但是以单个行为人是否利用了有身份人的身份来决定共犯的性质，忽视了共同犯罪部分行为全部责任的基本原理。从共同犯罪的角度思考，在两人以上共同实现一个犯罪构成的时候，只有其中一人利用了身份犯的身份就可以构成共同犯罪，或者说只要其中一人具备身份就构成相应的共同犯罪。国家工作人员和非国家工作人员各自利用自己的身份，与国家工作人员和非国家工作人员利用对方的身份，或者两者既利用自己身份又利用对方身份，实际上没有差别。非要非国家工作人员利用了国家工作人员的身份才可以构成贪污罪，就否定了共同犯罪本身。而且，非国家工作人员即使利用了国家工作人员的身份，但他仍然不具备该身份。如果将分别考察说贯彻到底，真正分开考察的话，应该是永远都不可能构成贪污罪。最后，整体考察说注意到了对共犯犯罪的认定应该区分整体犯罪构成和修正的犯罪构成，其理论方向是正确的，但是仍不够完整，主要是没有考虑到即使是整体犯罪构成，在整体的行为可能构成多个犯罪的时候，依然存在想象竞合的情况。而不是简单地认定为纯正身份犯就足够。所以，对于存在身份犯的情况下，只要有利用身份的情况出现，就可以认为构成相应的身份犯，与此同时，如果同时满足非身份犯的犯罪构成，同样可以构成非身份犯。这两个罪属于想象竞合的关系。然后可以确立相应的单个行为人的修正的犯罪构成，采取从一重罪处断的原则，确立不同犯罪人所应当成立的罪名。原则上按照两罪中重罪论处，如果轻罪对无身份者的处罚较重时，可以认为成立轻罪。不论是身份犯还是非身份犯，在整体定罪上都与共犯的分类无关。我国刑法学界长期以来的通说认为，分工分类法具有定罪功能，作用分类法具有量刑功能，是未能处理好整体犯罪构成和修正犯罪构成的关系，将两者混为一谈，其结果是将分工分类法和作用分类法完全对立，导致作用分类法中对作用的认定成为一个没有具体标准的综合体，造成了理论研究的空白，司法实践的障碍。值得一提的是，分工分类法虽然不具有决定犯罪性质的功能，但是在特殊情况下，具有认定犯罪是否成立的功能。因为如前所述，从共犯的处罚根据来看，狭义的共犯引起正犯的不法，但是又具有独立的不法，在虽然引起了正犯的不法，如果不具备独立的不法时，可能会否定犯罪的成立。也就是说，当正犯侵害的法益对于共犯来说不具备侵害性时，比如教唆自伤的情况，就应该否定共同犯罪的成立。所以，在极个别的情况下，共犯分类法具有确定犯罪是否成立的作用，而这和通说所说的定罪功能相去甚远。

（2）分工分类法具有量刑功能

从上述通说可以看出，之所以认为分工分类法不具备量刑功能，是因为按照分工分类法的立法例，对正犯的量刑没有作出规定，而教唆犯则按正犯之刑处罚，没有对不同的教唆犯的刑罚进行区分，因为不同的教唆犯所起的作用可能不同，不能等而视之。而且即使针对分工分类法规定了一般的处罚原则，也不够明确，需要作出更细致的规定，才不违背明确性原则。这样的说法存在一定的道理，但过于极端。首先，分工分类法并非没有对不同的情况进行区分，就教唆犯来说，德国刑法除了在第 26 条规定了教唆犯与正犯同等处罚以外，在第 30 条还规定，故意教唆他人去实行重罪或者教唆他人去教唆另一人实施重罪，根据有关重罪的未遂规定予以处罚，但是，其刑罚必须根据第 49 条第 1 款予以轻处。而日本刑法则规定："教唆从犯的人，科处从犯之刑"。所以，并非没有将不同的教唆行为区别对待。其次，就量刑来说，不是仅仅依靠共犯的作用就可以解决，还要综合考虑其他的因素，将共同犯罪行为之外的影响量刑的因素引入到作用中来，然后让作用的区分承载了过多的量刑功能，实际上已经不是纯粹的共犯分类方法了。最后，就是在刑法中规定了作用分类法，也不一定能够很好地解决量刑问题，这一点，将在作用分类法的利弊中进行具体分析。

而且，从分工分类法本身来看，这种以行为为基准的区分模式，能够以此为基础来说明共犯的处罚根据，能够对不同共犯人的不法作出合理的区分，能够针对共犯的成立建立从属性理论，并且成为界定共犯停止形态的基石。对于正犯来说，其处罚根据在于直接引起法益侵害，对于共犯来说，其处罚根据是通过正犯的行为引起法益侵害，这在个别情况下，可以起到判断犯罪是否成立的效果。而且，正因为如此，正犯的不法和共犯的不法存在区别。同时，正是因为共犯通过正犯引起法益侵害，所以共犯从属性理论的引入成为可能。此外，因为分工分类法以行为为基准进行划分，所以可以较为方便地认定着手以及实行，能够很好地区分不同犯罪人的停止形态。而既然分工分类法可以区分正犯和共犯的不法，不同的不法程度，自然就是量刑功能的体现，总而言之，分工分类法具有量刑的功能，但是正是因为量刑因素的多元性，让分工分类法的量刑功能不可能最终决定不同共犯人的刑罚，如同教唆犯和帮助犯的刑罚都可以比正犯重一样，这并不能说明教唆犯或者帮助犯就起到了主要的作用，而只是将所有的量刑因素综合考虑的结果。分工分类法的量刑功能应该仅限于犯罪行为本身。

（二）作用分类法的利弊探讨

1. 关于作用分类法利弊的学说

有学者指出，作用分类法符合对共犯人进行分类的目的。对共犯人予以分类的目的，是为了正确确定各共犯人的刑事责任大小；刑事责任的大小取决于其行为的危害程度（包括法益侵犯程度与主观罪过程度）大小，故共犯人分类的实质标准应是各共犯人行为的危害程度大小；而共犯人在共同犯罪中所起的作用大小（应从主客观两个方面分析），直接、明确地反映了共犯人行为的危害程度大小；因此，作用分类法能正确解决共犯人的刑事责任问题。共犯人在共同犯罪中的分工，只能从一个方面反映行为的危害程度，仅凭分工并不能明确说明共犯人行为的危害程度。如同是正犯（实行犯），有的实行行为的危害程度严重，有的则相对较轻，教唆犯、帮助犯都是如此。所以，分工分类法难以正确解决共犯人的刑事责任问题。① 而且，作用分类法符合我国的历史传统和司法实际。新中国成立前的解放区人民政权颁布的刑事法规中，就有按作用大小对共犯人进行分类的立法例。新中国成立后，审判实践中主要是根据共犯人在共同犯罪中所起的作用大小，追究共犯人的刑事责任。现行刑法对共犯人的分类正是以这种历史传统和司法实际为依据的。此外，作用分类法符合惩办与宽大相结合的基本刑事政策。该政策的精神实质是分清不同情况，实行区别对待，惩办少数，改造多数。刑法将共犯人分为主犯、从犯与胁从犯，并分别规定相应的处罚原则，正是基本刑事政策的体现。②

对于作用分类法的缺陷，综合学者的意见，主要有以下几点：第一，作用分类法从严格意义上说，是指我国《唐律》创立的共同犯罪人的分类法。它虽然圆满地解决了共同实行犯的量刑问题，但它是在把教唆犯与帮助犯排斥于共同犯罪的范畴之外的基础上确立的，这就使它带有不可避免的狭隘性。正因为如此，作用分类法在当代世界上通行的共同犯罪的概念即共同犯罪人，不仅指实行犯

---

① 这也是通说的观点，受到了诸多学者的支持。参见高铭暄、马克昌主编：《刑法学》，北京大学出版社、高等教育出版社 2007 年版，第 188 页；陈兴良：《共同犯罪论》，中国人民大学出版社 2006 年版，第 156 ~ 157 页。刘艳红主编：《刑法学总论》，北京大学出版社 2004 年版，第 215 页。

② 张明楷：《刑法学》，法律出版社 2003 年版，第 337 页。

而且包括非实行犯的基础上，不可能单独地成为共同犯罪人的分类法。例如，将主犯定义为在共同犯罪中起主要作用的犯罪分子，将从犯定义为在共同犯罪中起次要作用的犯罪分子。这里的主犯与从犯只能是存在于共同实行犯中的主犯与从犯。因为这里的犯罪是以刑法分则的规定为前提的，而刑法分则只有对实行犯的规定。因而，作用分类法的局限性是显而易见的。[①] 第二，无法解决共同犯罪人的定罪和犯罪形态的认定问题。我们知道，行为符合具体的犯罪构成是构成犯罪并应受刑罚处罚的唯一根据。在该分类法中，就主犯、从犯和胁从犯所分担的行为来看，既可能是实行行为，又可能是非实行行为，这三种人中哪一种处于核心地位？哪两种处于从属地位？对此难以确定。如果不明确这些问题，那么，在主犯未实施实行行为而仅实施组织、策划、指挥他人犯罪的行为时，其行为并不符合具体的犯罪构成，何以能构成犯罪并受刑罚处罚？在从犯、胁从犯未实施实行行为时，何以能追究其刑事责任？这在理论上无法解释。同时，由于犯罪的着手是犯罪构成要件行为的开始实行，但由于刑法无实行犯的规定，未明确实行行为与非实行行为的关系，对未实施实行行为的共同犯罪人，着手始于何时？犯罪既遂成立于何时？对此均无法认定。[②]

2. 对作用分类法的评述

(1) 作用分类法的量刑作用存在不足

与分工分类法一样，作用分类法的量刑功能也是有限的，虽然从表面上来看，针对不同的犯罪人的作用大小，科以不同的刑罚，就可以圆满实现量刑的目的。这也是我国学者所主张的作用分类法的最大优点。但是，这种说法成立的前提是，作用分类法能够对主

---

① 陈兴良：《刑法适用总论》，中国人民大学出版社 2006 年版，第 469～470 页。

② 参见狄世深：《行为人身份对共同犯罪定罪的影响评析》，载《法商研究》2004 年第 6 期，第 64 页。

要作用和次要作用进行有效的区别。就正犯来说，确实存在作用大小的区别，但是，到底作用小到什么程度，就可以由起作用较小的正犯变成起次要作用的从犯，根本无法找到一个可供区分的标准。同样的问题存在于教唆犯，教唆犯所实施的行为就是引起犯意，把间接教唆和教唆未遂除开，就引起犯意来说，基本上具有等同性，即使有差异，也是量上的差异，这种量上的差异根本不适合在刑法上以主犯和从犯这样泾渭分明的规定来区分，只需要在量刑上综合考虑就足够。而对于作用分类法符合我国的历史传统和司法实际的说法，也值得推敲。如果历史传统是正确的，那么继承这种传统是有必要的，如果历史传统本身就有问题，那么就值得改进。司法实践也是如此，对于司法实践中违背共同犯罪规律的认定模式，有加以纠正的必要。同样，是否符合惩办与宽大相结合的基本刑事政策，要以作用分类法能够提出明晰的区别标准为前提，如果没有合适的区别标准，想要实现惩办与宽大相结合的基本刑事政策，无异于水中捞月。

（2）作用分类法的缺陷在于未能以行为为基准

对于作用分类法的缺陷，部分说法也存在不合理的地方。虽说《唐律》中的作用分类法可能排除了教唆犯和帮助犯，但不代表现行刑法同样排除了教唆犯和帮助犯。在不同的时代，对同样的用语做不同的理解是完全可以理解的。而且，根据我国现行刑法的规定，主犯和从犯都不限于实行犯，这样的批评对作用分类法并不公平。同时，无法解决定罪的问题已经如前所述，这不是作用分类法或者分工分类法可以解决的，而是在作用分类法和分工分类法之前应当解决的问题。当然，有论者认为主犯未实施实行行为而仅实施组织、策划、指挥他人犯罪的行为时，其行为并不符合具体的犯罪构成，却能构成犯罪并受刑罚处罚，在从犯、胁从犯未实施实行行为时，却能追究他们的刑事责任，这在理论上无法解释。这样的质疑有一定道理，但也不完全妥当，因为所有的共犯人共同实现了一个犯罪构成，对共同犯罪有规定的情况下，每一个参与犯罪的人都构成犯罪，也能够根据主犯、从犯以及胁从犯的规定处罚（当然，这一标准不够精确，但这是作用分类法的必然结论）。这里比较难确定的是，单凭主犯、从犯和胁从犯的规定难以确立各个共同犯罪人各自的修正的犯罪构成，而修正的构成要件的难以确立，并不影响共同犯罪人的定罪。比较有说服力的是，作用分类法无法解决犯罪形态的问题，就分类方式来讲，作用分类法的划分标准与分工分类法不同，它不涉及到实行行为，而正是由于这样的原因，在不同共犯人可能出现不同的犯罪形态时，作用分类法的缺陷暴露无遗。

如果要说作用分类法的根本缺陷在哪里，那就是未能以行为基础进行划分。行为是刑法的基础，在共同犯罪中也是如此。如果不从行为进行分析，很难对不同共犯人的处罚根据作出合理说明，在个别情况下，无法判断犯罪是否成立，而且不能从根本上区分不同共犯人的不法，同时也无从建立从属性理论，让各共同犯罪人犯罪成立条件的确认难以实现，让共犯停止形态的划分成为泡影。如果联系到作用分类法有限的量刑功能来看，这样的分类方法作为立法主导的分类方法，究竟有多大的意义，值得思考。

（三）两种分类方法的关系

1. 双重分类模式合理性之争

正因为通说认为分工分类法主要只能解决定罪问题，而作用分类法只能解决量刑问题，就认为作用分类法和分工分类法不是截然对立的，而是可以得以统一的，因此，不少学者对双重分类模式百般推崇。即认为对于共同犯罪人的定罪，是按分工分类法，对实行犯、组织犯、教唆犯和帮助犯的定罪问题分别加以明确；共同犯罪人的量刑，是按作用分类法，将共犯人分为主犯与从犯，对主犯从重处罚，对从犯比照主犯从轻处罚，从而解决其量刑问题。至于胁从犯，则不将其作为一种独立的共犯人，而是作为一种法定减轻或者免除处罚的情节。[①] 有学者进一步提出，根据分工分类法，将共同犯罪人分为实行犯、组织犯、教唆犯与帮助犯，使人们明确非实行犯与实行犯同属共同犯罪的范畴，这就为非实行犯的定罪提供了法律依据，体现了罪刑法定的精神；然后，再根据作用分类法，将共同犯罪人分为主犯与从犯，并对主犯从重、从犯比照主犯从轻处罚，还暗含着罪刑相适应的思想。而且以作用分类法对共同犯罪人进行分类，可以从直观上判断行为人在共同犯罪中的作用和地位，从而为确定共同犯罪人刑事责任的分担提供便利。这较前苏联简单地以共同犯罪人的犯罪性质和参与程度处刑的原则性规定更具科学性。同时，这两种分类法并非是彼此孤立的，而是有机结合在一起的。作用分类法以分工分类法为前提。主犯与从犯的划分，是以行为人在共同犯罪中的作用为依据，但在认定其作用大小上，仅凭概然的感知是不行的，而应当从具体的事实中寻找可量化、可实证检测的因素作为具体案件主犯、从犯区分的根据，分工分类法对各种行为类型的区分即可为之提供重要的判断依据。不同类型行为的危害性是不同的，一般来说，组织行为重于实行行为，实行行为重于帮助行为，对于教唆行为还要结合具体事实，根据其发挥的实际作用来衡量，不过，基于教唆犯的主观恶性，可以对其处以与实行犯大致相同的刑罚。由于行为的危害性可以大致分出档次，因而为量刑的判断提供了依据，然后，结合共同犯罪的其他要素确定行为人是否是主犯或从犯，从而最终圆满解决共同犯罪人的定罪与量刑问题。在两种分类法并存的结构中，组织犯的定罪与量刑问题也得以

① 陈兴良：《历史的误读与逻辑的误导——评关于共同犯罪的修订》，载陈兴良主编：《刑事法评论》第2卷，中国政法大学出版社1998年版，第292页。相同见解，可参见李志坚：《论共同犯罪人的分类》，载《中山大学学报论丛》2006年第12期，第44页。

科学地解决。[1]

但也有少数学者提出了异议，认为我们并不能因为我国刑法兼采分工标准和作用标准就简单认为“我国刑法对共同犯罪人的分类是科学的，它既吸收了按分工分类的某些优点，又克服了按分工分类的缺点；既发挥了按作用分类的优点，又克服了按作用分类的缺点。”实际上，混合分类标准的采用，在吸收了分工分类法和作用分类法各自的优点的同时，也一并兼有了各自存在的缺陷。各自的缺陷并不会因为混合分类标准的采用而得到完全的克服。[2]

2. 双重分类法应被否定

双重分类法考虑到作用分类法的不足，以分工分类法作为补充，确实能解决一些作用分类法所不能解决的问题，但也带来了新的问题。首先，在分工分类法下，如果是正犯，处以正犯之刑，而不需要从重处罚，而上述论者都认为对主犯则应该从重处罚，那么，如果认为教唆犯可以是主犯，对教唆犯也要从重处罚，其刑罚甚至要重于单独的实行犯，而教唆犯仅仅是通过他人可以自由决定的正犯行为间接侵犯法益，在行为刑法的时代，这样的量刑规则不知道基于何种理由。如此做法，根本没有实现罪刑相适应，而是对罪刑相适应原则的违背。其次，以作用分类法对共同犯罪人进行分类，并不能从直观上判断行为人在共同犯罪中的作用和地位，也不能为确定共同犯罪人刑事责任的分担提供便利。论者所说的直观含义不明，应该是指起主要作用的处罚重，而起次要作用的处罚轻。但这种直观性是以作用大小具有明确的标准为前提的。从前述论述可以看出，作用的判断往往是将影响犯罪的所有因素进行罗列，综合判断。这样的判断方法相反不具有直观性，而具有模糊性，所以

① 狄世深：《行为人身份对共同犯罪定罪的影响评析》，载《法商研究》2004 年第 6 期，第 65 页。

② 何荣功：《共犯的分类与解释论纲》，载《法学评论》2005 年第 3 期，第 41 页。

不能为确定共同犯罪人刑事责任的分担提供便利，相反会造成不便。当然，如果能够找出判断作用大小的标准，这样的说法是成立的，但是当根据共同犯罪的特征来寻求作用大小的判断标准时，会发现更大的问题，这一点，在主犯、从犯和胁从犯的区分中会着重探讨。再次，正如支持双重分类法的学者所指出的，需要从具体的实施中寻找可量化、可实证检测的因素作为具体案件主犯、从犯区分的依据。分工分类法对各种行为类型的区分即可为之提供重要的判断依据。但是，既然通说认为分工分类法和作用分类法是完全不同的分类标准，这两种分类下的共犯人种类是交叉关系，那么分工分类法作为判断依据的说法就难以成立，这就如同性别区分标准不能为年龄区分标准提供判断依据一样。而且，假如分工分类法可以为作用分类法提供依据，就说明分工分类法基本上就可以说明作用的大小，作用大小的主要判断过程已经被分工分类法解决，作用分类法的意义会大打折扣，或者说，前者如果是认定后者的基础，两者就有重叠的嫌疑。而该论者又指出，在分工分类的基础上，通过共同犯罪的其他要素再来确定行为人是否是主犯或从犯，就可以圆满地解决共同犯罪人的定罪与量刑。这种说法忽略了作用分类法作为共犯分类方式这一前提，对于共同犯罪人的分类，应该是基于犯罪行为，作用分类法是基于犯罪行为在犯罪中的作用，分工分类法是基于在犯罪过程中的分工行为，他们共同的分类前提都是犯罪行为。他们在量刑上的判断基础应该也是各自的犯罪行为。作用分类法不可能比分工分类法拥有更多量刑上的要素。如果还有其他影响量刑的因素的话，它也应该独立于犯罪行为之外，独立于作用分类法之外。所以，根据犯罪中所起的作用量刑，也只是量刑中的一个环节，而不能最终决定犯罪人刑罚的大小。

否定说的观点有一定道理，但不够深入。从前述分析可以看出，分工分类法和作用分类法并非一个侧重定罪，一个侧重量刑。从定罪和量刑相结合的角度来说明双重分类模式的合理性是存在问题的。确定共同犯罪的性质并不需要分工分类法，与此相反，它却同时具有量刑功能。那么从逻辑上来看，分工分类法的量刑功能和作用分类法的量刑功能必然存在重叠，将在量刑上具有重叠关系的不同分类法并列，会造成理论上论证困难，以及司法实践上的认定障碍。实际上也是如此，从分类法上来看，分工分类法中的正犯不能仅仅理解成实现了构成要件的人，更要理解成对因果关系的操控。这并不是因为正犯要承载量刑的功能，而是因为共同犯罪的性质使然，这一点，在前文中已经做过详细的说明。而作用分类法针对的同样是犯罪行为，如果能够起到主要作用，就对犯罪过程有实质的影响力，也就是对共同犯罪的开始、发展和结束具有控制力，而这难道主要不也是指对因果关系的控制？脱离对因果关系的控制这一根本特征，作用分类法就完全没有了判断的基准。而我国的主犯和正犯的范围之所以存在这么大的差别，一方面是对教唆犯的造意行为的重视，另一方面是未能对作用的判断基准有清晰的认识，认为作用大小判断可以像数学公式一样精细，所以会把一部分实行犯划归于从犯。如果上述理解可以成立，那么，分工分类法和作用分类法并非两种没有任何关联的分类法，而是具有非常大的共性。将它们视为完全独立的两种分类方法实际上是不合适的。

一言以蔽之，分工分类法定罪功能不足，作用分类法量刑作用有限，丧失了一个重在定罪另一个重在量刑的这一前提，双重分类法就没有倡导的必要了。

二、我国共同犯罪人的分类

对于我国共同犯罪人的分类问题，在刑事立法阶段就存在极大争议，而直到刑法颁布实施，这一争议都没有消弭。

（一）关于法定共犯分类的不同观点

我国刑法所规定的共犯种类，到底采取何种分类方式，一直都存在争议，争议的焦点是，是否在立法上承认我国存在分工分类法。由此产生了四种观点。

第一种观点认为，我国刑法采用了新的四分法，即分为主犯、从犯、胁从犯和教唆犯。这种分类方法主要是以共同犯罪人在共同犯罪中所起的作用为分类标准；同时，这种分类方法也照顾到共同犯罪人的分工情况。特别是刑法“划分出教唆犯这一类，有利于正确地定罪，而且该条又明确规定，对教唆犯应当按照他在共同犯罪中所起的作用处罚。这样就将教唆犯这一分类，纳入以‘在共同犯罪中所起的作用’为分类标准的体系中，从而获得了分类的统一性。”①

第二种观点认为，我国只是将共犯人分为主犯、从犯和胁从犯；刑法对教唆犯作了特殊规定，但教唆犯不是与主犯、从犯、胁从犯相并列的共犯人。其理由在于，主犯、从犯、胁从犯是根据作用这一标准划分出来的子项，而实行犯、教唆犯、帮助犯是根据分工这一标准划分出来的子项，对于不同标准划分出来的子项是不能并列起来的。如果将按不同标准划分出来的共同犯罪人并列在一起，必然要出现一个罪犯同时具有并列的双重身份的混乱现象。而且，既然主犯、从犯、胁从犯是按照作用分类的，而实行犯、教唆犯、帮助犯是按照分工分类的，那么在刑法依据作用进行分类时，这一分类就是高层次的，反之，如果刑法依据分工进行分类，则分工分类是高层次的，将不同的子项并列起来就是越级划分。② 此外，不能因为刑法中规定“教唆犯”这一名称，就认为它是共犯人的独立种类。如果是这样，刑法中规定的“首要分子”也是共

---

① 高铭暄主编：《新中国刑法学研究综述》，河南人民出版社 1986 年版，第 358 页。类似观点可参见高铭暄主编：《刑法学》，法律出版社 1984 年版，第 195 页；赵秉志、吴振兴主编：《刑法学通论》，高等教育出版社 1993 年版，第 229 页；陈兴良：《共同犯罪论》，中国人民大学出版社 2006 年版，第 166 ~ 169 页。

② 张明楷：《刑法的基本立场》，中国法制出版社 2002 年版，第 292 页。

同犯罪人的独立种类了，这难以令人赞同。[①]

第三种观点认为，我国刑法以分工分类法将教唆犯分为独立的一类，其定罪的法律依据问题得以解决；其量刑的法律依据问题，按照其在共同犯罪中所起的作用的大小，依照作用分类法所分的主犯或者从犯处罚，也得以解决。如果说解决教唆犯以分工分类法与解决主犯、从犯、胁从犯以作用分类法为并列分类法的话，而解决主犯、从犯、胁从犯的作用分类法实质上是混合分类法。因为在该分类中，虽然以作用分类法为基本框架，但也涵括了分工分类法的内容，如“组织、领导犯罪集团进行犯罪活动的”组织犯与“在共同犯罪中起主要作用的”实行犯归入主犯，“在共同犯罪中起辅助作用的”帮助犯与“在共同犯罪中起次要作用的”实行犯归入从犯。[②]

第四种观点认为，“主犯、从犯、胁从犯是按作用分类的共同犯罪人的基本种类，而教唆犯则是按分工分类的共同犯罪人的特殊种类。组织犯、实行犯、帮助犯在我国刑法条文中实际也是有所反映的，只是没有组织犯、实行犯、帮助犯的概念……在理论上可将我国刑法中的共同犯罪人分为两类：第一类，以分工为标准分为组织犯、实行犯、帮助犯、教唆犯；第二类，以作用为标准分为主犯、从犯、胁从犯。”在以分工为标准的分类中“除教唆犯外，组织犯、实行犯、帮助犯都不是法定的共同犯罪人种类。”[③]

---

① 张明楷：《教唆犯不是共犯人中的独立种类》，载《法学研究》1986年第3期，第44页。

② 郝守才：《共同犯罪人分类模式的比较与优化》，载《现代法学》2007年第5期，第60页。

③ 马克昌主编：《犯罪通论》，武汉大学出版社1999年版，第540~541页。

（二）对不同观点的评说

第一种观点曾经是我国的通说[①]，但诚如第二种观点所批驳的，这种学说将不同分类法下的共犯种类并列，在逻辑上存在问题，在此不再赘述。值得一提的是，该说所认为的混合分类法的优点，即将教唆犯这一分类，纳入以“在共同犯罪中所起的作用”为分类标准的体系中，从而获得了分类的统一性。实际上正是不同的分类标准导致的必然结果，而不是所谓的混合分类法的优点。不同的分类法之间必然会存在交叉，这种所谓的统一性正好是交叉的体现。

第二种观点指出了我国通说存在的逻辑不当的问题，但是否定教唆犯是我国独立的共犯人种类，走向了另一个极端。的确，教唆犯不能与主犯、从犯、胁从犯并列，但不能因而否定教唆犯是我国刑法中共同犯罪人种类之一。我们认为，是不是共同犯罪人的独立种类，只能以法律规定为标准。我国刑法第 26 条规定了主犯，第 27 条规定了从犯，第 28 条规定了胁从犯，第 29 条规定了教唆犯。既然承认第 26～28 条规定的主犯、从犯、胁从犯为共同犯罪人的种类，有什么理由否定第 29 条规定的教唆犯为共同犯罪人的独立

---

① 这种观点的支持者越来越少，如曾经支持这种观点的陈兴良教授转而对刑法规定的共犯人种类进行了批判，至少肯定了将主犯、从犯、胁从犯、教唆犯并列的做法不当。从刑法理论与司法实践来看，1979 年刑法关于共同犯罪人的这种分类法还存在较大的缺陷。主要是因为，从刑法理论上来说，分工分类法与作用分类法是两种不同的分类法，分类标准有所不同两者不能交错。更为重要的是，作用分类法是在共犯定罪问题已经解决的情况下才具有其可行性。由于我国刑法共犯观念根本不同于《唐律》，因而采用作用分类法难以解决共犯的定罪根据问题，或者使定罪与量刑这两个问题发生逻辑上的倒置。参见陈兴良：《刑法适用总论》，中国人民大学出版社 2006 年版，第 474 页。

种类呢?① 第二种观点还认为，不能因为刑法中规定“教唆犯”的名称，就认为是共同犯罪人的种类，如果是这样，则刑法中规定的“首要分子”也可以是共同犯罪人的独立种类了。这种说法存在问题。“首要分子”不一定是主犯，还有可能是单独犯罪，更关键的是，即使认为在共同犯罪中的首要分子，也不可能找到一个统一的、与首要分子相并列的共犯人种类，所以它并不是在共同犯罪人的分类标准下得出的共犯人种类。不可能是共同犯罪人的独立种类。而教唆犯是按照分工分类法划分后得出的共犯人种类，两者具有不同的性质。既然根据分工分类法可以将共犯分为正犯、教唆犯和帮助犯，而刑法又对教唆犯作出了单独的规定，教唆犯是法定的共同犯罪人种类毋庸置疑。该论者所想要证明的并非是教唆犯是共同犯罪人的种类，而是教唆犯的法定性。因为不管刑法有没有规定，教唆犯是共同犯罪人种类都是毋庸置疑的，有疑问的是这一种类是否是法定的。组织犯、正犯、教唆犯、帮助犯是理论上还是法定的共犯人分类，与教唆犯是否是法定的共犯人种类不是等同概念，在没有对分工分类法的所有共犯人都作出规定，而只规定了教唆犯一类的情况下，很难说我国组织犯、正犯、教唆犯、帮助犯是法定的分类，但不能否认教唆犯是法定的共犯人种类。

第三种观点也颇具代表性，认为我国是混合分类法的理由主要是，虽然以作用分类法为基本框架，但也涵括了分工分类法的内容。当然“组织、领导犯罪集团进行犯罪活动的”组织犯与“在共同犯罪中起主要作用的”实行犯归入主犯，“在共同犯罪中起辅助作用的”帮助犯与“在共同犯罪中起次要作用的”实行犯归入从犯。也就是说，这种观点认为，主犯、从犯和胁从犯的分类也就是混合分类，因为掺入了分工分类法的因子。该观点对我国作用分类法的理解较为深入，但仍有所不足。组织领导犯罪集团的组织

① 马克昌:《共同犯罪理论中若干争议问题》，载《华中科技大学学报》（社会科学版）2004 年第 1 期，第 19 页。

犯，最后仍然归入主犯，辅助他人犯罪的帮助犯则被认为是从犯，分工分类法对于分类根本没有发挥作用，立法者只是将总是起主要作用的组织犯在主犯中进行提示，将总是起到次要作用的帮助犯在从犯中特殊强调，以便于司法实践。对组织犯和帮助犯的突出并没有影响到作用分类法，组织犯之所以被认定为主犯，还是因为他通过组织、领导行为起到了主要作用，帮助犯被划归从犯，也是基于帮助行为所起的作用是次要的。分类标准都是根据行为所起的作用，所以并不是混合分类。

第四种观点值得赞同。根据我国刑法的规定，可以认为我国根据作用分类法将共犯分成了主犯、从犯、胁从犯。我国刑法还单独规定了教唆犯，这是分工分类法下的共犯种类，这一种类应该得到承认。而正是因为分工分类法和作用分类法是不同的分类方式，所以，教唆犯可以是主犯、也可以是从犯。但既然我国刑法没有规定正犯和帮助犯，所以并不能说我国刑法完整地对分工分类法进行了规定。

总之，不同的分类法下的共犯人不能并列基本已经达成了共识，刑法对教唆犯进行的单独的规定也是一致的意见。所以，目前争议的焦点就在于是否承认教唆犯是独立的共犯人种类，这样的争议涉及的根本不是刑法关于共犯人的分类，而是具体的共犯人种类。而既然规定了教唆犯，必定存在教唆犯的认定问题，也就是说，根据刑法的规定，要先认定是否是教唆犯，然后再考虑是根据主犯还是从犯处罚，是否要从重处罚，等等。这样就难免要涉及到教唆犯和正犯以及帮助犯的区别。从这个角度来说，在存在教唆犯的情况下，分工分类法不仅仅停留在理论上，而且也蕴含在刑法的规定之中。

第二节　现有立法模式下共犯界限理论的重构

现行刑法规定了四类共同犯罪人，首先区分的是主犯、从犯以及胁从犯，而因为刑法单独规定了教唆犯，在认定教唆犯的时候，需要与正犯以及帮助犯相区分。同时，刑法对主犯的规定中涉及到组织犯的问题，故对教唆犯和组织犯的界限也展开探讨。刑法未对正犯和帮助犯进行规定，所以，从解释论的角度，在此不再探讨两者的区分问题。

一、作用分类法下共犯的界限

作用分类法下共犯的界限，少有人探讨，即使是研究主犯、从犯和胁从犯的专论，往往也都限于探讨各自的成立范围，在共犯理论研究如此发达的今天，出现这样的局面，确实不可思议。以下将分别探讨主犯与从犯的界限、主犯与胁从犯的界限、从犯与胁从犯的界限。

（一）主犯与从犯的界限

从刑法的规定来看，主犯是指组织领导犯罪集团进行犯罪活动或者在共同犯罪中起主要作用的人；从犯是指起次要作用或者辅助作用的人。从整体来看，主犯可以认为是起主要作用的人，而从犯则是起次要作用的人。①

如果不考虑立法的规定，作用大小的判断应该基于犯罪行为，犯罪行为又可分为主观和客观两个方面。所以，作用大小也

---

① 通说认为，对主犯和从犯的区别要综合考虑其在共同犯罪中的地位、参与程度、犯罪情节以及对危害结果所起作用的大小等各方面的因素来确定。参见高铭暄、马克昌主编：《刑法学》，北京大学出版社、高等教育出版社2007年版，第191页。这种观点几乎取得了学者们的一致赞同，除了用词略有不同以外，基本上找不到不同见解。参见陈兴良：《共同犯罪论》，中国人民大学出版社2006年版，第198～204页；张明楷：《刑法学》，法律出版社2007年版，第359页；刘艳红主编：《刑法学总论》，北京大学出版社2004年版，第217页；阴建峰、周加海主编：《共同犯罪适用中疑难问题研究》，吉林人民出版社2001年版，第284～286页。该观点的缺陷已经在从犯的范围一节中作过说明，在此不再探讨。

应该分别从主观面和客观面来寻求。一般而言，在主观上，能够通过意志上的优势支配关系将犯罪的进程把握在手时，可以认为起到了主要作用，如果在主观上没有形成这种支配关系，而在客观上实现了构成要件行为或者虽然没有实现构成要件行为，但是从与实现了构成要件行为的人的关系上能够同等看待时，可以作为主犯来处理。

但从我国刑法的规定来看，有两点值得重视：一是针对从犯所规定的次要作用主要是指次要的实行犯①，也就是实现了构成要件行为的人仍然可能构成从犯；二是教唆他人犯罪的，按照他在共同犯罪中所起的作用处罚，当教唆犯起到的作用是主要作用时，就当做主犯来处理。所以，根据刑法的规定，要对一般意义上的主要作用进行修正。

从次要实行犯可以是从犯的立法规定可以作出如下推论：首先，从客观面来看，对主要作用的界定，要么是实现了构成要件行为，要么相当于实现了构成要件行为。如果实现了部分构成要件行为，一部分人被评价为主犯，另一部分人被评价为从犯，这绝不是从客观面上的区分可以达到的效果，对于同是实现了构成要件的行为人，在作用上可能存在大小差异，而这种差异应该是同一类别下量的差异，绝不是质的不同。所以，如果实现了构成要件的行为人也可以作为从犯来对待，这就说明客观面所起到的区分主犯和从犯的作用被削弱。

其次，从主观面来看，如果行为人能够控制犯罪的发生、完成和进行，那么无疑起到了主要作用，这种控制力从意志因素上来看是他人听任行为支配，如组织犯；从认识因素来看是通过认识优势

---

① 需要指出的是，对次要实行犯以及教唆犯的探讨，并非表明对主犯从犯的区分以分类分工法为基础，而是从解释论的角度，需要根据刑法的规定来理解主要作用和次要作用的内涵。

形成阻碍动机，如存在一定认识错误的情况。[1] 对于被支配的人，即使在客观上实施了构成要件行为，也应该被认定为从犯。再次，任何一个人在主观上对犯罪的流程都不具控制力，那么就要在客观面上来判断。若是实现了构成要件行为，则都可以作为主犯来处理；如果连部分构成要件的行为都没有实施，则从行为人的行为是否具有必要性，行为人之间的关系来衡量。[2] 这种判断模式和正犯的判断具有相似性，区别在于，如果存在意志上的支配，而被支配者即使实现了构成要件，也有可能构成从犯，这是分工分类法下应

---

① 这样的情况在司法实践中比较常见。如在（2007）穗中法刑一初字第467号的周滔、张保田、朱定建故意杀人案中，被告人周滔、“阿洪”（另案处理）发现一名“点水”（向公安机关检举其违法犯罪事件）的男子（姓名不详，以下简称“无名氏”）后，即纠合被告人张保田、朱定建及同案人孙空军、“王坤”、“阿健”（均另案处理）等人决意杀死“无名氏”。同案人孙空军、“王坤”、“阿健”在广州市白云区沙太路京溪大街巷口，抓住“无名氏”将其拉入附近的小巷内殴打，随后又强行将“无名氏”拉进被告人张保田拦截的一辆出租车里，同案人孙空军、“王坤”、“阿健”三人坐后排座控制“无名氏”，被告人张保田携带两把砍刀坐副驾驶座位，在被告人周滔电话指引下，威逼司机驶至京溪街梅花园村老虎洞某部队通讯总站前的白云山脚处，被告人周滔则搭乘被告人朱定建驾驶的摩托车跟至作案现场，会同被告人张保田望风，同案人孙空军、“王坤”持砍刀、“阿健”持随身携带的匕首将“无名氏”拉下出租车推入路边的树丛中，由同案人“阿健”、孙空军、“王坤”持匕首、砍刀对“无名氏”胸腹部、颈部、手、背部等部位捅刺、砍击数刀后，众人逃离现场，被害人“无名氏”当场死亡。参见 http://vip.chinalawinfo.com/Case/displaycontent.asp? gid = 117603126。其中周滔虽然没有实施杀人行为，但是法院最后判决“周滔在上述人员中有‘大哥’的地位，纠合同案人抓被害人，选择作案地点，并到犯罪现场，其虽然没有实施具体的杀害行为，但其在共同犯罪中起主要作用，是主犯。”这就是意志支配的典型案例。

② 具体判断方法可以参见第三章第四节，正犯和共犯区分标准再整理，不再重复说明。

该被否认的。可见，承认次要的实行犯可能构成从犯是主观主义思想的体现。①

---

① 如（2009）渝二中法刑初字第 15 号的李深奎等故意杀人、拐卖儿童、包庇案的刑事判决中，被告人邓青权根据被告人李深奎的安排，两人一起连夜将田本香的男婴背至开县县城与丁里海交接，邓青权又按照李深奎的安排将男婴送至开县镇安镇丁里海家中。李深奎从丁里海处收取 13500 元，分给邓青权 500 元。参见 http://vip.chinalawinfo.com/Case/displaycontent.asp?gid=117597811。根据这个情节，邓青权明显实施了拐卖儿童罪的实行行为。但根据法院的判决，仅认为其对李深奎的行为起到了帮助作用，构成拐卖儿童罪的从犯，并从轻处罚。参见 http://vip.chinalawinfo.com/Case/displaycontent.asp? gid=117597811。虽然判决中没有具体写明，但是大致上可以得出，李深奎是犯意的发起者，同时控制犯罪的整个过程，最后又是赃款的主要收受者，由此邓青权就属于被支配的地位，所以构成从犯。但是很难说邓青权达到意志被支配的程度。如果忽略不同分类法之间的差异，该案例的判罚与德国的“浴盆案”非常相似，可以说采取的就是主观说的观点，甚至倾向了“利益说”。可以看出，认为次要的实行犯可以是从犯的情况下，主犯和从犯的界限就需要借助主观面来认定，而认定的结果很容易偏向早已被淘汰的主观说，这个问题可能是目前的立法体系很难解决的。

但是在有些案子中，却呈现出客观化的趋势。如（2007）海南刑初字第 17 号的罗日壮杀人案所示，2004 年 4 月 23 日凌晨 1 时许，连小鸿（已判刑）、林国清（在逃）等人在儋州市那大镇金灯城歌舞厅台上娱乐唱歌时，也在该歌舞厅娱乐的许家才沿着地板向林国清、连小鸿所在的方向滚了几个啤酒瓶。林国清、连小鸿由此不满，将此事告诉了同伴连荣辉（已判刑），连荣辉当即打电话给陈益海（已判刑），让陈益海带人到金灯城歌舞厅报复。陈益海即纠集被告人罗日壮和何宇龙（已判刑）等人分别携带尖刀、菜刀赶到金灯城歌舞厅，连荣辉指明了坐在邻桌的许家才、郑亦平等人后，陈益海持单刃尖刀，罗日壮持菜刀，连小鸿、连荣辉、何宇龙持啤酒瓶一起冲上前，先用啤酒瓶砸许家才、郑亦平等人，接着对许、郑拳打脚踢，罗日壮还用菜刀砍伤郑亦平。许家才被打倒后，被告人陈益海刺中许家才，致许家才心脏被刺中破裂，当场死亡。之后，被告人罗日壮等人逃离现场。法院认定被告人罗日壮因琐事纠纷，竟结伙对他人报复行凶，在行凶中，其同伙用尖刀捅

从教唆犯可以是主犯可以得出以下结论：教唆犯和正犯相比，只是实施了引起犯意的行为，这种行为并非犯罪的实行行为，而

（接前注）刺被害人的前胸，致被害人的心脏被刺破裂而死亡，其行为已构成故意杀人罪。在共同犯罪中，被告人罗日壮起次要作用，系从犯。参见：http://vip.chinalawinfo.com/Case/displaycontent.asp? gid = 117523106。在本案中，罗日壮具有杀人的故意，而客观上也实施了杀人的行为，完全具备了正犯的条件。而且，在主观上，并不存在任何意志支配的关系。所以，本案将罗日壮认定为从犯，主要是基于被害人死亡的结果不是其造成。将造成死亡结果的正犯认定成主犯，将没有造成死亡结果的正犯认定为从犯。这样的结论貌似合理，实则不然。在本案中不能从主观方面来区分主犯和从犯，而只能从客观方面进行区分，而不管是否亲自造成了死亡的结果，至少都是实施了构成要件行为。对于同是实施构成要件行为的不同行为人，分别认定成主犯和从犯是没有依据的。虽然共同犯罪是典型的数人实现一个犯罪构成，实行"部分行为全部责任"的原则。虽然全部责任并不代表着同等责任，但至少每个犯罪人都要对结果负责。所以本案中罗日壮虽然没有亲手造成被害人的死亡，但仍然构成故意杀人罪的既遂。也许有人会认为虽然同为既遂，但不妨碍罗日壮构成从犯。但如果我们将从犯的处罚规定与犯罪未遂的处罚规定进行比较，就会发现端倪。我国刑法第 27 条第 2 款规定，对于从犯，可以从轻、减轻或免除处罚。第 23 条规定，对于未遂犯，可以从轻或者减轻处罚。从这样的规定可以看出，如果将罗日壮认定成从犯，就会比将罗日壮认定为单独犯的故意杀人未遂的处罚还要轻。而恰好相反，罗日壮在共同犯罪中是构成故意杀人既遂的，其处罚至少应当比单独犯罪要重。这种自相矛盾的规定并不能简单地归结为刑法规定的不合理。虽然共犯分类方法有所不同，但是因为我国的从犯也包括帮助犯，所以可以比照一下各国的立法例。这里仅举两例，如《日本刑法典》第 43 条规定，已经着手实行犯罪而未遂的，可以减轻刑罚。而第 63 条则规定，从犯的刑罚，按照正犯的刑罚予以减轻。所以，从犯的处罚是宽于未遂犯的。而根据《德国刑法典》第 23 条和第 27 条的规定，未遂的从宽幅度和从犯是相同的，但未遂是可以从轻，从犯是应当从轻。基本上各国刑法关于从犯的处罚规定都要比未遂的规定轻缓。我们国家在从犯包含帮助犯的情况下，其刑罚规定比未遂要轻缓是合适的。所以上述矛盾的产生不在于立法，而在于司法。在共同犯罪中，因为不同行为人之间的相互补充、相互促进的关系，正是因为这样

且，教唆犯的引起犯意的行为根本谈不上对犯罪过程存在支配力，这是教唆犯和间接正犯的根本区别，也是对教唆犯引起犯意行为的本质了解，教唆犯所实施的仅仅是引起犯意的行为，是否实施犯罪，由被教唆人自主决定。既然如此，从引起犯意的方式上来判定作用大小就存在问题。不论是采取何种手段引起他人的犯意，在性质上都是使没有犯意的人产生犯意，在教唆行为的核心特征上不存在差异。所以，应该从引起的犯意内容进行限定，如果引起犯意的内容是实行行为，则是主犯；如果引起犯意的内容是非实行行为，则不是主犯。同理，对于多人共同教唆一人实行犯罪的，在其中则存在主次之分，如果存在帮助教唆的情形，则可以视为从犯，这也可以从教唆行为的必要性以及教唆人之间的关系上进行判断。对于相继教唆，即教唆他人去教唆第三者实施犯罪的，教唆犯要引起的就是他人的教唆故意，而非实行故意，这种情况和引起实行故意仍存在差别，而对于被教唆的人再教唆他人实施实行行为的，其教唆犯意的产生不具备独立性，与直接教唆也存在一定差别。如果是间接教唆，即教唆他人实施实行行为，而他人却转而教唆他人实施实行行为的，基于同样的道理，也应与直接教唆相区分。因想要引起的是实行故意，实际上引起的是教唆故意。可以认为，最先教唆者，是犯罪意思的发起者，没有他的教唆，就不会使他人产生犯罪

（接前注）的关系，它和单独犯罪要有所区别。在本案中，将罗日壮界定为从犯，显然就是基于单独犯罪的思考路径。也许有人会认为将罗日壮认定为主犯会导致罪刑失衡，但认定成主犯正是共同犯罪的本质所在，而且，我国刑法分则对不同犯罪刑罚的规定有相当宽泛的法定刑幅度，罪刑失衡的问题也许并不存在。我国立法将次要的实行犯界定为从犯，与没有实施构成要件的帮助犯并列，实际上是将不同性质的共犯人并列，在犯罪人的分类上很难说是妥当的。

意思。一般说来，在共同罪犯中起着主要作用，应当作为主犯处罚。最后教唆者教唆他人实行犯罪，直接引起他人犯罪行为的实行，一般说来，在共同犯罪中也起着主要作用，也应作为主犯处罚。中间教唆者，只是起着中转的作用，在共同犯罪中所起的作用，可以作为从犯处罚。①

概言之，主犯和从犯界限应该从主观面和客观面分别判断，如果主观上存在意志支配的，可以认为是主犯，被支配者构成从犯。此外，在主观上，引起他人实行犯罪乃至教唆犯意的行为也可以作为主犯来处理。② 如果不存在意志支配，则在客观上根据是否实施了构成要件行为、行为人之间的关系来判断是否构成主犯。

（二）主犯与胁从犯的界限

通说认为，胁从犯和主犯区别在于两方面：一是到底是起主要作用还是次要作用，二是是否有胁迫存在。

胁从犯中的胁迫，就是对行为人所实施的一种精神上的强制，而且这种胁迫一定要贯穿于犯罪的整个过程中（否则就可能出现胁从犯转化成主犯的情况）。胁迫针对的是行为人的意志，如果胁迫可以达到让被胁迫人听任他人决定的程度，那么，在实行犯可能是从犯的前提下，从解释论的角度，必须承认主观方面在作用区分上的优势地位。如果一个人在实施犯罪行为上听任他人决定，这个人就应该按照现行刑法认定成从犯，否则实行犯可以是从犯的立法规定就形同虚设。既然如此，如果因为被胁迫而达到了听任他人决定的程度，无疑可直接认定为起到了次要作用且被胁迫，或者说，根据我国刑法的规定，在达到意志支配的前提下，起到次要作用是

---

① 参见马克昌主编：《犯罪通论》，武汉大学出版社 1999 年版，第 599 ~ 560 页。

② 所以，大致可以把意志支配作更广义的理解，即引起犯意的行为也可以视为存在意志支配，进而，意志支配就可以分为达到听任他人决定的意志支配和自己决定的意志支配（即教唆）。

被胁迫的必然内容。这时候，主犯和胁从犯的区分，就是看行为人是否被胁迫[①]。在这种情况下，被胁迫的人不可能构成主犯。如果认为被胁迫的人可以是主犯，会与次要的实行犯可以是从犯的立法相冲突。如前所述，既然都是实施了客观构成要件行为，在客观面只是存在量上的差异，到底是构成主犯还是从犯，应该由主观面来决定，主观上若是听任他人决定，则应该构成从犯，而不是主犯。那么，主观上进一步被胁迫实施犯罪的，更不可能是主犯。

与之相对，如果胁迫没有达到意志支配的程度，如通过违法行为的告发、个人隐私，如私生子等的揭露等胁迫他人实施犯罪，这种情况很难说存在意志支配，因为犯罪行为的决定完全可以由行为人来作出。在这种情况下，如果在主观上有其他的因素可以认定存在意志支配，比如同时存在错误支配时，则可以认为在主观上既被胁迫，又起到了次要作用，应构成胁从犯。而若是依据其他因素不能判定存在意志支配时，从主观上就无法区分是否构成胁从犯，而应该从客观面来判断。如果此时实施了构成要件行为，或者可以视为与实行了构成要件行为同等对待（具体判断流程同前），则可以认为起到了主要作用，仍然是主犯（这也就是通常所说的“胁主犯”），反之则认为起到了次要作用，构成胁从犯。[②]

总之，如果胁迫达到了意志支配的程度，胁从犯的成立条件就是是否被胁迫，这种胁从犯和主犯的区分也是看是否被胁迫。如果胁迫没有达到意志支配的程度，那么胁从犯的成立条件是是否被胁迫且是否起到次要作用，而此时主犯和胁从犯的区分则依次从主观面和客观面进行判断。

（三）从犯与胁从犯的界限

从文义上理解，从犯和胁从犯的界限就是看行为人是否被胁

---

① 此时，胁从犯的成立条件只有一个，就是看是否被胁迫。

② 此时，胁从犯的成立条件有两个，一是是否被胁迫，二是是否起到次要作用。

迫。但是既然胁迫也是作用的体现，两者又存在交叉的问题，故仍有单独探讨的必要。

当胁迫达到意志支配程度时，胁迫本身就是次要作用的体现，虽说都是起次要作用，因被胁迫而起到次要作用比因其他因素起到次要作用的社会危害性要小，所以直接可以认定成胁从犯。也就是说，只要胁迫达到了意志支配的程度，就认定为胁从犯。

当胁迫没有达到意志支配的程度时，如果从其他因素可以判定行为人起到了次要作用，即主观上存在基于错误的意志支配，客观上既没有实施构成要件行为，也没有实施与构成要件相当的行为，而是实施犯罪所不必需的行为、非构成要件行为或者与构成要件不相当的行为，则构成胁从犯。也就是说，此时判断标准仍然是是否受胁迫。但是，既然胁迫也是起次要作用的因素之一，如果没有单独的胁从犯的规定，是不是存在这样的情况，即如果不考虑胁迫的因素，可能构成主犯，但是考虑了胁迫的因素，可能就构成从犯了。但若是按照现在刑法的规定，将胁迫这一因素单独考虑，只能构成被胁迫的主犯，连从犯都不能构成。因为不可能先将胁迫的因素考虑在内，认为构成从犯，然后，再因为他被胁迫，而进一步认定成胁从犯，这样就将胁迫这一个因素重复评价了。而如果认为从犯也可以是被胁迫的，那么，从犯和胁从犯都可以是受胁迫，两者将无法区分。如果将胁迫分为达到意志支配程度的胁迫和没有达到意志支配程度的胁迫，这一问题就可以在很大程度上避免。在胁迫达到了意志支配的程度时，直接根据是否受胁迫就可以构成胁从犯，而没有主犯或者从犯成立的余地；如果没有达到意志支配的程度，此时的胁迫对次要作用的认定已经不是决定因素，对次要作用起到决定性作用的是客观面，所以，上述矛盾可以通过这种解释方式消解。当然，这是建立在对意志支配和非意志支配的胁迫可以作明确区分的前提下而得出的结论。但是，对于没有达到意志支配程度的胁迫，连是否起到次要作用都决定不了，却可以将刑罚从应当从轻、减轻处罚或者免除处罚变更成按照犯罪情节减轻处罚或者免除处罚，是不是仍有罪刑失衡的嫌疑？而这一问题，无法从解释论上加以解决。不是所有的法律漏洞都可以由解释来弥补，刑法关于胁从犯的规定确有废止的必要。

二、分工分类法下共犯的界限

(一) 教唆犯与组织犯的界限

1. 组织犯的范围

对组织犯是否是独立的共犯人种类，存在一定的争议。既然我国刑法在主犯中特别规定了组织行为，所以探讨教唆犯和组织犯的界限就具有一定的意义。[①] 对于组织犯的概念及存在范围，主要存在两种观点。[②]

第一种观点认为，我国刑法理论上的组织犯，是指组织、领导犯罪集团或者在犯罪集团中起策划、指挥作用的犯罪分子。如此，组织犯只存在于犯罪集团之中。[③] 第二种观点认为，组织犯是根据犯罪的分工而确立的一类犯罪人，这类犯罪人的主要特征是不亲自

---

① 需要说明的是，本文并不主张组织犯是与正犯、教唆犯和帮助犯并列的独立的犯罪人种类，而是一个从立法的角度而创设的独立概念。故组织犯、正犯和帮助犯都不是正犯的独立种类，在现有的立法模式下，没有必要对组织犯和正犯以及帮助犯的界限进行单独探讨，它们之间的差别仅在对组织犯的范围界定中说明。

② 曾经有一种观点认为，在犯罪集团或者聚众犯罪中起组织、策划、指挥作用的是组织犯。即将组织犯和首要分子完全等同。这种观点明显混淆了必要共同犯罪和任意共同犯罪的界限，现在少有人支持，故不再单独探讨。参见陈兴良：《论共同犯罪的立法与司法完善》，载《法学研究》1989 年第 6 期。

③ 马克昌主编：《犯罪通论》，武汉大学出版社 1999 年版，第 542 页。这种观点在我国的立法文件中也有体现。如 1956 年的《中华人民共和国刑法草案》（第 13 稿）第 28 条规定："组织、领导犯罪集团进行犯罪活动的，是组织犯。" 1994 年中国人民大学法学院刑法总则修改小组拟定的《中华人民共和国刑法》（总则修改稿）（第 1 稿）第 46 条第 2 款中规定："在犯罪集团中起组织、策划和指挥作用的是组织犯。"

实施刑法分则规定的犯罪的实行行为，而是实施共同犯罪的组织、领导、策划、指挥等非实行行为。实施行为的性质，是确立组织犯的根本标准，而至于共同犯罪是否以有组织的形式实施，则不是确认组织犯是否存在的依据。从上述外国刑法关于组织犯的定义也可以看出，组织犯不仅存在于犯罪集团中，同时还存在于一般共同犯罪之中。就我国刑法的具体规定来看，在一般共同犯罪中，也是可以存在组织犯的。我国刑法第26条第4款规定："对于第三款规定以外的主犯，应当按照其所参与的或者组织、指挥的全部犯罪处罚"。这就是说，主犯中有一种在一般共同犯罪中起组织、指挥作用的类型。这种类型的主犯也就是一般共同犯罪中的组织犯。如果此类主犯不是组织犯，那么，根据什么来认定其组织、指挥行为的犯罪性质呢？如果此类主犯的行为不是组织行为，那么，根据作用分类法，这些行为又属于哪一类犯罪行为？将此类行为排除在组织行为以外，势必得出这些行为不属于作用分类法设立的犯罪行为的荒唐结论。[①] 也有学者认为，认定组织犯的根本标准，应当是其所实施行为的性质，而不是共同犯罪是否以有组织的形式实施。以我国刑法理论对共同犯罪形式的认识为出发点，组织犯不仅仅存在于集团犯罪中，它在一般的共同犯罪，包括狭义的团伙犯罪、雇用犯罪中也应当有存在的空间。并指出，在一般的共同犯罪中，有些对犯罪起到组织、策划指挥作用的人的行为性质显然已经不是教唆犯或帮助犯所能涵盖的了。因为教唆犯的教唆行为对他人的实行行为仅仅具有诱发性，而不具有支配性；而帮助犯的帮助行为也仅仅是使他人的犯罪行为易于实行。在雇用犯罪中，也存在组织犯，因为教唆只是使他人产生犯罪意图或坚定犯罪意图的行为，教唆犯并不参与犯罪的实施。而一些案例中的雇主不但使他人产生了犯罪意

① 阴建峰、周加海主编：《共同犯罪适用中疑难问题研究》，吉林人民出版社2001年版，第240～241页。赵辉：《组织犯及其相关问题研究》，法律出版社2007年版，第201页。

图，而且具体策划、指挥了犯罪的实施，其行为显然超出了教唆的范畴。此外，狭义犯罪团伙也存在组织犯，即是建立犯罪团伙，领导、策划、指挥团伙实行犯罪活动的人。①

在上述两种观点中，第一种观点较为可取。首先，虽然根据我国刑法规定，在主犯中有一种在一般共同犯罪中起组织、指挥作用的共犯类型，但并不代表着在一般共同犯罪中起组织、指挥作用的就一定需要界定成组织犯。此类主犯不是组织犯的话，完全可以将它划归为正犯或者教唆犯，在性质的认定上没有任何问题。其次，对于一般共同犯罪、雇用犯罪以及特殊的团伙犯罪，似乎可以很容易地推而广之，凡是超出了教唆的单纯引起犯意的范畴，起到了组织、策划作用的，都可以视为组织犯。其实不然，这种看似共犯分类法更加精细的分工造成了理论上沉重的负担。如果这样的分类成立，那么在一般共同犯罪中，就需要对组织犯、正犯、教唆犯和帮助犯四者进行区分。而对犯罪起到了组织、策划、指挥作用的人的认定并非如理论上的划分那么简单。

首先，组织犯和正犯的区分会出现问题。如前所述，即使把意志支配完全从正犯中剥离，正犯也不一定是实现了构成要件行为的人，这是由共同犯罪本身的性质所决定的，无论理论如何变幻，都不能改变这一事实。如果否认这一点，就会导致一部分犯罪人既不能划为正犯，又不能划为组织犯的状况，从而形成处罚的漏洞（如在共同故意杀人罪中抱住被害人让他人的刺杀行为得以实现的人）。结论就是，原来三分法中的正犯可能分为四种情况：第一种是实现了构成要件但没有起到组织、策划、指挥作用的正犯，第一种是没有实现构成要件、也没有起到组织、策划、指挥作用的正犯，第三种是实现了构成要件同时起到了组织、策划、指挥作用的正犯和组织犯竞合的情况，第四种是没有实现构成要件但起到了组

---

① 参见赵辉：《组织犯概念的再界定》，载《云南大学学报》（法学版）2008 年第 3 期，第 49～50 页。

织、策划、指挥作用的正犯和组织犯竞合的情况。前两种情况，正犯和组织犯的区分主要在于行为性质的界定，相对容易认定。在后两者情况下，则存在到底是认定为组织犯还是正犯的难题。这种区分可能不像正犯和教唆犯或者帮助犯的区分，因为那是正犯和共犯的关系，如果出现竞合，则优先认定为正犯。所以，在这种情况下，需要先明确组织犯和正犯的地位。也许在集团犯罪中，我们可以认为，组织犯是优先于正犯的，但是在非集团犯罪中，认为组织犯优先于正犯没有说服力。特别是在一般共同犯罪（指前文提出的特定犯罪，即不包括雇用犯罪与团伙犯罪）中，组织、策划、指挥所指向的对象往往是一个具有完全辨认和控制能力的人。也就是被组织的对象对犯罪是否实施，以及如何进行都有完全的自我决定能力，这种情况下的所谓的组织行为的组织性是相当弱的，根本不可能和集团犯罪中的组织行为相提并论。而且，从行为刑法的角度，在一般共同犯罪中，将没有实现构成要件的人以及没有实现与构成要件相当的行为的人，认定为优越正犯的一种共犯类型，在理论上难以自圆其说，这很容易滑入主观刑法的深渊。所以，在一般共同犯罪中，将正犯和组织犯竞合的情况，简单地认定为组织犯是不合适的，认定为正犯更加合适。① 那么，在正犯和组织犯没有竞合的情况下，组织犯的认定是看有没有组织、策划、指挥行为，其核心是对犯罪存在意志上的支配，在组织犯和正犯存在竞合的情况下，则应认定为正犯。

所以，从正犯中分离出的组织犯主要是存在意志支配且同时没有实施构成要件行为或者与构成要件相当的行为。那么，这种情况是不是本应该划归为组织犯，而因为分类的瑕疵，而错误地被划分为正犯呢？既然这种情况下连与构成要件相当的行为都没有实施，

---

① 有学者认为，这种情况应该认定为组织犯，并认为组织行为是高度行为。参见赵辉：《组织犯及其相关问题研究》，法律出版社 2007 年版，第 104 页。

所谓的组织、策划、指挥主要是从主观上进行认定。而如前文对正犯认定的阐述，将主观上起到意志支配作用的人单列，在对正犯和共犯区分采取形式客观说时或许还有存在的意义。如果对共同犯罪和单独犯罪的犯罪构成区别对待，明确整体犯罪构成的概念，就会发现，正犯本身就应该是分别从主观和客观上进行认定，将主观的意志支配和客观的行为支配割裂开来，是对正犯完整性的破坏。而且，在我国理论上存在间接正犯的情况下，范围如此狭窄的组织犯确立的意义有多大，真的令人怀疑。而且，如所公认，间接正犯也是正犯，间接正犯是最典型的意志支配的类型。在间接正犯和共犯并不排斥的现代刑法理念下，在非集团犯罪中，组织犯和间接正犯的区分又是新的问题，而且，也许根本无法区分。那么，是不是可以让间接正犯退回到非共同犯罪的范围，而让组织犯和间接正犯相安无事？这样的理论设想只对我国传统的犯罪构成理论有一定的有效性，但如果转换到德、日的三阶层的主流犯罪论体系，这样的做法会出现难以克服的障碍。即便在我国可以承认一般共同犯罪中的组织犯，这也仅仅是名称的转换而已，它所带来的负面效应远大于正面价值。

其次，在非集团犯罪中，组织犯和教唆犯区分也是如此。只有在存在教唆行为的情况下，才可能出现教唆犯和组织犯区分的问题（在不存在教唆行为的情况下，就演变成上述的正犯和组织犯的区分问题）。同样，教唆犯和组织犯谁处于优越的地位，则是首先要解决的问题。如前所述，在各国刑法的规定中，教唆犯的处罚并不比正犯轻。在一般共同犯罪中，组织犯和教唆犯并存的情况下，两者都没有实现构成要件行为，很难说孰轻孰重。而在我国（当然，不限于我国），历来存在“造意者为首”的观念，这种观念也体现在立法中，我国立法存在单独的教唆犯，同时存在教唆未成年人从重处罚的规定。将雇用犯罪中起到组织、策划、指挥作用的人认定为组织犯，并不具有必然性。在雇用犯罪中，教唆且组织、策划、指挥未成年人实施犯罪的，被认定为组织犯，相反会造成处罚的轻缓化，故最终仍然会认定为教唆犯。所以，在非集团犯罪中，将教唆犯的一部分划分为组织犯没有意义。

最后，既然在非集团犯罪中，将原本属于正犯和教唆犯的一部分划分为组织犯没有意义，而帮助犯中不可能划分出组织犯，相反会出现帮助犯和组织犯的区分问题。① 故肯定非集团犯罪中的组织犯诸多弊病而无实益，组织犯存在于集团犯罪中是合适的结论。

2. 教唆犯与组织犯的区分

如此，教唆犯与组织犯的区分就仅限于与集团犯罪中组织犯的区分。根据刑法的规定，集团犯罪中的组织犯是指组织、领导犯罪集团的人。根据前文的分析，这里的组织、领导等同于组织、策划、指挥。没有引起犯意，而只是实施了组织、策划、指挥行为的不可能构成教唆犯。同样，只是单独的引起犯意，而没有实施组织、策划、指挥行为的，不可能构成组织犯。所以，区分组织犯和教唆犯的关键之一在于行为性质的认定，即是否有引起犯意的行为。

但有引起犯意的行为时，不一定就是教唆犯。在行为人既引起了他人的犯意，同时实施了组织、策划、指挥行为时，仍然有可能构成组织犯。在集团犯罪中的组织犯和前述一般共同犯罪中所谓的组织犯存在区别。根据刑法的规定，犯罪集团指三人以上为共同实施犯罪而组成的较为固定的犯罪组织。这种组织的固定性决定了成员之间地位的恒定性和序列性。而这种恒定性和序列性使其意志支配要远远强于一般的犯罪。所以，在同时符合教唆犯和组

---

① 帮助犯包括有形帮助犯和无形帮助犯，组织犯实施的是组织、领导行为。两者的区分主要在于对他人意志的影响程度，帮助犯对他人的意志不具备支配力，而组织犯则对他人的意志具有支配力。此外存在组织帮助犯与帮助组织犯，对于前者，因为支配的是帮助犯的意志，而帮助犯不可能支配正犯的意志，故组织犯最终只是对正犯起到了帮助作用，应该构成帮助犯。而对于后者，同样不符合组织犯的意志支配的特征（即组织、领导犯罪集团的特征），不可能构成组织犯，而只能认定为帮助犯。

织犯的特征下，如果不结合刑法的规定来看，从理论上应认定为组织犯。

但是，我国存在独立教唆犯的规定和教唆未成年人的规定。对于独立教唆犯，可以从轻或者减轻处罚。如果是教唆且组织他人犯罪，而他人没有实施被教唆和组织的罪，刑法对主犯的处罚规定是按照组织、领导的全部罪行处罚。这个规定可以认为是对于处罚范围的规定，而不是关于处罚程度的规定。[①] 所以，对于组织犯，结合刑法对组织犯的规定，组织、领导犯罪集团进行犯罪活动的，是主犯。在他人没有犯被组织的罪时，从组织犯的角度，一般不构成共同犯罪。既然不构成共同犯罪，当然也就不符合刑法中主犯的规定，从我国刑法规定来看，不可能构成组织犯。换言之，在这种情况下，很难认为我国刑法有单独组织犯的规定，如果要认定为组织犯，只能认定为组织犯的预备。而独立教唆犯的规定的从宽幅度小于预备犯，故认为构成教唆犯比较合适。在两人以上共同组织他人实施犯罪，而他人没有实施组织的行为时，则有可能构成共同犯罪。但在没有单独组织犯规定的前提下，同样只能构成组织犯的预备犯。而刑法关于组织犯主犯的规定，并非是和其他组织犯相比较而得出的概念，而是针对被组织的人员而形成的概念。故在这种情况下，即使认定为主犯，也不应该是基于组织、领导他人实行犯罪的规定，而是两个以上组织犯的作用进行比较之后的结果。而且，即使认定为主犯，同样也是预备犯，基于前述理由，认定为教唆犯

---

① 当按照集团全部罪行处罚似乎也可以理解为根据组织犯所组织的全部罪行不分既遂未遂，按照一个整体进行处罚。但是，这种思路将组织行为直接理解成了实行行为，与分则规定的构成要件行为相分离。而且，即使理解成实行行为，在不同的犯罪停止形态也应该进行区分。否则，不同情节不同程度的犯罪可能被处以相同的刑罚，就违背了个人责任的原则。根据刑法的规定，组织犯是指组织、领导犯罪集团进行犯罪活动的人，所以其行为除了包括将多人组织起来，还包括将组织起来实施犯罪行为。故决不能把组织行为理解成单纯的使多人结合在一起的行为。

更合适。组织且教唆未成年人实施犯罪的情况也与此类似，在同时符合组织犯和教唆犯的情况下，因为组织犯没有从重处罚的规定，所以认定为教唆犯更能达到罪刑均衡。

我国刑法对教唆犯的处罚有特别规定，一部分本应认定为组织犯的情况相反要依照教唆犯来处理，这是目前立法情况下不得已的选择。这样，即使将组织犯限定在集团犯罪中，组织犯的范围也是支离破碎的。原因之一在于我国主要采取的是作用分类法，作为分工分类法下的组织犯概念，其存在的意义较为有限。原因之二在于我国关于组织犯的规定附属于主犯，不具有独立性，而且没有类似教唆犯的配套规定，形成认定上的困难。立法者在立法过程中可能也是考虑到规定了组织犯之后可能带来系列问题，有意弱化了组织犯的存在，这样的立法模式是可取的。

此外，还有组织教唆犯和教唆组织犯。对于组织教唆犯的，是通过教唆犯而引起正犯的故意，最终起到的是引起犯意的作用，故构成教唆犯，而不是组织犯。而教唆组织犯的，就教唆人来说，只是引起了组织犯的犯意，对正犯不存在意志支配，所以不符合组织犯的特征，只能构成教唆犯。①

（二）教唆犯与正犯的界限

教唆犯是引起犯意的人，而正犯原则上是实现构成要件行为的人，两者的行为性质存在差异。同时，教唆行为实施在构成要件行为之前，而正犯行为往往从着手开始起算，所以在行为的时间点上也存在区别。成为问题的是教唆犯和间接正犯的界限。从前述分析

① 需要说明的是，对于组织犯，刑法规定的是组织、领导犯罪集团进行犯罪活动，而犯罪集团是由一个整体构成，其中的具体成员可能实施正犯行为、教唆行为和帮助行为。具体的犯罪人可能分别实施的是组织正犯、组织教唆犯和组织帮助犯的行为，如果分别组织正犯、教唆犯和帮助犯的犯罪人之间有意思联络，则均构成组织犯，而不是相应的教唆犯和帮助犯（这种认定方式可以类比共同正犯的情形）。此处的组织教唆犯和前述的组织帮助犯只有在单独组织教唆犯和单独组织帮助犯时，才有可能构成教唆犯和帮助犯。

可以看出，间接正犯的成立，应以是否存在意志支配作为判断标准，也就是幕后人物对于幕前人物的犯罪事实的实现具有意志上的支配力，行为的开始、发展和完成都由其决定。但是，根据我国刑法的规定，教唆犯一般应认定为主犯，也就是说，原则上引起他人的犯意，就可以认为存在意志支配。也就是说，在我国的共同犯罪的立法中，教唆犯更像是正犯。这就大大扩张了意志支配的范围，并使得教唆犯和间接正犯的界限变得并不重要。而且，因为教唆未满 18 周岁的人应当从重处罚，如果幕前人物是未成年人，而依照德、日刑法理论来区分间接正犯和教唆犯，极容易导致罪刑失衡。所以，根据我国立法现状，原则上可以认为，若是构成共同犯罪，则构成教唆犯。不成立共同犯罪时，原则上成立间接正犯，但因为我国有单独犯罪的规定，所以并不排除教唆犯成立的可能。这样的解决模式虽然简单，但并非一劳永逸，仍有一些具体问题值得探讨。

1. 幕后人物无认识错误时的两者的界限

对于意志支配可以从两个方向进行分类：一是从犯罪成立的角度，大致可以分为利用欠缺构成要件的行为人、利用欠缺违法性的行为人和利用欠缺有责性的行为人以及利用符合构成要件、违法性和有责性的行为人（即正犯背后的正犯）；二是从支配的意志的内容可以分为支配认识因素①、支配意志因素、既支配认识因素又支配意志因素和特殊情况下组织机构的支配。因为我国通说所确立的犯罪论体系与德、日存在区别，所以第二种分类，更加适合我国的刑法理论与司法实践。而这种分类中，后三种情况在程度上都强于引起

---

① 对认识因素的支配最终可以归结为通过阻碍动机形成对意志的支配，所以对认识因素的支配，最终还是对意志的支配，但是在形式上与直接支配意志仍然存在区别，需要单独分类。

犯意，根据前述分析，若成立共同犯罪，可以直接认定为教唆犯。①

① 利用意志支配的情况比较容易理解，在此，针对同时利用认识因素和意志因素以及组织支配的情况，稍加说明。对于同时利用认识因素和意志因素的，典型的例子是利用不满 14～18 周岁之间的未成年人和其他限制责任能力人的情况。德国刑法理论界主要有三种见解：一种是认为从结果的角度来看，凡幕后人物是明知和依意志地利用某个其行为不完全符合构成要件、不违法或者不完全承担责任的人去实施故意行为的，通常要认定构成了间接正犯。参见：[德] Wessels, Strafrecht Allgemeiner Teil – Die straftat und ihr Aufbau, 33. Aufl., C. F. Müller Verlag, Heidelberg, 1998, s. 174。另一主张幕后者构成教唆犯，认为除了特殊情况（如领导、控制犯罪组织，控制犯罪的所有细节，参见 [德] Stratenwerth, Strafrecht Allgmeiner Teil I – Die Straftat, 4. Aufl., Carl Hezmanns Verlag KG, Köln, Berlin, Bonn, München, 2000, s. 312。而第三说则认为，在直接行为人是限制责任能力时，如果行为人对行为被禁止的认识有所减弱时，幕后人物可以构成间接正犯；而如果行为人能够完整地认识行为人的意义，而只是依据这种认识而行为的能力有相当程度的减弱时，幕后人物仅仅成立共犯。此时，只有当行为人能作出法律上不予归责的意志决定时，行为才可以看成幕后人物的意志作品，他才有犯罪支配的可能。参见：[德] Roxin, Täterschaft und Tatherrschaft, 8. Aufl., De Gruyter Recht, Belin, 2005, s. 237～238。与上述对不法程度的认识错误不同，可以认为，部分丧失辨认和控制能力的行为人的不法程度并没有降低，这里可能涉及的是，是否因为行为人的认识能力而产生禁止错误的问题。而且，在这种情况下，很难找到判断的标准，限制责任能力人的认识和控制能力存在很大的差别，可能接近无责任能力人，也可能接近完全责任能力人，而这种程度的判断无法像不法程度的认识那样能够以法定刑升格作为标准，而且，到底是辨认能力减弱还是控制能力减弱，更是难以区分，即使可以构成间接正犯，这种间接正犯和教唆犯的区分难以实现。也许正是这样的原因，德国的通说认为构成教唆犯。而在我国，从刑法的规定来看，教唆不满 18 周岁的人犯罪的，应当从重处罚。刑法强调的是对于不满 18 周岁的人的犯意的引起。如果认定为间接正犯的话，该条规定的意义就会大为缩减，而且会造成刑罚的失衡，所以，对于教唆不满 18 周岁的人犯罪，没有成立间接正犯的可能。而对于教唆其他限制责任能力人的，刑法虽没有规定，结合上述刑法理论，从一致性的角度考虑，宜

同时，结合中国立法和理论实际，大致可以认为，利用完全缺乏是否辨别能力者、利用非行为的他人的身体动作、利用缺乏构成要件故意的人、利用实施排除社会危害行为的被利用者，都成立间接正犯，而无教唆犯成立的余地。需要讨论的只有支配认识因素的情况。[①]

利用认识因素进行支配主要是对不法程度的欺骗。例如，甲欺骗乙说，丙的花瓶是赝品，价值低廉。因此，乙自认为损毁的是没有价值的物品，而实际上，甲知道丙的花瓶是真品，价值不菲。又或者甲让乙给丙的饮料中投放粉末，欺骗他只会惹起腹泻，而实际上引起了旷日持久的住院治疗。在幕前人物都构成犯罪的前提下，幕后人物到底是构成教唆犯或是间接正犯，存在争议。我国对该问题缺乏探讨。大陆法系国家则存在争议。有认为构成间接正犯者，理由是甲利用不知情的乙，应该承担乙所欺骗范围内的个人责任，而且在他人所考虑到的风险认知上发挥了更重要的作用。[②]而相对的观点则认为，这种情况应该只成立教唆犯，未能认识的内容只需要在量刑上考虑。[③]有学者针对损毁罪的案例提出，即甲系利用乙

（接前注）认定为教唆犯。对于利用组织机构的情况，我国刑法虽然明文规定了组织、领导犯罪集团进行犯罪活动的，是主犯的一种。但主犯和教唆犯存在交叉关系，教唆犯也可以是主犯，所以，并不能以此证明这种情况就一定构成间接正犯。从立法规定的主犯、从犯的区分来看，从理论的一致性来理解，对于组织、领导犯罪集团进行犯罪活动的，认为构成教唆犯比间接正犯更合适。

① 对于身份犯中间接正犯的问题，如前所述，如将身份和其他构成要件作同等看待，则可以认为，因身份涉及的间接正犯和教唆犯的区别问题不需要单独探讨。

② ［德］Roxin, Strafrecht Allgemeiner Teil, Band Ⅱ, 4. Aufl., C. H. Beck, 2006, s. 43.

③ ［德］Jescheck/Weigend, Lehrbuch des Strafrechts, Allgemeiner Teil, 5. Aufl., Duncker & Humblot, 1996, s. 667.

在其具体行为意义上的错误，但此并不构成要件错误问题，亦即此种具体行为意义上的错误，仅属不重要的动机错误（就乙而言），故甲尚难提升且转换成所谓“欲损毁他人贵重物品”之间接正犯地位。[1] 否定间接正犯成立的观点值得商榷，首先，这种认识上的错误导致行为的不法程度也相应地降低，就不可能仅仅是动机错误的问题。其次，如果认为幕后人物仅仅成立教唆犯，欺骗行为只在量刑上考虑的话，虽然从共犯处罚根据来看，教唆犯也存在独立不法，但是如果在共同犯罪的范围之内，仅仅只能成立对非贵重财物的损毁，则量刑上只能考虑主观方面，是远远不够的；如果认为甲不仅在主观上有损毁贵重物品的故意，客观上有损毁贵重物品的行为，则是完完全全间接正犯的思路。考虑到我国立法的实际，当幕前人物损毁的财物没有达到犯罪的数额要求时，若是认为成立教唆犯，在被教唆人未实行被教唆之罪的情况下，对教唆犯可以从轻或者减轻处罚，这让人难以理解。所以这种情况似认定为间接正犯更为合适。与之相近的是对不法性质上的欺骗，如甲意图杀死在屏风后面的乙，命令不知道事情真相的丙射击。丙具有毁坏财物的故意，但是没有杀人的故意。相对于上一种情况，争议较小，多数学者认为构成间接正犯。可以认为，行为甲利用了优越的认识，通过这种优越认识让丙无法形成阻碍动机，由此支配了杀人的行为，构成间接正犯。[2] 所以，不论不法程度还是不法性质的优越认识都可以构成间接正犯。但是，如果不法程度上的优越认识没有达到一定程度，则不能构成间接正犯，而是教唆犯，大致可以以法定刑是否升格作为区分标准。也就是说，在同一法定刑幅度内的优越认识，

---

① 黄常仁：《间接正犯与正犯后正犯》，汉兴书局有限公司 1998 年版，第 110 ~ 111 页。

② 当然，针对故意杀人罪而言，利用者和被利用者并不构成共同犯罪。

并不足以形成意志支配，而只能当做教唆犯来处理。[①]

2. 幕后人物有错误时两者的界限

当幕后人物存在认识错误时，间接正犯和教唆犯的区分同样呈现比较复杂的情况，我国学者一般认为可以分为以下三种情况：一是以教唆的故意实现了间接正犯的结果；[②] 二是以间接正犯的故意实现了教唆的结果；三是被利用者起初有工具性质，但中途发现真相，针对第三种情况，如被利用者起初有工具性质，但中途发现真相，如医生意图杀死患者丙，将毒药给不知情的护士乙，而乙后来发现是毒药，但仍然注射了毒药。如果结合间接正犯的着手来看，根据通说，可以认为，在间接正犯的未遂成立之前，被利用者就已经转化成了被教唆人。而在此时，与第二种情况所描述的以间接正犯的故意实现教唆的结果并无本质上的不同，所以，合并在第二种情况中探讨。

(1) 以教唆的故意实现了间接正犯的结果

如误以为被利用者有责任能力，但实际上没有。对此，到底是构成间接正犯还是教唆犯，存在争议。认为构成教唆犯者，理由各有差异。陈兴良教授认为构成教唆犯，行为人主观上是具有教唆故意的，在这种故意的支配下，客观上实施了教唆行为，从这个意义上说，主观与客观是统一的。仅仅因为对被教唆的人的责任能力的认识错误，而使其行为在客观上发生了间接正犯的效果，但这并不能否认对行为人应以教唆犯论处。[③] 许发民教授也认为构成教唆犯，理由有二：一是行为人在主观上具有教唆他人实施犯罪的故

---

① 似乎可以认为，在幕前人物所认识的范围内成立教唆犯，对超出幕前人物认识范围的，构成间接正犯，两者是观念的竞合。

② 此种情况，实际上并不能构成共同犯罪，但是因为与第二种情况有比较紧密的关系，所以一并探讨。

③ 陈兴良：《共同犯罪论》，中国人民大学出版社 2006 年版，第 341 页。

意；二是在客观上虽然实施了相当于间接正犯的行为，但对某种犯罪基本构成来说，在因间接正犯而实现，与其基本构成要件的修正形式即教唆犯的构成要件的实现之间，在利用他人这一点上是共通的。换言之，导致这种无责任能力的中介人行为的背后人的行为，就规范的观点而言，也可以说就是教唆行为。综上，对这种错误情况也应以教唆犯论，追究行为人较（间接正犯）轻的教唆犯的刑事责任。①

与之相对，刘明祥教授同样认为构成间接正犯，他认为既然是出于教唆的意思，而实施了他认为是教唆的行为，这就具备了成立教唆犯的条件，不过按照主观说来处理案件，也会遇到难题。譬如，甲误把没有刑事责任能力的乙当做具有责任能力的人，教唆其杀丙，乙按照其旨意杀死了丙。按照主观说，甲构成教唆犯。但是，甲究竟是教唆未遂还是教唆既遂？如果当教唆未遂处理，那显然不合情理；假如按教唆既遂处理，那就应视为被教唆的人犯了被教唆的罪，也就是说乙犯了故意杀人罪，并且还要进一步弄清甲乙两人中，谁是主犯、谁是从犯或者胁从犯。这样处理，当然会罪及无辜。若不这样处理，在理论上又难以自圆其说。所以主张无论是何种形式的间接实行犯的错误，均应以间接实行犯论处。第一，在利用人误把没有责任能力的人当做有责任能力的人教唆，并达到了预期目的的情况下，按照间接实行犯处理，可以避免上述的矛盾。第二，在间接实行犯错误的场合下，利用者不可能与被利用者构成共同犯罪。把利用者当做间接实行犯来处理，可以避免人们把利用者当做共犯人对待。第三，在间接实行犯错误的情况下，把利用者以间接实行犯论处，在理论上也说得通。因为，无论是教唆犯还是间接实行犯，都是利用第三者来达到自己的犯罪目的。即使是误把

---

① 许发民：《析教唆犯与间接正犯之间认识错误的认定与处理——以部分的主客观相统一原则为立场》，载《甘肃政法学院学报》2006 年第 1 期，第 97 页。

没有责任能力的人当做有责任能力的人予以“教唆”，这种“教唆”在客观上也具有利用他人犯罪的属性，而且利用者的主观上也具有明确的利用他人犯罪的目的，从这种意义上来讲，把利用者当做间接实行犯处理，也是符合主客观相统一原则的。①

以上两种观点，间接正犯说更值得支持，认为构成教唆犯的观点存在问题。从表面上来看，教唆犯的主观方面是教唆的故意，客观方面是教唆行为，但从主客观相统一来看，绝不仅仅是教唆故意和单纯的教唆行为。从共犯的处罚根据来看，教唆犯主要是通过他人的行为实现间接的法益侵害。教唆犯的故意包括引起他人犯罪的故意，如果不考虑他人犯罪的情况，主客观仍然无法做到统一。所以，与教唆犯故意相对应的不是教唆行为本身，应该还包括被教唆者的情况。上述从教唆行为和教唆故意统一的角度来理解主客观相统一原则的观点并不合适。许发民教授意识到了这一问题，导致这种无责任能力的中介人行为的背后人的行为，就规范的观点而言，也可以说就是教唆行为。这样的思路如果从应然的角度来说并无问题。但若是根据我国刑法通说所确立的犯罪论体系，无责任能力人不可能与教唆者构成共同犯罪，成立犯罪的只有教唆犯一人。正如持间接正犯说的学者所指出的，将这种情况理解成被教唆者没有犯被教唆之罪，对教唆犯可以从轻或者减轻处罚，显然无法做到罪刑均衡。而视为被教唆的人犯了被教唆的罪，也就是说乙犯了故意杀人罪，如此处理让人难以理解。

间接正犯论者的理由也需要进一步补充。第一，认定成教唆犯所带来的问题，也许是犯罪论体系所致，如果认为同一部刑法可以支撑不同的犯罪论体系，则被教唆者即使是无责任能力人，仍然可以构成共同犯罪，那么，因立法造成的理论冲突，将被教唆人视为共犯人的问题都可以消解。有学者正是基于这样的理由，认为构成

① 刘明祥：《刑法中的错误论》，中国检察出版社 2004 年版，第 299～300 页。

此种情况的成立教唆犯。[①] 但是，结合我国关于主犯、从犯以及教唆犯的规定来看，如此理解存在问题。如果认为这种情况构成共同犯罪，那么对于教唆犯，可以视为起到了主要作用，作为主犯处罚，对于被教唆人，根本不构成犯罪，不需要认定为主犯、从犯或者胁从犯。但是，既然承认构成共同犯罪，就需要分别认定其作用，确定其性质，否则就与构成共同犯罪的这一前提相违背了。而即使将被教唆者认定为主犯、从犯或胁从犯，也根本无法量刑，这就割裂了我国刑法关于共同犯罪人分类和量刑相统一的特征。而且，在结论上，无非最后也是认定为主犯，与认定为间接正犯的结论是一样的。[②] 第二，从应然的角度来看，教唆犯对犯罪的支配程度与间接正犯存在较大区别，以教唆犯这种“教唆”也在客观上具有利用他人犯罪的属性是从实然的角度来观察的结果。根据我国刑法的规定，对于引起他人犯意的，原则上作为主犯来对待，而教唆不满 18 周岁的未成年人的，甚至要从重处罚。从这一规定可以看出，我国刑法着重强调引起犯意的行为，单单对犯意的引起和通过意志对犯罪进行支配并不存在实质差异。在我国，教唆犯和间接正犯的差异仅仅是共同犯罪内和共同犯罪外的概念，而不能忽视立法的规定，仅仅根据德、日刑法理论，认为间接正犯的犯罪故意当然包容教唆犯的犯罪故意，从而得出此种情况只能成立教唆犯的结论。当然，这只是从解释论的角度得出的结论。

（2）以间接正犯的故意实现了教唆的结果

如幕后人物误认为幕前人物是欠缺责任能力人，而实际上幕前人物是完全责任能力人。[③] 对此同样存在间接正犯与教唆犯的争议。陈兴良教授认为构成间接正犯，在这种错误中，利用者主观上

---

① 参见张明楷：《刑法学》，法律出版社 2007 年版，第 343、354 页。

② 在我国刑法的规定下，很难说间接正犯重于教唆犯。

③ 类似的情况还有幕后人物以为幕前人物是善意的第三人，而实际上不是。

具有利用他人犯罪的间接实行犯的故意，客观上实施了利用行为，尽管其行为客观上所起的是教唆作用，也不影响行为的性质。教唆犯的成立除未遂以外是以他与被教唆的人具有共同故意为前提，那么，在上述情况下，利用者与被利用者之间是否存在共同故意呢？回答是否定的。因此，对利用者应以间接正犯论处，被利用者构成犯罪的，依法单独论处。① 张明楷教授指出，仅以主观方面为标准进行判断是片面的，必须同时考虑主观与客观两方面；从责任的实质来看，间接正犯的故意也符合教唆的故意，故认定为故意杀人罪的教唆犯具有合理性。② 许发民教授对此又进一步展开，第一，由于间接正犯的故意在利用他人这一点上，与教唆犯的故意有着基本相同的一面；同时，从实质性的责难可能性程度上看，间接正犯的故意与教唆犯的故意相比较具有更为恶劣的性质。就此说来，间接正犯的故意能够把教唆犯的故意包含其中。藉此，在法律上确认为更轻程度的教唆故意是可以的。第二，从把具有刑事责任能力者误认为无刑事责任能力者而进行利用上说，从客观方面分析，正是由于背后人行为的诱致，中介人才作为正犯实施了实行行为，故其外部行为也可以说相当于教唆行为的定型。综上，当出现以间接正犯的意思却实施了相当于教唆犯行为的这种对象认识的错误时，根据部分的主客观相统一原则，应认定为教唆犯，相应地，应追究其教唆犯的刑事责任。③

与上述误认为存在刑事责任能力的情况相似，主客观相统一并不仅仅是指幕后人物的行为的主客观相统一，所以认为构成间接正

---

① 陈兴良：《共同犯罪论》，中国人民大学出版社 2006 年版，第 466 页。持相同观点者，参见刘明祥：《刑法中的错误论》，中国检察出版社 2004 年版，第 300 页。

② 张明楷：《刑法学》，法律出版社 2007 年版，第 354 页。

③ 许发民：《析教唆犯与间接正犯之间认识错误的认定与处理——以部分的主客观相统一原则为立场》，载《甘肃政法学院学报》2006 年第 1 期，第 97 页。

犯的理由不具说服力。在这种情况下，否认幕后人物和幕前人物共同犯罪的性质更不具合理性，是典型的完全犯罪共同说下的结论。所以，教唆犯论者的观点值得支持。在这种情况下，幕后人物出于间接正犯的故意，而产生了教唆犯的效果。从应然的角度，间接正犯的故意同时也符合教唆犯的故意，而且，在幕后人物是完全刑事责任能力人的情况下，根本不存在意志的支配，认定为教唆犯比较合理。而从实然的角度来看，虽然从我国刑法的规定来看，引起犯意的行为就可以视为存在意志支配，但考虑到针对教唆犯特殊的处罚规定，认定为教唆犯，对解决教唆不满 18 周岁的人犯罪的问题具有实益。所以，不论从应然还是实然的角度，都需要将这种情况认定为教唆犯。

此外，对于被利用者起初有工具性质，但中途发现真相的情况，大陆法系学者多有探讨。① 我国近来也有学者进行研究。一般认为构成教唆犯。如有学者认为，根据部分的主客观相统一原则，从利用者方面分析，虽说其间的认识错误已经超出了因果关系错误的范围，但是，在这种情况下，如前所述，仍然能够认为，作为利用者的间接正犯的意思在实质上内涵着教唆犯的故意，加之，其外部行为也可以被认定为相当于教唆行为的定型，藉此，整体地把握利用者的行为与被利用者的行为时，结局就应该将利用者评价为教

---

① 有观点认为构成间接正犯，利用者的诱致行为不是教唆犯的行为，而是实行行为，应该认为是间接正犯。因为诱致行为本身是作为利用不知情者的间接正犯的实行行为而实施的，其后被利用者知情了只不过是因果关系进行的轻微错误，不值得特别考虑。另有观点认为构成教唆犯，既然被利用者在途中知情，以自己的正犯意思实施了其后的行为，就已经不适合于视为间接正犯的因果经过，从利用者的立场来看，必须说其间的错误已经超出相当因果关系的范围。而且，这种场合，也可以认为利用者的间接正犯的意思实质上内含着教唆犯的故意，整体地把握利用者的行为与被利用者的行为，结果认为利用者是该犯罪的教唆犯才妥当。参见［日］大塚仁：《刑法概说》（总论），冯军译，中国人民大学出版社 2003 年版，第 293 页。

唆犯。[①] 可见，这种论证思路与其前述以间接正犯的故意实现了教唆的结果的典型情况并无不同。虽然在本案例中，犯意产生的时间有所推迟，但仍是在着手之前产生犯意，这种时间上的推迟对定性并无影响，所以仍然应认定为教唆犯。当然，如果认为间接正犯的着手以利用行为为标准，则可认定为间接正犯。

（三）教唆犯与帮助犯的界限

教唆犯与帮助犯的界限，也就是教唆犯与无形帮助犯的界限。可以认为，教唆犯是使没有犯罪决意的人产生实行特定犯罪的决意。而帮助犯是针对已经产生了犯罪决意的人施加精神上的影响。所以，两者的区别就在于是否使他人产生了实施特定犯罪的决意。对于这两者的区别，有以下几种情况值得探讨。

1. 间接共犯中教唆犯与帮助犯的区别

间接共犯包括教唆教唆犯、教唆帮助犯、帮助教唆犯和帮助帮助犯的四种情形。对于教唆教唆犯构成教唆犯，帮助帮助犯构成帮助犯一般没有争议，所以以下重点探讨教唆帮助犯与帮助教唆犯的情形。

（1）教唆帮助犯

教唆帮助犯是指教唆他人帮助实行犯实行犯罪的人。对于教唆帮助犯的性质，我国学者一般认为构成教唆犯。马克昌先生认为，教唆帮助犯，其性质符合教唆犯的根本特征，所以应认为是教唆犯。[②] 吴振兴教授对此有更详细的说明，他认为，我国刑法规定的教唆犯具有相当的独立性。刑法第 26 条（新刑法第 29 条，笔者注）规定："教唆他人犯罪的，应当按照他在共同犯罪中所起的作

---

① 许发民：《析教唆犯与间接正犯之间认识错误的认定与处理——以部分的主客观相统一原则为立场》，载《甘肃政法学院学报》2006 年第 1 期，第 98 页。相同见解参见张明楷：《刑法学》，法律出版社 2007 年版，第 354 页。

② 马克昌：《犯罪通论》，武汉大学出版社 1999 年版，第 600 页。

用处罚。”这里只说明教唆他人犯罪，并未明定为教唆他人实行犯罪，因而教唆他人去教唆第三者犯罪，或者教唆他人去帮助第三者犯罪，自也可以解释为“教唆他人犯罪”，因而都应认为是教唆犯。①

上述结论基本是以教唆犯具有一定的独立性为前提而得出的结论。但亦有学者持反对态度，认为教唆帮助犯、帮助帮助犯和帮助教唆犯的属性和处罚，与共犯从属性或独立性的立场无关。主张教唆犯系对正犯为教唆行为的犯罪形态，帮助犯系对正犯为帮助行为的犯罪形态，此种正犯和教唆犯、帮助犯存在构造上的关系，乃是评价共犯独立性或从属性的依据，系探讨对正犯之造意和便利行为是否以正犯成立犯罪为必要之前，是首先应确立的问题。因此，必须先决定教唆帮助、帮助帮助和帮助教唆行为的性质，究竟是教唆行为抑或是帮助行为，方有讨论独立性和从属性问题之余地。② 所以就教唆帮助，是对帮助犯的造意行为，使帮助犯形成帮助意思以便对正犯行为施以便利，对正犯行为而言，虽非直接提供助力，却

---

① 吴振兴：《论教唆犯》，吉林人民出版社 1986 年版，第 161 页。我国台湾地区学者亦有相同的主张，且认为这是教唆犯有独立性之当然解释。参见：韩忠谟：《刑法原理》，中国政法大学出版社 2002 年版，第 218 页。更有学者认为：“夫教唆从犯不罚则矣，若要处罚，则非罚其对从犯或正犯之帮助，而宜罚其对从犯之教唆，纵此种共犯是教唆之结果，无异使正犯间接获得帮助，惟就其行为状态观察，其应受犯罪形态之评价，直接之教唆行为，实过于间接之帮助行为，二者仍有轻重之不同，况对于从犯实施教唆或者帮助，非不可想象之状况，与其重视间接参与正犯之行为，宁应着眼于行为者直接实施之犯罪行为，此在罪责认定上较为单纯，且非无据，斯应采成立教唆犯之见解。”参见蔡敦铭：《间接共犯之形态》，载《刑事法杂志》1963 年底 6 卷第 2 期，第 107～108 页。

② 许玉秀：《间接帮助犯》，载《东海法学研究》第 6 期，第 22 页。

系间接施予援助；故对正犯之助力加功性质而言，应构成帮助犯。[①]

很明显，对教唆帮助犯的性质是否与共犯从属性以及独立性理论相关的认识，直接影响到对教唆帮助犯性质的认定。如果仔细分析，就可以发现，两类观点相区分的核心点在于，到底是依教唆帮助行为本身来界定教唆帮助犯的性质，还是依对正犯起的作用来确立教唆帮助犯的性质。如果依前者，就会得出既然教唆帮助者实施的就是教唆行为，当然构成教唆犯的结论。而这种认定模式与共犯独立性所持的教唆犯的教唆行为就是独立的实行行为似乎有天然的血缘关系，所以学者们往往会把这种主张和共犯独立性联系起来。如果依后者，就会得出既然教唆帮助者对正犯所起的是帮助作用，肯定构成帮助犯的主张，这种主张似乎与共犯从属性的关系更加密切，但如上所述，并非一定要持共犯从属性的观点，才能得出教唆帮助犯是帮助犯的结论。为何完美的学术对立在此出现了偏差？其中的问题就在于，立法的不同在此被忽略了。日本刑法第 61 条规定的教唆犯是指教唆他人实行犯罪的人，其中强调了被教唆人一定要是实行犯罪的人或者说是正犯。而我国刑法规定的教唆犯是教唆他人犯罪的人，我国台湾地区旧刑法规定的教唆犯同样是教唆他人犯罪的人。被教唆的人是否要求是正犯，立法至少没有持否定态度。所以在日本曾风靡一时的共犯独立性说即使认为教唆犯和帮助犯的成立不要求正犯着手实行，但依照立法的规定，仍然要强调教唆和帮助的一定是正犯。既然不论共犯从属性还是共犯独立性都要求教唆的对象一定是正犯，所以教唆帮助犯的，不构成教唆犯就是必然的结论，而是应该视他对正犯的最终帮助作用，成立帮助犯。所以，我国大陆学者以及台湾地区的学者根据各自立法的特点，暗

---

① 参见许玉秀：《间接帮助犯》，载《东海法学研究》第 6 期，第 23 页。相同见解参见：Jescheck/Weigend，Lehrbuch des Strafrechts，Allgemeiner Teil，5. Aufl.，Duncker&Humblot，1996，s. 687.

暗地将共犯的独立性进行了进一步扩张，认为根据共犯独立性理论，不论引起正犯还是帮助犯的犯意，都应当构成教唆犯，而根据从属性理论，只有引起正犯犯意的才是教唆犯。这便造成了教唆帮助犯的性质和共犯独立性以及从属性相关的假象。实际上，教唆帮助犯构成教唆犯还是帮助犯，关键点之一就在于根据一国立法的规定，教唆帮助行为是不是教唆行为。

我国刑法在没有强调教唆犯的对象一定是正犯的情况下，是不是教唆帮助犯就应该视为教唆犯呢？对此，恐怕不能简单地下结论。首先，在直接帮助他人实行犯罪的人仅成立帮助犯的情况下，幕后的教唆帮助行为相反可以成立相对较重的教唆犯，即使在量刑上可以进行平衡，毕竟在逻辑上存在缺陷。其次，如果将教唆帮助行为也认定为教唆犯，结合我国独立教唆犯的规定，这就大大地扩张了犯罪的范围。在独立教唆犯的规定已经饱受诟病后，再在理论上对独立教唆犯的范围进行进一步的扩张，不符合刑法谦抑性的要求。而且，在我国没有规定独立帮助犯的情况下，幕后的教唆帮助行为相反有单独成罪的可能，这样的结论很难让人接受。最后，从教唆犯的成立条件来看，虽然在客观行为上可以扩张为教唆帮助行为，但是在主观上，一般认为教唆的故意包括引起他人故意和实行的双重故意，若将教唆的故意扩展成引起他人犯意和帮助的故意，是无论如何都无法自圆其说的。如果此处帮助的故意可以分为帮助实行的故意和实行的故意的话，也就等于最终还是要依照正犯来决定教唆帮助犯的性质（因为既然教唆帮助的故意包括实行的故意，就已经是通过正犯来界定教唆帮助犯了）。如果此处帮助的故意仅仅是指帮助实行的故意，教唆犯的故意就完全丧失了固定的内涵。而且同时具有引起犯意的故意和帮助的故意，为何不能认定成帮助犯呢？所以，认为教唆帮助犯是教唆犯的主张会带来一系列的理论难题，与共同犯罪的基本理论相违背，教唆帮助犯应定性为帮助犯。

（2）帮助教唆犯

帮助教唆犯，亦称教唆犯之帮助犯，是指帮助他人教唆第三者实行犯罪。有学者认为构成教唆犯，因为教唆犯、帮助犯都是相对于实行犯而言的。在帮助教唆犯的场合，对于实行犯来说，帮助者的行为是一种教唆而不是帮助。同时，在客观上，帮助者也有教唆的故意，因此是教唆犯而非帮助犯。① 但更多的学者认为，帮助教唆犯可以理解为对正犯的帮助，构成帮助犯。② 此外还有一种折中的观点，认为对于帮助教唆犯的行为，事实态样不一。如果事实上帮助行为本身就是直接的教唆行为，那么已经不属于犯罪事实决定的人际关系的局外人地位，固然应该论以教唆犯。如果事实上的帮助行为本身并非直接的教唆行为，而是其他的帮助方式，那么虽然帮助教唆行为在不法形式上也可能是一种间接教唆，但是只要帮助者在犯罪事实决定上依然处于人际关系之局外人地位，那么在责任层次上应该依然保有减轻之机会，换句话说，是帮助犯。③

上述三种观点可以归结为两种：一种认为帮助教唆犯构成教唆犯，一种认为帮助教唆犯构成帮助犯。以上的第三种观点事实上混淆了教唆教唆犯和帮助教唆犯的界限，如该学者所说，如果事实上的帮助行为本身就是教唆行为，实际上就已经是教唆教唆犯了，本来就不应该属于帮助教唆犯的范围。而如果根据教唆帮助犯的论证模式，帮助教唆的行为，对正犯来说，最终起到的是教唆作用，所

---

① 参见刘凌梅：《帮助犯研究》，武汉大学出版社 2003 年版，第 157 页。

② Jescheck/Weigend, Lehrbuch des Strafrechts, Allgemeiner Teil, 5. Aufl., Duncker & Humblot, 1996, s. 687. 相同见解参见郑逸哲：《法学三段论下的刑法与刑法基本句型（一）——刑法初探》，瑞兴图书股份有限公司 2006 年版，第 579 页；林山田：《刑法通论》（下），作者发行 2005 年版，第 118 ~ 119 页。

③ 黄庭坚：《基础刑法学》，中国人民大学出版社 2008 年版，第 562 页。

以应该构成教唆犯。但是，这两者之间恐怕不能简单地套用。首先，对于帮助正犯的人，构成帮助犯，而教唆帮助犯帮助正犯的人，相反构成教唆犯，明显失衡。第二，对于教唆犯，需要有教唆故意和教唆行为，而对于帮助教唆，固然存在教唆的故意，但是与教唆帮助相反，却不存在教唆的行为，也就是不存在引起犯意的行为。比如给予教唆犯以金钱资助的行为，将被教唆人挽留在现场的行为，都不是教唆行为。既然教唆犯和帮助犯的犯罪构成已经属于修正的犯罪构成，将帮助教唆的犯罪构成进行再一次地修正，使其满足教唆犯的犯罪构成，构成要件的定型性就会受到极大影响。特别是在我国，对教唆犯的处罚相对较重的前提下，在对教唆犯是否成立进行解释的时候，更应该抱谨慎的态度。第三，帮助教唆在客观上实施了帮助教唆犯的行为，在主观上具有帮助教唆犯的故意。相对于正犯，同样可以认为在客观上实施了帮助正犯的行为，在主观上有引起正犯故意的教唆故意，如果采取主客观相统一的原则，只能认定为较轻的帮助犯，而不能认定成较重的教唆犯。

2. 促使怀有不确定犯意的人实施犯罪

对于是否犯罪尚犹豫不决的人促使其犯罪的，我国存在两种观点：一是认为构成帮助犯。因为教唆犯是“造意犯”，应是对没有犯意的人进行教唆，从而“制造出”他的犯罪意思。对已有的，只是出于犹豫不决，尚未下决心实施犯罪行为的人，如果某人对其进行言语刺激、感情诱导、矛盾挑拨等，使该人举棋不定的犯罪意图变为犯罪的决意，那么，对其进行劝导的人，只不过是在已有犯意的人犯罪之前实施了辅助性的行为，并非是在“造意”。① 有学者进一步指出，教唆犯与帮助犯区别在于犯罪实行者有无犯罪的意思，而不是有无实行犯罪的决意。因为，对于教唆犯，理论界一致认为其是“造意犯”，即制造出他人的犯意。显然，这里的“犯

---

① 叶高峰主编：《共同犯罪理论及其运用》，河南人民出版社 1990 年版，第 195 页。

意”是“犯罪的意思”而非“犯罪的决意”。同时，对于帮助犯，特别是精神帮助犯，理论界也一般认为其是在实行犯已经产生了犯意的基础上，巩固与坚定已经产生的犯意，加速其犯意外化为犯罪。可见，精神帮助犯的本质特征在于坚定实行犯的犯意，即促使其产生犯罪决意，如果对怀有不确定犯意的犯罪者促使其实施犯罪的认为是教唆犯，那么，就不存在精神帮助犯这一帮助犯的形态了。① 二是认为构成教唆犯。因为教唆犯的本质在于促使他人犯罪，他要解决的是被教唆人是否实施犯罪的问题；帮助犯的本质特征是便于他人实施犯罪，他要解决的是已经决心犯罪的人如何实施犯罪的问题。而坚定犯意仍是促使他人实施犯罪，解决他人是否实施犯罪的问题，而不是便于他人实施犯罪，解决如何实施犯罪的问题。因而自应构成教唆犯，而不是构成帮助犯。②

从这两种观点来看，对于教唆犯和帮助犯各自的性质的理解是相同的，区别在于前者认为教唆犯是引起犯罪的意思，后者认为教唆犯是引起犯罪的决意。首先，对于被教唆者来说，他所产生的是犯罪的故意，而不是上述论者所说的“犯罪意思”，在行为人犹豫不决时，确实存在论者所说的“犯罪意思”，但是这种“犯罪意思”并不能等同于刑法中的犯罪故意，是否构成教唆犯，应该以是否让他人产生犯罪故意为准。其次，如果认为教唆犯引起犯罪的意思就足够了，那么，教唆他人，他人开始动摇，还没有决定是否实施犯罪的时候，就认为已经让他人产生犯罪的故意，这就将教唆犯的成立人为地提前了。再次，即使将这种情况认定为教唆犯，精神帮助犯仍有存在的余地，如在对方已经产生犯意的情况下，对之进行鼓励、支持，强化其犯意。

3. 对他人的犯意存在认识错误

这又分为两种情况：一是误认为他人没有犯意进行教唆，二是

---

① 刘凌梅：《帮助犯研究》，武汉大学出版社 2003 年版，第 211 页。

② 马克昌：《犯罪通论》，武汉大学出版社 1999 年版，第 558 页。

误认为他人有犯意进行帮助。对此，我国刑法学界存在三种观点：一是主张按行为的实际作用来认定，“当行为人意在教唆实为帮助时，应将其看做从犯”，“当行为人意在帮助实为教唆时，应将其看做教唆犯。”① 二是主张以行为人的主观认识内容作为标准来区分，凡是把具有犯罪故意的人误认为没有犯罪故意的人进行教唆的，是教唆犯；凡是把没有犯罪故意的人误认为是有犯罪故意的人予以帮助的，是帮助犯。② 有学者赞成此种观点，并进一步指出，我国刑法以主客观相统一为原则，认定犯罪既要看行为人客观方面所实施的是何种类型的行为，也要看其主观方面的故意内容。同样道理，确定共同犯罪的分工形式，也要以主客观相统一为原则，不能只看行为的客观效果，更不能从有利被告的角度出发，一律以轻的共犯形式（即帮助犯）来认定。否则，就违背了主客观相统一原则。事实上，在行为人以教唆的意思而实施了他所必要的教唆行为的情况下，理应以教唆犯论处。当行为人以帮助的意思实施了他认为是帮助的行为时，也同样应以帮助犯论处才合适。③ 三是主张行为人以帮助的故意实施心理的帮助事实上起到了教唆作用的，只能认定为帮助犯。他人已经产生了犯罪的决意，行为人以为还没有产生犯罪的决意而实施教唆行为的，也只成立帮助犯。④

上述第一种主张从客观面的角度来认定共犯的性质，固然强调了客观行为在认定犯罪时的作用，但是忽略了主观面对共犯性质的影响，存在一定不足。第二种观点将教唆故意仅仅理解成引起他人犯罪的故意，将帮助故意仅仅理解成帮助他人犯罪的故意，从而与

---

① 吴振兴：《论教唆犯》，吉林人民出版社 1986 年版，第 131 页。

② 陈兴良：《共同犯罪论》，中国人民大学出版社 2006 年版，第 341 ~ 343 页。

③ 刘明祥：《刑法中的错误论》，中国检察出版社 2004 年版，第 296 页。

④ 张明楷：《刑法学》，法律出版社 2007 年版，第 353 ~ 354 页。

客观的教唆行为和帮助行为相对照，认为符合主客观相统一原则，而分别成立教唆犯和帮助犯。这种思考模式忽视了教唆行为和帮助行为的实质，将适用于实行行为的主客观相统一原则适用于非实行行为，其论证过程存在缺陷。而第三种观点则未能从我国刑法规定出发，其结论也并不妥当。

对于教唆犯和帮助犯，实施的都是非实行行为，如果刑法没有针对教唆犯和帮助犯的单独处罚规定，教唆犯和帮助犯的成立都应该依附于实行行为，若不存在实行行为，教唆犯和帮助犯不可能单独符合犯罪构成。所以，在这样的情况下，教唆犯和帮助犯都具备双重故意，主客观相统一，应该结合犯罪构成来理解。所谓的客观是指在共同犯罪中所起的作用，而不是教唆行为或者帮助行为本身，否则，就是名为主客观相统一，实为主观说。从主客观相统一的角度，应该在构成要件重合的限度内，成立较轻的共犯形式。所以，如果没有单独教唆犯的规定，对于名为教唆实为帮助的和名为帮助实为教唆的，都应该构成帮助犯。因为对于前者，主观重、客观轻，认定为帮助犯可以实现主客观相统一；对于后者，主观轻、客观重，同样也是认定为帮助犯才可以实现主客观相统一。这是刑法没有对教唆犯进行单独规定的认定结果。而在刑法规定了单独的教唆犯时，上述认定模式针对名为教唆实为帮助的情况就不适用了。我国刑法第 29 条第 2 款的规定，实际上是处罚教唆行为本身，而不涉及到实行犯的犯罪构成。所以对于名为教唆实为帮助的，可以直接根据主观上具有教唆故意、客观上实施了教唆行为来认定为教唆未遂。由于我国刑法针对教唆犯的单独规定，最终应该认定为教唆犯而不是帮助犯①，而且是教唆未遂，可以从轻或者减轻处罚。这在结论上虽然与第二种观点相同，但是理由迥异。

---

① 这里实际上存在教唆未遂和帮助犯的竞合。

4. 变更他人已有的犯意

变更他人已有的犯意存在两种情况：罪名不变更和罪名变更。而减轻犯意并不涉及教唆犯和帮助犯的区分，在此不做探讨。

首先，对于罪名不变更的情况，如他人只有盗窃少量财物的故意，而教唆他人盗窃大量财物，财物价值相差并不悬殊时，认为构成帮助犯比较合适。值得探讨的是如果教唆人导致犯罪的不法程度显著提高时，比如他人只有盗窃普通财物的故意，而教唆他人盗窃金融机构的，有学者认为此时不宜认定成教唆犯。[①] 但是，如果结合我国刑法关于数额角度的规定，如果他人只有实施违法行为的故意，如盗窃少量金钱，而行为人教唆他实施数额较大的财物时。因为被教唆者之前存在的只是违法的故意，而无犯罪的故意，是在行为人的教唆下产生了犯罪的故意，应当认定为教唆犯。以此类推，若行为人只有盗窃少量财物的故意（比如 500 元钱），而在他人的劝说下，实施了盗窃金融机构的犯罪，盗得数百万的财产，如此时仍认定为帮助犯，恐有不妥。所以，在不法的程度发生根本转变时，宜认为构成教唆犯，而非帮助犯。而不法的程度是否发生根本转变，应该以法定刑是否升格作为条件[②]

其次，对于变更罪名的情况，又可以分为两种情况：第一，如果两罪没有任何的重合关系，则针对新罪成立教唆犯。第二，两者犯罪存在重合部分。这又可以分为两种情况：一是没有加重犯意的情况，如他人本意盗窃，而教唆他人诈骗的。这一问题与对犯罪的本质有关，如果从纯粹的结果无价值的角度，有认定为构成帮助犯的可能，而如果从二元论的立场，无疑应该构成教唆犯。我国有学者认为，因为行为人是在他人教唆之后才产生另一犯罪的决意，符合教唆犯的特征。[③] 这一见解值得支持，因为即使从结果无价值的

---

① 参见张明楷：《刑法学》，法律出版社 2007 年版，第 344 页。

② 如果承认减轻、加重犯罪构成的概念，这样的结论可能更具合理性。

③ 刘凌梅：《帮助犯研究》，武汉大学出版社 2003 年版，第 214 页。

角度，如果认为可以构成帮助犯，犯罪构成的类型化功能就完全丧失了。二是有加重犯意的情况，如他人本欲实施伤害，而教唆他人实施盗窃行为，又如他人本欲实施抢夺而教唆他人携带凶器，这种情况下，不仅不法程度有实质变化，而且罪名也发生变更，认定为构成重罪的教唆犯是当然结论。

中外文参考文献

一、著作类

1. 马克昌主编:《比较刑法原理》，武汉大学出版社 2002 年版。

2. 马克昌主编:《犯罪通论》，武汉大学出版社 1999 年版。

3. 马克昌:《刑法理论探索》，法律出版社 1995 年版。

4. 马克昌、杨春洗、吕继贵主编:《刑法学全书》，上海科学技术出版社 1996 年版。

5. 李光灿、马克昌、罗平:《论共同犯罪》，中国政法大学出版社 1987 年版。

6. 高铭暄主编:《刑法学原理》（三卷本），中国人民大学出版社 1994 年版。

7. 储槐植著:《美国刑法》，北京大学出版社 1996 年版。

8. 何鹏主编:《现代日本刑法专题研究》，吉林大学出版社 1994 年版。

9. 叶高峰主编:《共同犯罪理论及其运用》，河南人民出版社 1990 年版。

10. 赵秉志主编:《犯罪总论问题探索》，法律出版社 2003 年版。

11. 赵秉志主编:《刑法争议问题研究》（上、下），河南人民出版社 1997 年版。

12. 陈兴良著:《刑法哲学》，中国政法大学出版社 1992 年版。

13. 陈兴良著:《刑法适用总论》(上卷),法律出版社 1999 年版。

14. 张明楷:《外国刑法纲要》,清华大学出版社 2007 年版。

15. 张明楷:《刑法的基本立场》,中国法制出版社 2002 年版。

16. 张明楷:《刑法学》,法律出版社 2007 年版。

17. 黎宏:《刑法总论问题思考》,中国人民大学出版社 2007 年版。

18. 黎宏:《日本刑法精义》,中国检察出版社 2004 年版。

19. 李海东:《刑法原理入门(犯罪论基础)》,法律出版社 1998 年版。

20. 肖中华:《犯罪构成及其关系论》,中国人民公安大学出版社 2000 年版。

21. 何秉松:《犯罪构成系统论》,中国法制出版社 1995 年版。

22. 何秉松:《刑法教科书》,中国法制出版社 2000 年版。

23. 冯英菊:《共同犯罪的定罪与量刑》,人民法院出版社 2002 年版。

24. 阴建峰、周加海主编:《共同犯罪适用中疑难问题研究》,吉林人民出版社 2001 年版。

25. 陈忠林:《意大利刑法纲要》,中国人民大学出版社 1996 年版。

26. 林维:《间接正犯研究》,中国政法大学出版社 1998 年版。

27. 李宇先:《聚众犯罪研究》,湖南人民出版社 2004 年版。

28. 范德繁:《犯罪实行行为论》,中国检察出版社 2005 年版。

29. 何荣功:《实行行为研究》,武汉大学出版社 2007 年版。

30. 童德华:《外国刑法原论》,北京大学出版社 2005 年版。

31. 赵微：《俄罗斯联邦刑法》，法律出版社2003年版。

32. 李海东主编：《日本刑事法学者》（上、下），法律出版社、成文堂联合出版1995年版。

33. 林山田：《刑法通论》（上、下），林山田发行2006年版。

34. 甘添贵：《刑法之重要理念》，瑞兴图书股份有限公司1996年版。

35. 郑逸哲：《构成要件理论与构成要件适用》，瑞兴图书股份有限公司2004年版。

36. 郑逸哲：《法学三段论法下的刑法与刑法基本句型（一）——刑法初探》，瑞兴图书股份有限公司2005年版。

37. 郑逸哲：《法学三段论法下的刑法与刑法基本句型（二）——刑法进阶》，瑞兴图书股份有限公司2006年版。

38. 柯耀程：《刑法的思与辩》，中国人民大学出版社2008年版。

39. 柯耀程：《刑法总论释义》，元照出版有限公司2006年版。

40. 柯耀程：《变动中的刑法思想》，中国政法大学出版社2003年版。

41. 黄荣坚：《基础刑法学》（上、下），元照出版有限公司2006年版。

42. 许玉秀：《当代刑法思潮》，中国民主法制出版社2005年版。

43. 许玉秀主编：《刑事法之基础与界限——洪福增教授纪念专辑》，学林文化事业有限公司2003年版。

44. 陈子平：《共同正犯与共犯论——继受日本之轨迹及其变迁》，五南图书出版股份有限公司2000年版。

45. ［日］西原春夫：《犯罪实行行为论》，戴波、江溯译，北京大学出版社2006年版。

46. ［日］大塚仁：《刑法概说》（总论），冯军译，中国人民大学出版社 2003 年版。

47. ［日］野村稔：《刑法总论》，全理奇等译，法律出版社 2001 年版。

48. ［日］大谷实：《刑法总论》，黎宏译，法律出版社 2003 年版。

49. ［日］西田典之：《日本刑法总论》，刘明祥、王昭武译，中国人民大学出版社 2007 年版。

50. ［日］川端博：《刑法总论 25 讲》，余振华译，中国政法大学出版社 2003 年版。

51. ［日］川端博：《刑法总论》，余振华译，元照出版有限公司 2008 年版。

52. ［日］牧野英一：《日本刑法通义》，中国政法大学出版社 2003 年版。

53. ［德］李斯特：《德国刑法教科书》，徐久生译，法律出版社 2006 年版。

54. ［德］克劳斯·罗克信：《德国刑法学 总论》（第 1 卷），法律出版社 2005 年版。

55. ［德］汉斯·汉斯里希·耶赛克：《德国刑法教科书》，徐久生译，中国法制出版社 2001 年版。

56. ［德］冈特·施特拉腾韦特：《刑法总论 1——犯罪论》，杨萌译，法律出版社 2006 年版。

57. ［法］卡斯东·斯特法尼：《法国刑法总论精义》，中国政法大学出版社 1998 年版。

58. ［韩］李在祥：《韩国刑法总论》，韩相敦译，中国人民大学出版社 2005 年版。

59. ［俄］斯库拉托夫、列别捷夫主编：《俄罗斯联邦刑法典释义》（上），黄道秀译，中国政法大学出版社 2000 年版。

60. ［俄］库兹涅佐娃、佳日科娃：《俄罗斯刑法教材》，黄道秀译，中国法制出版社 2002 年版。

61. [意] 杜里奥·帕多瓦尼：《意大利刑法学原理》（注评版），陈忠林译，法律出版社 2004 年版。

62. [德] Jescheck/Weigend, Lehrbuch des Strafrechts, Allgemeiner Teil, 5. Aufl., Duncker & Humblot, 1996.

63. [德] Claus Roxin, Strafrecht Allgemeiner Teil, Band Ⅰ, 4. Aufl., C. H. Beck, 2006.

64. [德] Claus Roxin, Strafrecht Allgemeiner Teil, Band Ⅱ, C. H. Beck, 2003.

65. [德] Stratenwerth, Strafrecht Allgemeiner Teil Ⅰ, 4. Aufl., Carl Heymanns Verlag, 2000.

66. [德] Wessels/Beulke, Strafrecht Allgemeiner Teil: die Straftat und ihr Aufbau, 33. Aufl., C. F. Müller, 2003.

67. [德] Otto, Grundkurs Strafrecht Allgmeine Strafrechtslehre, 2. Aufl., Walter De Gruyter, Berlin, 1982.

二、论文类

1. 马克昌：《关于共犯的比较研究》，载高铭暄、马克昌主编《刑法论丛》（第 3 卷），法律出版社 1999 年版。

2. 马克昌：《刑事立法中共同犯罪的历史考察》，载《武汉大学学报》（社会科学版）1983 年第 4 期。

3. 马克昌：《略论简单共同犯罪》，载《法学》1983 年第 6 期。

4. 马克昌：《共同犯罪理论中若干争议问题》，载《华中科技大学学报》（社科版）2004 年第 1 期。

5. 张明楷：《关于共同犯罪人刑事立法的再思考》，载《中国法学》1993 年第 1 期。

6. 陈兴良：《共同犯罪论》，载《现代法学》2001 年第 3 期。

7. 赵秉志等：《关于共同犯罪问题的理解与适用》，载《中国刑事法杂志》总第 38 期。

8. 赵秉志、于志刚：《中国内地与澳门刑法中共同犯罪制度之比较研究》，载《中国法学》2000 年第 1 期。

9. 赵秉志：《共犯与身份问题研究——以职务犯罪为视角》，载《中国法学》2004 年第 2 期。

10. 林亚刚：《共同正犯相关问题研究》，载《法律科学》（西北政法学院学报）2000 年第 2 期。

11. 林亚刚：《共谋共同正犯问题研究》，载《法学评论》2001 年第 4 期。

12. 林亚刚、何荣功：《结果加重犯共同正犯刑事责任的探讨》，载《郑州大学学报》2002 年第 7 期。

13. 林亚刚：《主犯若干问题的探讨》，载《法制与社会发展》2003 年第 5 期。

14. 黄京平、蒋熙辉：《共同犯罪主从犯作用的具体判断》，载《人民法院报》2003 年 5 月 19 日第 3 版。

15. 谢望原、吴光侠：《派生犯研究》，载《中国刑事法杂志》2003 年第 3 期。

16. 王作富、庄劲：《共同犯罪与构成身份新论》，载《人民检察》2003 年第 11 期。

17. 肖中华：《论共同犯罪成立是否以符合同一犯罪构成为前提》，载《中国刑事法杂志》总第 42 期。

18. 肖中华：《片面共犯与间接正犯观念之破与立》，载《云南法学》2000 年第 3 期。

19. 杨兴培：《论共同犯罪人的分类依据与立法完善》，载《法律科学》（西北政法学院学报）1996 年第 5 期。

20. 侯国云等：《有关主犯和胁从犯的三个问题》，载《云南大学学报》（法学版）2001 年第 3 期。

21. 陈家林：《析共同正犯的几个问题》，载《法律科学》（西北政法学院学报）2006 年第 1 期。

22. 何荣功：《共犯的分类与解释论纲》，载《法学评论》

2005 年第 3 期。

23. 石经海:《首要分子与主犯关系新论》,载《现代法学》2000 年第 6 期。

24. 谢彤:《帮助行为可以在共同犯罪中起主要作用》,载《华东政法学院学报》2002 年第 1 期。

25. 童德华:《共同过失犯初论》,载《法律科学》(西北政法学院学报) 2002 年第 2 期。

26. [日] 大谷实:《日本刑法中正犯与共犯的区别》,王昭武译,载《法学评论》2002 年第 6 期。

27. 曹子丹、薛瑞麟:《简论俄罗斯刑法中的共同犯罪》,载《湖南省政法管理干部学院学报》2000 年第 6 期。

28. 李邦友:《日本刑法共谋共同正犯的理论及其发展》,载《法学评论》2001 年第 1 期。

29. 钊作俊:《承继共同正犯:意义、类别与学说对立》,《法律科学》(西北政法学院学报) 2008 年第 2 期。

30. 王志远:《我国现行共犯制度下间接正犯的泛化及其反思》,载《河南师范大学学报》(哲学社会科学版) 2007 年第 5 期。

31. 姜富权:《中英刑法中的共同犯罪制度之比较》,载《求是学刊》1994 年第 1 期。

32. 杨金彪:《未遂教唆可罚性理论新动向》,载《浙江社会科学》2007 年第 5 期。

33. 杨金彪:《刑法共犯规定对共犯从属性说的贯彻》,载《法学论坛》2006 年第 4 期。

34. 邓宇琼:《共同犯罪与身份若干问题研究》,载《中国刑事法杂志》2003 年第 2 期。

35. 蒋莺:《新、旧刑法关于主犯处罚原则之比较》,载《法学》1997 年第 6 期。

36. 董邦俊:《刑法中的主犯研究》,载《现代法学》2003 年第5期。

37. 吴光侠：《主犯与从犯区分根据论》，载《法学评论》2008年第2期。

38. 李小文：《主从犯认定的若干问题研究》，载《上海大学学报》（社会科学版）2008年第2期。

39. 陈洪兵：《必要共犯的若干问题检讨——以共犯的处罚根据为视角》，载《中国矿业大学学报》（社会科学版）2007年第4期。

40. 李祖华：《共犯人分类比较研究》，载《浙江师范大学学报》（社会科学版）2008年第2期。

41. 李学同：《论不作为与共同犯罪》，载《法律科学》（西北政法学院学报）1996年第6期。

42. 朱道华：《共犯本质：一个反思性检讨》，载《西北大学学报》（哲学社会科学版）2008年第2期。

43. 王勇、吴茜：《真正身份犯之理论困境及其解决》，载《社科纵横》2008年第5期。

44. 赵辉：《组织犯概念的再界定》，载《云南大学学报》（法学版）2008年第3期。

45. 叶良芳：《实行过限之构成及其判定标准》，载《法律科学》（西北政法学院学报）2008年第1期。

46. 陈宁：《共同犯罪中的实行过限问题研究》，载《政法学刊》2007年第1期。

47. 江溯：《论美国刑法上的共犯——以〈模范刑法典〉为中心的考察》，载《刑事法评论》2007年第2期。

48. 洪细根：《英美刑法共犯理论探究》，载《理论界》2007年第3期。

49. 肖本山：《"教唆未遂"诠释新解——关于体系性解释和目的解释方法的适用》，载《法学评论》2007年第5期。

50. 毛冠楠：《论我国刑法中教唆犯性质之界定》，载《云南大学学报》（法学版）2006 年第 6 期。

51．毛冠楠：《我国惩治教唆犯立法的反思与重构》，载《法治论丛》2006 年第 2 期。

52．卞宏波：《从共犯理论视角审视教唆犯之存在》，载《理论界》2007 年第 9 期。

53．倪业群：《论对向犯的定罪处刑》，载《河北法学》2007 年第 9 期。

54．刘洪：《我国刑法共犯参与体系性质探讨——从统一正犯视野》，载《政法学刊》2007 年第 4 期。

55．张忠国：《试论德、日刑法中的必要共犯理论》，《云南大学学报》（法学版）2007 年第 2 期。

56．卢小龙：《论共同犯罪与犯罪构成》，载《政法学刊》2007 年第 3 期。

57．刘士心：《间接正犯中的特殊问题》，载《刑事法评论》2006 年第 2 期。

58．刘士心：《论间接正犯之范围》，载《法商研究》2006 年第 3 期。

59．任海涛：《大陆法系正犯与共犯区分理论评述——兼谈对我国共犯形式客观说之反思》，载《中国刑事法杂志》2006 年第 3 期。

60．张锦毅：《浅谈共同犯罪个别共犯的归责问题》，载《理论界》2006 年第 12 期。

61．蔡墩铭：《共犯立法之变迁》，载《军法专刊》1961 年第 6 期。

62．甘添贵：《预备罪之教唆犯与帮助犯》，载《月旦法学教室》2006 年第 10 期。

63．甘添贵：《必要共犯与总则共犯规定之适用》，载《月旦法学杂志》1996 年第 2 期。

64．甘添贵：《教唆犯的立法原则》，载《月旦法学杂志》

1995 年第 9 期。

65. 甘添贵：《正犯与共犯：第一讲——共同正犯的本质》，载《月旦法学教室》2003 年第 4 期。

66. 甘添贵：《正犯与共犯：第二讲——正犯与共犯的界限》，载《月旦法学教室》2003 年第 9 期。

67. 甘添贵：《正犯与共犯：第三讲——共犯处罚的理论基础》，载《月旦法学教室》2003 年第 12 期。

68. 甘添贵：《正犯与共犯：第四讲——过失共同正犯与过失共犯》，载《月旦法学教室》2004 年第 4 期。

69. 柯耀程：《参与论（一）——犯罪参与的基础概念》，载《月旦法学杂志》2008 年第 7 期。

70. 柯耀程：《共犯成立基础与处罚基础》，载《法学丛刊》第 162 期。

71. 柯耀程：《共同正犯形成之判断——评刑法修正后之适用与释字第一〇九号之重新诠释》，《东海大学法学研究》2006 年第 12 期。

72. 陈子平：《新刑法总则之理论基础——正犯与共犯》，载《月旦法学杂志》2006 年第 8 期。

73. 陈子平：《共犯与身份》，载《月旦法学教室》2004 年第 2 期。

74. 陈子平：《论共谋共同正犯》，载《中央警察大学法学论集》1997 年第 3 期。

75. 陈子平：《论正犯与共犯之概念》，载《政大法学评论》1993 年第 9 期。

76. 陈子平：《论未遂教唆之可罚性》，载《东吴法律学报》1993 年第 3 期。

77. 陈子平：《犯罪共同说与行为共同说》，《月旦法学教室》2004 年第 12 期。

78. 黄惠婷：《教唆既遂、教唆未遂或未遂教唆》，载《台湾本土法学杂志》2007 年第 7 期。

79. 黄惠婷:《教唆犯本质论虚伪教唆》，载《台湾本土法学杂志》2001 年第 4 期。

80. 黄惠婷:《共同正犯与帮助犯之区别》，载《台湾本土法学杂志》2000 年第 12 期。

81. 蔡蕙芳:《结果加重犯之共犯问题》，《月旦法学杂志》2005 年第 3 期。

82. 朴宗根:《正犯论》，吉林大学 2001 年博士学位论文。

83. 刘瑞瑞:《不作为共犯研究》，吉林大学 2004 年博士学位论文。

84. 任海涛:《承继共犯研究》，吉林大学 2006 年博士学位论文。

85. 阎二鹏:《身份犯之共犯问题研究》，吉林大学 2006 年博士学位论文。

86. 陈雄飞:《从归责与负责论共犯责任》，吉林大学 2005 年博士学位论文。

87. 陈世伟:《论共犯的二重性》，西南政法大学 2007 年博士学位论文。

88. 何赖杰:《间接正犯与教唆犯之区别》，台湾大学 1991 年硕士学位论文。

89. 李永瑞:《正犯与共犯区别理论之研究》，东海大学 1999 年硕士学位论文。

90. 林书楷:《论犯罪之典型共同加工——必要共犯理论之研究》，台湾辅仁大学 2005 年博士学位论文。

91. 许泽天:《共犯之处罚基础与界限》，台湾大学 1998 年硕士学位论文。

92. 徐伟群:《不作为犯之共犯形态》，台湾辅仁大学 1994 年硕士学位论文。

93. 林冠宏:《共犯处罚根据之研究——以 2005 年刑法总则修

正为核心》，台北大学 2008 年硕士学位论文。

94. 萧宏宜：《间接正犯的成立范围》，成功大学 2001 年硕士学位论文。

95. 蔡丰徽：《论消失中的未遂教唆》，高雄大学 2007 年硕士学位论文。

96. [德] Assessor Carsten Nowak：Der Tatteilnehmer als sein eigenes Opfer – Zugleich Überlegungen zum Strafzweck der Anstiftung, JuS 2004 Heft 3.

97. [德] Hans Kudlich：Die Abstiftung, JuS 2005 Heft 7.

98. [德] Eberhard Foth：Kann die Anstiftung durch eine V – Person ein Verfahrenshindernis begründen? NJW 1984 Heft 5.

99. [德] Frederick A. Calvetti, Christopher A. Hughes：Mittelbare Verletzung und Anstiftung zur Verletzung im US – Patentrecht, GRUR Int? 1993 Heft 11.

100. [德] Ingeborg Puppe：Was ist Anstiftung? – Zugleich eine Besprechung von BGH, Urteil vom 11. 10. 2005 – 1 StR 250/05, NStZ 2006 Heft 8.

101. [德] Diethelm Kienapfel：Diethelm Kienapfel Zur Einheitst? terschaft im Ordnungswidrigkeitsrecht, NJW 1983 Heft 40.

102. [德] Arnd Koch：Grundfälle zur mittelbaren Täterschaft, § 25 I Alt. 2 StGB, JuS 2008 Heft 6.

103. [德] Thomas Rönnau：Grundwissen – Strafrecht：Mittäterschaft in Abgrenzung zur Beihilfe, JuS 2007 Heft 6.

104. [德] Ingeborg Puppe：Wie wird man Mittäter durch konkludentes Verhalten? NStZ 1991 Heft 12.

105. [德] Arnd Koch；Grundfälle zur mittelbaren Täterschaft, § 25 I Alt. 2 StGB, JuS 2008 Heft 6.

106. [德] Assistent Karsten Gaede：Der praktische Fall – Strafrecht：Täterschaft und Teilnahme beim Bandendiebstahl, JuS 2003

Heft 8.

107. [德] Georg Küpper: Der Täter als "Werkzeug" des Opfers? JuS 2004 Heft 9.

108. [德] Friedrich Schaffstein; Der Täter hinter dem Täter bei vermeidbarem Verbotsirrtum und verminderter Schuldfähigkeit des Tatmittlers- -Zugleich eine Besprechung von BGH-4 StR 352/88, NStZ 1989 Heft 4.

109. [德] Arnd Koch: Grundfälle zur mittelbaren Täterschaft, § 25 I Alt. 2 StGB, JuS 2008 Heft 5。

110. [德] Dieter Holthausen: Täterschaft und Teilnahme bei Verstößen gegen Genehmigungspflichten des KWKG und AWG, NStZ 1993 Heft 12.

111. [德] Torsten Noak: Teilfahrlässige Teilnahme an Vorsatz Fahrlässigkeits Kombinationen, JuS 2005 Heft 4.

后　记

我知道，开始这篇文字的时候，我的学生生涯就彻底结束了。谈不上感伤，似乎已经过了多愁善感的年龄。但仍会怀念，毕竟，我最好的一段青春已经和珞珈山水乳交融了。

我不是一个聪明的学生，大学考了两次，硕士研究生考了两次，博士研究生考了三次。每一次到最后，都是涉险过关。所以，今天能够读上博士，已经是我智力的极限，实在应该感到庆幸。

有时仍会觉得命运的悬疑。

我原是理科出身，当年的高考，物理和数学的分数最高，语文成绩平平。读大学后，因为对建筑初步、素描、水粉之类的课程的力不从心，加上对文学的莫名狂热，让我在逃避现实的同时，固执地以为自己的强项是文科，学建筑是入错了行。当时最大的梦想是考进文学院。与我的父亲讨论时，他说文学是很清苦的。我为之一动，并不是怕清苦，青年的热血可以忽略一切。而是会想到，不能为了自己的一己之私而忘记家庭的责任，要为自己的家庭作出贡献。可钦又可悲的青年情怀呵！那时的我，怎会知道，自己的平安、幸福就是尽到最大的家庭责任。

于是放弃了文学，决定选择一个其他的文科专业，以为这样就可以与文学更接近。谁知道这次疏离，竟会是永诀。新闻还是法学，左右徘徊。可笑的是，在一次去录像厅的路上，与我的挚友讨论将来的出路，竟然就下了学法学的决心。

现在我知道，凭我的天资，最适合的一定不是文科，一定不是法学。我曾经以为我付出巨大的代价，是在选择自己想走的路。事实是，对于适合走什么样的路这一前提，我当时毫无判断力。虽然我明白人生的重大决定往往都是在没有决定能力时作出的，但仍然会觉得遗憾。

我未曾料想，我有一天会真心喜欢法学，喜欢刑法。我会因为看到别人的一个个奇思妙想而兴奋，我会因为产生了一个个自以为优越的念头而窃喜。

试问，在这个世界上，能有多少人真正喜欢自己的专业？

所以，我仍然是幸运的。

回首自己的博士生活，首先要感谢我的导师马克昌先生。先生融会古今、学贯中西、教书育人、师表天下、心系国家、情系民情。先生对古文献能够倒背如流，对不同的学术观点能信手拈来。先生对学生能严格却不失宽容，严格是对学习和学术的态度，宽容是对不同的学术观点。先生会为国家在法治建设中取得的进步而欣慰，会为任何一个普通人受到的不公正的待遇而心痛。论文的完成凝聚着先生的心血，先生大到框架、小到标点，均悉心指导。看到论文上密密麻麻的修改痕迹，我又是感动、又是惭愧。

吴振兴教授在学术上给我指导，在生活上予我关心，这种指导和关心已经超出单纯的师生感情。我何其幸运，能够和吴老师结下这样的师生缘。师母王雷女士慈母般的关爱之情让我倍感温暖。

莫洪宪教授给予我无私的帮助让我感激，她所具有的独特人格魅力令我钦佩。

李希慧教授是我刑法学的引路人，每当想起和他这么多年来的交往，就会感念他的宽厚和谦逊。

刘柱彬老师从我本科开始，就一直关注我的学习和生活，这么多年，未曾改变。我若是能够取得丝毫的进步，都与他的帮助有关。

感谢武汉大学刑法学教研室的林亚刚教授、康均心教授、许发民教授、刘艳红教授、皮勇教授、陈家林副教授、何荣功副教授的授业解惑。

感谢武汉科技大学文法与经济学院的邓泽宏院长，他的理解和支持是我完成学业的保证。感谢我的各位热心的同事。

感谢台北大学的郑逸哲教授，他对我的影响不是三言两语可以说明的。若不是他给我点拨作用分类法也是要考虑对因果关系的控制，我的论文也许是另一个样子。感谢铭传大学的刘秉钧教授，他的赤子之心让我知道人生还有另外一种境界。

感谢陈璇，在要么寒冷要么酷热的702宿舍，我们为一个个专业问题殚精竭虑的思考和讨论，是多么的让人怀念！感谢张爽，容我叫你一声爽姐，能有你这样的同学是我的荣幸。感谢邝璐，你是多么单纯而又善良的一个姑娘，你丈夫圣勇也是我永值得依靠和信任的朋友。感谢我博士班的同学刘德法、黄奇中、周亦峰、代承、李小涛、邹佳铭、肖志峰、彭文华、韩光军、付玉明、胡春莉、贺志军、许强、袁剑湘、刘箭、袁建伟、刘雪梅、杨国举、张羽、廖北海、张莉琼、任彦君、周亮。感谢答辩秘书杜琪师妹的辛勤劳动。

我的已经走向老年的父母和命运多舛的姐姐，希望你们健康、平安。

最后我还要感谢晓星，你的宽容与善良是我最值得珍藏的瑰宝。

刘斯凡

2009年5月21日于家中